本书得到国家社科基金一般项目《中国流动人口社会保障制度协调机制研究》（14BRK020）和北京航空航天大学专著立项支持。特此致谢！

国家社科基金丛书
GUOJIA SHEKE JIJIN CONGSHU

中国流动人口社会保障制度协调机制研究

On the Coordinative Mechanism for Social Security System of
Floating Population in China

贾洪波　著

人民出版社

目　　录

绪　　论

　　社会保障是依据保护与激励相统一的原则，由国家通过立法和行政措施设立的保证社会成员基本经济生活安全项目的总称。[①] 中国从 1986 年开始由国家—单位保障制度迈向国家—社会保障制度，[②] 目前正在按照兜底线、织密网、建机制的要求，全面建成覆盖全民、城乡统筹、权责清晰、保障适度、可持续的多层次社会保障体系。中国总体上是一个处于转轨过程的发展中国家。[③] 在这样一个发展过程中，中国正经历着快速的城镇化和大规模的、持续性的人口流动。我国目前的社会保障制度通常实施属地化管理，这导致流动人口诸多的社会保障权益难以得到切实有效的维护。在决胜全面建成小康社会的过程中，国家对包括社会保障在内的民生建设高度关注。这些都对流动人口社会保障制度协调机制研究提出了客观要求。

---

　　① 穆怀中：《中国社会保障适度水平研究》，辽宁大学出版社 1998 年版，第 38 页。
　　② 郑功成：《中国社会保障 30 年》，人民出版社 2008 年版，第 10 页。
　　③ 贾洪波：《中国补充医疗保险制度发展论纲》，吉林大学出版社 2016 年版，第 1 页。

第一节　研究背景及意义

一、研究背景

1. 中国正在经历大规模、持续性的人口流动

中国目前是世界上流动人口规模最大的国家。《2018 中国统计年鉴》数据显示，2017 年末中国总人口达到了 13.9 亿，大约占到了世界总人口的18.41%。伴随着人口总量的增长，过去十几年来中国流动人口的数量也在逐年增长（见表 1）。2014 年中国流动人口数量达到了峰值，为 2.53 亿。2017 年，中国流动人口数为 2.44 亿，占总人口数量的比重为 17.55%。中国目前的流动人口数量已经超越了世界上大多数国家的人口总数。根据《2018中国统计年鉴》数据，把 2017 年中国的流动人口数量分别与当年世界上一些主要人口大国的人口总数相比较，可以看出除了印度、印尼和美国外，目前中国的流动人口数量也已经全面超越了世界上一些主要人口大国的人口总数（见表 2）。

表 1　中国流动人口数量（选定年份）　　　　（单位：亿人）

年　份	流动人口
2000	1.21
2005	1.47
2010	2.21
2011	2.30
2012	2.36
2013	2.45
2014	2.53

年　份	流动人口
2015	2.47
2016	2.45
2017	2.44

资料来源：《2018 中国统计年鉴》。

表 2　2017 年中国流动人口数量占外国人口总数的比例（选定国家）

国　家	人口总数（万人）	中国流动人口数量占外国人口总数的比例（％）
印度	133918	18.22
印度尼西亚	26399	92.43
日本	12679	192.44
巴基斯坦	19702	123.85
菲律宾	10492	232.56
尼日利亚	19089	127.82
墨西哥	12916	188.91
美国	32572	74.91
巴西	20929	116.58
俄罗斯	14450	168.86
孟加拉国	16467	148.18

资料来源：《2018 中国统计年鉴》。

注：中国流动人口数量占外国人口总数的比例是作者根据年鉴中的数据计算所得。

中国目前这种大规模的人口流动主要可以分成两个部分。一部分是大规模的乡—城人口流动，即农村户籍人口向城镇流动。改革开放以来农村人口的非户籍乡—城迁移始终是迁移的主流,[1] 迁移的流向为追逐增长中心。[2]

---

① 王桂新：《改革开放以来中国人口迁移发展的几个特征》,《人口与经济》2004 年第4期。

② 蔡昉：《中国流动人口问题》, 社会科学文献出版社 2007 年版, 第 60 页。

城镇常住人口比重的稳步提高就是大规模乡—城人口流动的直接证据（见表3）。《2018 中国统计年鉴》数据显示，城镇常住人口比重由 1978 年的 17.92% 上升到 2017 年的 58.52%，常住城镇人口比重的年均几何增长率为 3.08%。家庭联产承包责任制、① 户籍制度改革、② 城乡收入差距、③ 人均耕地面积的减少④等对乡—城人口流动起到了一定的推动作用。另一部分是日益增长的城—城人口流动，即城镇户籍人口在城镇之间的流动，尤其是城镇户籍新生代流动人口比重增加明显。外来城市人口成为城市外来人口的一部分。⑤ 根据"六普"数据推算，2010 年我国城—城流动人口规模已经达到 4685.46 万人，是"五普"时的 2.21 倍，占流动人口总量的 21.5%。⑥《中国流动人口发展报告 2015》数据显示，城—城流动人口规模将由 6000 万增长到 7000 万左右，年均增长 120 万—150 万人。⑦

表3　1978—2017 年中国城镇常住人口比重　　　　（单位:%）

年　份	比　重
1978	17.92
1979	18.96
1980	19.39

---

① 李玉江、吴玉麟：《农业剩余劳动力转移动力及区域类型研究》，《人口研究》1999 年第 4 期。

② 刘庆乐：《推拉理论、户籍制度与中国城乡人口流动》，《江苏行政学院学报》2015 年第 6 期。

③ 冷智花、付畅俭、许先普：《收入差距与人口迁移——人口学视角的城市化动因研究》，《重庆大学学报》（社会科学版）2015 年第 6 期。

④ 梁明、李培、孙久文：《中国城乡人口迁移数量决定因素的实证研究：1992—2004》，《人口学刊》2007 年第 5 期。

⑤ 张展新、高文书、侯慧丽：《城乡分割、区域分割与城市外来人口社会保障缺失——来自上海等五城市的证据》，《中国人口科学》2007 年第 6 期。

⑥ 国家卫生和计划生育委员会流动人口司：《中国流动人口发展报告 2016》，中国人口出版社 2016 年版，第 6—7 页。

⑦ 国家卫生和计划生育委员会流动人口司：《中国流动人口发展报告 2015》，中国人口出版社 2015 年版，第 4 页。

年　份	比　重
1981	20. 16
1982	21. 13
1983	21. 62
1984	23. 01
1985	23. 71
1986	24. 52
1987	25. 32
1988	25. 81
1989	26. 21
1990	26. 41
1991	26. 94
1992	27. 46
1993	27. 99
1994	28. 51
1995	29. 04
1996	30. 48
1997	31. 91
1998	33. 35
1999	34. 78
2000	36. 22
2001	37. 66
2002	39. 09
2003	40. 53
2004	41. 76
2005	42. 99
2006	44. 34
2007	45. 89

续表

年　份	比　重
2008	46.99
2009	48.34
2010	49.95
2011	51.27
2012	52.57
2013	53.73
2014	54.77
2015	56.10
2016	57.35
2017	58.52

资料来源：《2018 中国统计年鉴》。

　　中国这种大规模的人口流动还将会持续相当长的时期。乡—城之间的人口流动在相当长的一段时期依然会居于主导地位。这是因为中国正向的城镇化进程还没有完成，正处于正向城镇化的过程中。如表 3 所示，2017 年中国常住人口城镇化率为 58.52%，常住城镇人口所占比例略微超过一半。正向城镇化的完成一般需要城镇化率达到 75%—80%左右。可见，中国常住人口的城镇化率还需要再提高 20%—25%左右。1978—2017 年中国常住人口城镇化率平均每年大约提高 1.04%，如果未来中国常住人口城镇化率提高的幅度与过去大体相当，那么还需要大约 20 多年的时间才能完成常住人口意义上的正向城镇化。从这种意义上讲，乡—城之间的人口流动至少还会持续 20多年。实际上，中国以人为核心的户籍人口城镇化率比常住人口城镇化率要低得多。《国家新型城镇化规划（2014—2020 年）》数据显示，2012 年中国常住人口城镇化率为 52.6%，户籍人口的城镇化率为 35.3%，户籍人口城镇化率比常住人口城镇化率低 17.3%。2013 年我国户籍人口城镇化率为 35.9%，① 也比表 3 所显示的常住人口城镇化率低 17.83%。《国家新型城镇化规划（2014—2020 年）》规划到 2020 年我国户籍人口城镇化率将达到 45%左右，这距离完成正向的城镇化所需要的 75%—80%左右的城镇化率还差 30%—35%。而且，我国户籍人口城镇化率平均每年提高的幅度低于常住人口城镇化率平均每年提高的幅度。因此，要实现户籍人口城镇化率达到 75%—80%左右的水平至少需要三四十年的时间。可见，常住人口城镇化率和户籍人口城镇化率的发展现状均表明未来很长一段时期仍然会有大规模的乡—城人口流动。目前，外来非农业人口（外来市民）在城市外来人口中的比重会更高，并已成为城市外来人口的重要群体。② 随着就业市场化、交通便利化、公共服务均等化等的进一步发展，城—城人口流动将会持续并且变得更加频繁。新生代城镇户籍流动人口逐渐成为流动人口的重要组成部分。③ 可以预见，城—城流动人口规模必将快速增长，其在我国流动人口中的比重也将持续提高。④

　　中国正在经历大规模、持续性的人口流动，这为流动人口社会保障制度协调机制研究提供了社会背景。

2. 流动人口的社会保障权益保护面临严峻挑战

　　人口流动带来了流动人口。人口流动是社会经济发展的常态，流动人口的存在将成为社会经济发展的常态。人口流动规模大、人口流动方向以乡村—城镇流向为主、人口流动类型以经济型人口流动为主、人口流动距离以

---

　　① 陈炎兵：《加快提高我国户籍人口城镇化率》，《红旗文稿》2015 年第 23 期。
　　② 张展新、高文书、侯慧丽：《城乡分割、区域分割与城市外来人口社会保障缺失——来自上海等五城市的证据》，《中国人口科学》2007 年第 6 期。
　　③ 国家卫生和计划生育委员会流动人口司：《中国流动人口发展报告 2013》，中国人口出版社 2013 年版，第 17 页。
　　④ 国家卫生和计划生育委员会流动人口司：《中国流动人口发展报告 2016》，中国人口出版社 2016 年版，第 6—7 页。

近中程流动为主是现阶段中国人口流动的基本态势。① 现阶段中国人口流动的规模、方向、类型和距离态势与社会保障的属地化管理以及低统筹层次的共同作用，使流动人口的社会保障权益面临着一系列挑战。这些挑战主要表现在：

第一，流动人口参加社会保障的比例低。比如，韩枫研究表明，城镇流动人口至少参加一项社会保险的比率为 35.0%，失业保险、工伤保险、医疗保险和养老保险的参保率分别为 22.5%、28.1%、25.0% 和 24.4%，城镇流动人口的社会保障仍处于较低水平。② 再比如，新疆流动人口参加城镇养老保险的占 23.1%，参加城镇医疗保险的占 26.4%，参加工伤保险的占 25.2%，参加失业保险的占 13.6%，参加生育保险的占 9.9%，新疆流动人口在当地享有的社会保险比例较低。③ 流动人口不仅直接参加社会保障的比例偏低，而且存在着比较普遍的退保现象。比如，2005 年浙江杭州参加养老保险的外来工总数大概在 50 万人左右，而每年"退保"人数高达 8 万—10 万，2009 年底深圳共有 580 多万人参加基本养老保险，退保人数 100 万人次，④ 2013 年全国累计有 3800 万人中断了缴纳城镇职工基本养老保险费。

第二，流动人口社会保障关系转移接续困难。中国的行政管理体制是直线职能制。这种行政管理体制在社会保障领域的体现就是中央政府制定全国的、指导性的社会保障政策，地方政府再根据当地情况制定地方性社会保障政策，从而形成了中央指导、地方实施的属地化社会保障管理格局。除了部分地区的城镇职工基本养老保险实现了省级统筹，一些主要的社会保障项目的统筹层次不高，统筹层次目前主要以地级市和县级（市）为主。这种属地化的、低统筹层次的社会保障制度管理格局对于流动人口社会保障关系转移

---

① 贾洪波：《人口流动、权益保障和基本医疗保险基金省级统筹》，《管理现代化》2012 年第 2 期。
② 韩枫：《城镇流动人口社会保障参保率的影响因素研究——基于京津冀流动人口动态监测数据的分析》，《人口学刊》2016 年第 1 期。
③ 李洪涛：《新疆流动人口社会权利保障困境与原因分析》，《实事求是》2016 年第1 期。
④ 张晓杰：《流动人口的社会保障与制度构建》，《重庆社会科学》2014 年第 2 期。

接续构成了极大挑战。这是因为，有相当一部分流动人口的流动范围超越了属地化的社会保障统筹区域，而不同统筹区域之间社会保障政策具有差异性，这导致流动人口往往难以融入流入地的社会保障体系，当然也就难以保障其在流动期间的社会保障权益。同时，流动人口的流入地经常变动，从而面临着多个地区不同社会保障政策的多次接续问题，这更加增加了保护流动人口社会保障权益的难度。现实中有诸多例子可以说明目前我国流动人口社会保障关系转移接续困难。比如，2009 年底国务院颁布了《城镇企业职工基本养老保险关系转移接续暂行办法》，2010 年深圳却出现了大量的退保潮，因为暂行办法规定，"未达到待遇领取年龄前，不得终止基本养老保险关系并办理退保手续"，大量参保流动人口担心因为流动后一旦不能续缴保费，那么自己的钱会被锁在社保里，出现了大量退保现象。[①] 还比如，郑秉文把流动人口的社会保障分成"城保""农保""综保"模式，认为"城保"模式由于目前统账结合制度便携性很差，流动人口异地流动时只能带走个人账户资产，导致"便携性损失"十分严重，流动人口参保、退保行为日益频繁；"农保"模式的劣势同样存在便携性问题，当异地流动时，由于统筹层次较低，跨省流动十分困难，其结果只能是退保、断保或失保；"综保"模式的问题是待遇水平与当地户籍参保人员相差悬殊，并且不能与周边其他任何制度接轨，呈现出严重"碎片化"趋势。[②] 再比如，2014 年度宁波市鄞州区在流动人口的养老保险转移接续过程中由于资金的转入和转出中获得 190万元人民币收入，打工人群的高流动性以及与户籍挂钩的养老保险转续壁垒使他们只能不断地参保、转移、退保，而每换一个地方，养老保险关系就转移一次，就会有一部分资金被充入统筹基金沉淀在当地，而参保者只能全盘

---

①　彭春燕：《浅谈我国流动人口社会保障问题》，《中共乌鲁木齐市委党校学报》2012 年第 4 期。

②　郑秉文：《改革开放 30 年中国流动人口社会保障的发展与挑战》，《中国人口科学》2008 年第 5 期。

接受这些由于制度设计不合理而带来的损失。①

　　第三，流动人口社会保障待遇水平相对较低。一方面，流动人口相对其流出地的同类人群而言其社会保障待遇相对较低。以基本医疗保险为例，流动人口参加基本医疗保险后异地就医费用报销比例较在统筹地就医时报销比例偏低，② 而且有相当一部分流动人口在外就医的医药费用并没有从基本医保中得到报销。比如，农民工在城镇中的门诊就医费用有相当一部分并没有被新型农村合作医疗基金报销。另一方面，流动人口在流入地的社会保障待遇与本地市民存在较大差距。相当一部分流动人口并没有参加其流入地的社会保障，当然也就没有办法享受与流入地市民同等的社会保障待遇。有些地方专门对流动人口设立了社会保障制度，但是由于流动人口与本地市民在户籍、就业时间、行业等方面的差异，其社会保障待遇也低于流入地市民的社会保障待遇。比如，俞扬研究表明宁波市北仑区女性流动人口的社会保障参与和社会保障需求间有一定的契合度偏差，在缴费型社会保障项目中，社会保障需求均高于社会保障的实际参与，其中医疗保险的需求与参与的契合度偏差为 48.8%，养老保险契合度偏差为 47.1%，生育保险契合度偏差为 25.0%，失业保险契合度偏差为 17.4%，工伤保险契合度偏差为 14.0%，这表明仍有大量女性流动人口被排除在城市社会保障制度之外。③ 还比如，刘娟凤认为参保的流动人口在保障水平上也普遍低于城镇户籍人口，便携性损失、个人缴费基数偏低、单位缴费的比例和缴费基数偏低（流动人口的缴费基数也不同于城镇企业职工，大多是城镇企业职工缴费基数的 60% 或者上一年度的最低工资）是导致流动人口最终获得的保障水平偏低的一个重要原因。④ 再比如，张展新、高文书、侯慧丽研究表

---

　　① 周义定、余佳子：《宁波市鄞州区流动人口养老保险转移接续问题分析》，《中国管理信息化》2015 年第 13 期。

　　② 杨玉林：《异地与本地就医费用比较及合作进程》，《中国医疗保险》2011 年第 4 期。

　　③ 俞扬：《基于社会性别的流动人口社会保障问题研究——以宁波市北仑区女性流动人口为例》，《浙江师范大学学报》（社会科学版）2014 年第 6 期。

　　④ 刘娟凤：《流动人口社会保障：中央政府与地方政府激励机制的错位》，《中共四川省委省级机关党校学报》2012 年第 6 期。

明城市本地人口、外来市民和外来农民工这三个城市群体的社会保险获取不平等;① 秦立建、王震、葛玉好也研究表明外来流动人口参加社会保险存在严重的城乡分割和区域分割效应且区域分割效应大于城乡分割效应。② 由于户籍类型造成的城乡差分及因户籍地引起的内外之别共同作用于个体社会保障的可获得性,乡—城流动人口、城—城流动人口和本地市民这三个人群的社会保障水平呈现出显著的梯级差别,乡—城流动人口处于农村人和外来人的双重弱势;而且经济越发达,流动人口的社会保障水平越低,而在经济欠发达之地,他们与本地市民的差距较小,呈现出低水平融入的特点。③

中国流动人口的社会保障权益保护面临严峻挑战彰显了对流动人口社会保障制度协调机制研究的现实需要性。

3. 国家对包括社会保障在内的民生建设高度重视

最近十几年来国家非常重视民生问题,关注民生建设。国家召开了一系列有关民生的重要会议,对民生建设做出了一系列重要论述和部署,全面展开了民生建设。比如,2003 年 10 月份召开的中国共产党第十六届中央委员会第三次全体会议要求"坚持以人为本,树立全面、协调、可持续的发展观,促进经济社会和人的全面发展"为当时国家开展民生建设奠定了思想基础;2006 年 10 月中国共产党第十六届中央委员会第六次全体会议通过的《中共中央关于构建社会主义和谐社会若干重大问题的决定》提出:"必须坚持以人为本。始终把最广大人民的根本利益作为党和国家一切工作的出发点和落脚点,实现好、维护好、发展好最广大人民的根本利益,不断满足人民日益增长的物质文化需要,做到发展为了人民、发展依靠人民、发展成果由人民共享,促进人的全面发展。""完善社会保障制度,保障群众基本生

---

① 张展新、高文书、侯慧丽:《城乡分割、区域分割与城市外来人口社会保障缺失——来自上海等五城市的证据》,《中国人口科学》2007 年第 6 期。

② 秦立建、王震、葛玉好:《城乡分割、区域分割与流动人口社会保障缺失》,《经济理论与经济管理》2015 年第 3 期。

③ 杨菊华:《城乡差分与内外之别:流动人口社会保障研究》,《人口研究》2011 年第 5 期。

活。适应人口老龄化、城镇化、就业方式多样化,逐步建立社会保险、社会救助、社会福利、慈善事业相衔接的覆盖城乡居民的社会保障体系。"《中共中央关于构建社会主义和谐社会若干重大问题的决定》关注民生,直面矛盾,破解难题。① 2007 年 10 月党的十七大报告《高举中国特色社会主义伟大旗帜为夺取全面建设小康社会新胜利而奋斗》提出:"要始终把实现好、维护好、发展好最广大人民的根本利益作为党和国家一切工作的出发点和落脚点,尊重人民主体地位,发挥人民首创精神,保障人民各项权益,走共同富裕道路,促进人的全面发展,做到发展为了人民、发展依靠人民、发展成果由人民共享。""必须在经济发展的基础上,更加注重社会建设,着力保障和改善民生,推进社会体制改革,扩大公共服务,完善社会管理,促进社会公平正义,努力使全体人民学有所教、劳有所得、病有所医、老有所养、住有所居,推动建设和谐社会。"该报告从优先发展教育、建设人力资源强国、实施扩大就业的发展战略,促进以创业带动就业、深化收入分配制度改革,增加城乡居民收入、加快建立覆盖城乡居民的社会保障体系,保障人民基本生活、建立基本医疗卫生制度,提高全民健康水平、完善社会管理,维护社会安定团结等方面对中国从小康社会走向全面小康社会时期的民生建设做出了整体规划。2011 年 3 月通过的《中华人民共和国国民经济和社会发展第十二个五年规划纲要》再次提出:"坚持把保障和改善民生作为加快转变经济发展方式的根本出发点和落脚点。完善保障和改善民生的制度安排,把促进就业放在经济社会发展优先位置,加快发展各项社会事业,推进基本公共服务均等化,加大收入分配调节力度,坚定不移走共同富裕道路,使发展成果惠及全体人民。""坚持广覆盖、保基本、多层次、可持续方针,加快推进覆盖城乡居民的社会保障体系建设,稳步提高保障水平。……加快完善社会保险制度,加强社会救助体系建设,积极发展社会福利和慈善事业。""健全覆

---

① 郑新立:《关注民生直面矛盾破解难题——〈中共中央关于构建社会主义和谐社会若干重大问题的决定〉解读》,《农村农业农民》(A 版)2007 年第 2 期。

盖城乡居民的基本医疗保障体系，进一步完善城镇职工基本医疗保险、城镇居民基本医疗保险、新型农村合作医疗和城乡医疗救助制度。"《中华人民共和国国民经济和社会发展第十二个五年规划纲要》为"十二五"期间我国民生建设指明了方向。2012年11月党的十八大报告《坚定不移沿着中国特色社会主义道路前进为全面建成小康社会而奋斗》提出："必须从维护最广大人民根本利益的高度，加快健全基本公共服务体系，加强和创新社会管理，推动社会主义和谐社会建设。""要多谋民生之利，多解民生之忧，解决好人民最关心最直接最现实的利益问题，在学有所教、劳有所得、病有所医、老有所养、住有所居上持续取得新进展，努力让人民过上更好生活。""统筹推进城乡社会保障体系建设。社会保障是保障人民生活、调节社会分配的一项基本制度。要坚持全覆盖、保基本、多层次、可持续方针，以增强公平性、适应流动性、保证可持续性为重点，全面建成覆盖城乡居民的社会保障体系。"2013年11月中国共产党第十八届中央委员会第三次全体会议通过的《中共中央关于全面深化改革若干重大问题的决定》再次要求："紧紧围绕更好保障和改善民生、促进社会公平正义深化社会体制改革，改革收入分配制度，促进共同富裕，推进社会领域制度创新，推进基本公共服务均等化，加快形成科学有效的社会治理体制，确保社会既充满活力又和谐有序。""建立更加公平可持续的社会保障制度。坚持社会统筹和个人账户相结合的基本养老保险制度，完善个人账户制度，健全多缴多得激励机制，确保参保人权益，实现基础养老金全国统筹，坚持精算平衡原则。推进机关事业单位养老保险制度改革。整合城乡居民基本养老保险制度、基本医疗保险制度。推进城乡最低生活保障制度统筹发展。建立健全合理兼顾各类人员的社会保障待遇确定和正常调整机制。完善社会保险关系转移接续政策，扩大参保缴费覆盖面，适时适当降低社会保险费率。研究制定渐进式延迟退休年龄政策。加快健全社会保障管理体制和经办服务体系。健全符合国情的住房保障和供应体系，建立公开规范的住房公积金制度，改进住房公积金提取、使用、监管机制。"2016年3月颁布的《中华人民共和国国民经济和社会发展第十三个五年规划纲要》提出："提高民生保障水平。按照人人参与、人人尽力、人人享有的要求，坚守底线、突出重点、完善制度、引导预期，注重机会公平，保障基本民生，不断提高人民生活水平，实现全体人民共同迈入全面小康社会。""坚持全民覆盖、保障适度、权责清晰、运行高效，稳步提高社会保障统筹层次和水平，建立健全更加公平、更可持续的社会保障制度。"2017年10月党的十九大报告《决胜全面建成小康社会夺取新时代中国特色社会主义伟大胜利》提出："坚持在发展中保障和改善民生。增进民生福祉是发展的根本目的。必须多谋民生之利、多解民生之忧，在发展中补齐民生短板、促进社会公平正义，在幼有所育、学有所教、劳有所得、病有所医、老有所养、住有所居、弱有所扶上不断取得新进展，深入开展脱贫攻坚，保证全体人民在共建共享发展中有更多获得感，不断促进人的全面发展、全体人民共同富裕。建设平安中国，加强和创新社会治理，维护社会和谐稳定，确保国家长治久安、人民安居乐业。"党的十八大报告、十八届三中全会通过的《中共中央关于全面深化改革若干重大问题的决定》、"十三五"规划以及党的十九大报告关于民生和社会保障的论断是当前我国推进社会保障体系协调发展的纲领性文件。

国家对包括社会保障在内的民生问题的高度重视为中国流动人口社会保障制度协调机制研究提供了政治上的可行性和政策依据。

二、研究意义

1. 本书可以为完善流动人口社会保障制度提供理论资源。目前中国正经历着快速的城镇化和大规模的人口流动，而社会保障制度的公平性、适应人口流动性、可持续性能力不足。党的十九大报告要求"按照兜底线、织密网、建机制的要求，全面建成覆盖全民、城乡统筹、权责清晰、保障适度、可持续的多层次社会保障体系。全面实施全民参保计划"。如何完善流动人口社会保障制度成为当前学术界关注的理论热点。本书通过设计流动人口社会保障制度协调机制来解释流动人口社会保障制度运行中个人激励和私人信息，这有助于深化人们对于流动人口社会保障制度协调机制性质的理解，也能使人们辨明流动人口社会保障制度运行是否良好，帮助相关人员区分流动人口社会保障制度有效的交易机制、政策方案等。

2. 本书可为保护流动人口的社会保障权益提供可行方案。当前我国流动人口社会保障制度不协调在一定程度上损伤了流动人口的社会保障权益，产生了系列负面社会经济影响。以保障流动人口最终公平地享有社会保障权益为根本落脚点，通过设计流动人口社会保障制度协调机制的宏观架构与微观机制，并提出相应的实施对策，切实、有力地保护流动人口的社会保障权益，从而促进整个社会保障体系建设以及以人为核心的城镇化战略的实现。

第二节　国内外文献综述

一、国内文献综述

国内学术界主要是在 2000 年之后开始关注流动人口的社会保障制度建设，相关研究成果包括以下四个方面：

1. 完善流动人口社会保障制度的必要性

（1）社会稳定与和谐社会建设的需要。陈敦贤认为建立健全与经济发展水平相适应的，包括流动人口在内的社会保障体系是经济社会协调发展和建设和谐社会的必然要求。[1] 曹正民、苏云认为建立有效的流动人口保障机制是"以人为本"精神和社会公正的最好体现，也是实现社会安定团结局面的一个治本之策。[2] 王培安认为充分发挥社会保障的稳定功能，从根本上保护流动人口的劳动权利，避免出现因病返贫、贫困的代际传递等现象，有利于

---

[1]　陈敦贤：《流动人口社会保障体系论略》，《中南财经政法大学学报》2005 年第 3 期。

[2]　曹正民、苏云：《流动人口社会保障问题的公共政策思考》，《西北人口》2007 年第 4 期。

社会各阶层的和睦相处、化解社会矛盾、促进社会长期稳定，有利于社会阶层向上流动，增强社会活力。[1] 徐愫认为将农民工纳入社会保障体系，给予他们正当的社会认可和人文关怀，不仅可以化解农民工个人及其家庭诸多生活风险，满足其生活保障与发展需要，而且有利于兼顾经济效益与社会公平，真正体现以人为本的新发展理念和对社会公平正义的核心价值追求，并在一定程度上减少社会不安定的因素，这对维护社会和谐具有重要的现实意义。[2]

（2）推进城镇化建设的需要。雷华北认为流动人口社会保障体系的构建是一件势在必行的事情，有利于农民工向产业工人转化，有利于推进新型工业化和城市化。[3] 徐愫认为健全农民工的社会保障制度，尽早让长期游离于社会保障体系之外的农民工在城市稳定生活，不仅能提高城市化的质量，而且有利于进一步吸引农民工向城市迁移，真正推进城市化的进程。

（3）转变经济发展方式的需要。曹正民、苏云认为流动人口社会保障体系的建立可以大大提高他们抵抗各类风险的能力，降低风险程度，进而降低他们的预防性储蓄，促进消费。[4] 王培安认为解决好流动人口的社会保障问题，主动接纳流动人口融入城市，有序推进城镇化进程，变农民为市民、变小农经济为市场经济，有利于促进生产要素在更大范围内的合理配置，有利于刺激消费、扩大内需、拉动经济增长，有利于转变发展方式、构建城乡统筹新格局。[5]

2. 流动人口社会保障现状

（1）流动人口社会保障总体上参保率过低。国务院发展研究中心课题组

---

① 王培安：《完善流动人口社会保障制度的思考》，《行政管理改革》2010 年第 7 期。

② 徐愫：《社会福利视野下流动人口的权益保障问题》，《南京大学学报》（哲学·人文科学·社会科学）2010 年第 4 期。

③ 雷华北：《城市流动人口社会保障体系的研究》，《北京城市学院学报》2006 年第 2 期。

④ 曹正民、苏云：《流动人口社会保障问题的公共政策思考》，《西北人口》2007 年第 4 期。

⑤ 王培安：《完善流动人口社会保障制度的思考》，《行政管理改革》2010 年第 7 期。

研究表明各地在实践中使农民工可以通过"城保"模式、"双低"模式、"综保"模式、"农保"模式这四种途径享有社会保险，但是实际参保比例偏低。① 段成荣、杨舸、马学阳依据 2005 年全国 1% 的人口抽样调查数据，研究表明流动人口对失业保险、基本养老保险和基本医疗保险的参保率较低，三种保险的参保率分别为 9.0%、17.4% 和 21.2%，全国流动人口中没有参加任何保险的占 75.6%。② 韩枫研究表明，城镇流动人口至少参加一项社会保险的比率为 35.0%，失业保险、工伤保险、医疗保险和养老保险的参保率分别为 22.5%、28.1%、25.0% 和 24.4%，城镇流动人口的社会保障仍处于较低水平。③

（2）转移接续难和便携性差。郑秉文把流动人口的社会保障分成"城保""农保""综保"模式，认为流动人口的社会保障制度已经走向了"碎片化"，"城保""农保""综保"这三种模式均面临便携性差并进而导致十分严重的"便携性损失"。④ 高兴民认为在养老保险的制度设计中，地方政府为了减少本地社会保险基金支付压力一般都对中央政策做了变通，都积极为流动人口办理转出社保关系或退保，对于转入则设置了重重障碍，各统筹区域的人为障碍造成了社会保险关系转移几乎不可能实现。⑤ 李铁、范毅认为社会保障制度在地区之间的衔接存在明显不足，主要包括同类制度地区之间操作模式不同导致无法接续、同类制度地区之间操作模式不同导致只能部分接续、接受地出现同类制度的空白导致无法接续。⑥ 周义定、余佳子认为

①　国务院发展研究中心课题组：《农民工市民化：制度创新与顶层政策设计》，中国发展出版社 2011 年版，第 197—198 页。

②　段成荣、杨舸、马学阳：《中国流动人口研究》，中国人口出版社 2012 年版，第 300 页。

③　韩枫：《城镇流动人口社会保障参保率的影响因素研究——基于京津冀流动人口动态监测数据的分析》，《人口学刊》2016 年第 1 期。

④　郑秉文：《改革开放 30 年中国流动人口社会保障的发展与挑战》，《中国人口科学》2008 年第 5 期。

⑤　高兴民：《人口流动与社会保障制度困境》，中国经济出版社 2012 年版，第 150 页。

⑥　李铁、范毅：《我国城市流动人口和北京市人口问题研究》，中国发展出版社 2013 年版，第 226 页。

打工人群的高流动性和与户籍挂钩的养老保险转续壁垒使他们只能不断地参保、转移、退保，而每换一个地方，养老保险关系就转移一次，就会有一部分资金被充入统筹基金沉淀在当地，而参保者只能全盘接受这些由于制度设计不合理而带来的损失。①

（3）存在城乡差分与内外之别。张展新、高文书、侯慧丽利用 2005 年上海等五城市"中国城市就业与社会保障研究"调查数据进行假设检验，实证发现城乡分割因素和区域分割体制都对城市外来人口参保构成负面影响。②肖严华认为现行社会保障制度的多重分割，即城乡分割、区域分割、社会人群分割构成了中国社会人口流动的桎梏，建议打破城乡分割、区域分割和社会人群分割，加快建立基本保障全国统筹、广覆盖、低水平、多层次的社会保障制度，以促进人口流动，促进各区域经济的发展与平衡，缩小城乡差距、区域差距、社会人群贫富差距。③ 杨菊华从"城乡差分"与"内外之别"两个角度对流动人口的社会保障制度进行了研究，结果表明，"内外之别"使得流动人口的社会保障水平显著低于本地市民。"城乡差分""内外之别"使乡—城流动人口的社会保障处于双重弱势。④ 肖严华认为社会保障制度的城乡分割是指城乡居民因身份不同而拥有不同的社会保障制度，享受不同的保障待遇。社会保障制度的区域分割是指中国各省、自治区、直辖市甚至县市各自形成各区域的社会保障制度。中国社会保障制度的社会人群分割是指不同的社会群体由于就业与否、就业所在的部门不同而带来的不同身份的人员享有不同的社会保障制度。社会保障制度的城乡分割、区域分割、

———————

① 周义定、余佳子：《宁波市鄞州区流动人口养老保险转移接续问题分析》，《中国管理信息化》2015 年第 13 期。

② 张展新、高文书、侯慧丽：《城乡分割、区域分割与城市外来人口社会保障缺失——来自上海等五城市的证据》，《中国人口科学》2007 年第 6 期。

③ 肖严华：《中国社会保障制度的多重分割及对人口流动的影响》，《江淮论坛》2007 年第 5 期。

④ 杨菊华：《城乡差分与内外之别：流动人口社会保障研究》，《人口研究》2011 年第 5 期。

社会人群分割使劳动力人口流动受阻。

（4）总体保障程度不高。① 刘书鹤、耿进玉指出流动人口社会保障在社会救助和社会保险方面存在如农民工免费培训冷场现象比较普遍、义务教育乱收费现象仍然存在、城镇流浪乞讨人员救助制度尚有一些漏洞或法律盲区、流动人口法律援助和医疗救助薄弱等主要问题。② 沈千帆通过对北京市流动人口社会融入的调查，结果发现调查对象对现有社会保障制度实际效用水平的一般评价不高，52.5%的被调查对象认为当前的社会保障对解决相关费用问题"有些帮助，但是不能根本解决"，这一方面反映出基本社会保障确实能够对保障基本生活、规避不可抗力风险提供一定的帮助，另一方面则反映出当前社会保障的覆盖面不足以及保障水平较低等问题。③

3. 流动人口社会保障可及性的影响因素

（1）社会保障制度自身设计不够合理。郑秉文认为在过去 30 年中，社保制度对流动人口总体而言呈缺失状态。社保制度设计缺陷扭曲了地方政府行为，流动人口退保现象主要决定于社保制度安排中存在的设计缺陷，是制度负向激励设计的结果。为国企改革建立的基本养老保险制度不适于流动人口，不可流动是基本养老保险制度的最大缺陷。④ 黄匡时、嘎日达认为《城镇企业职工基本养老保险关系转移接续暂行办法》并没有摆脱社会保障的制度陷阱、不公平陷阱和低水平陷阱，反而又延伸出了社会保障的流动陷阱和踢皮球陷阱。这些陷阱形成的主要原因不是人口和社会保障的流动造成的，而是社会保障的模式、现行财政制度和相关政策体系以及区域经济社会发展

---

① 肖严华：《劳动力市场、社会保障制度的多重分割与中国的人口流动》，《学术月刊》2016 年第 11 期。

② 刘书鹤、耿进玉：《流动人口社会保障存在的主要问题与对策》，《山东经济》2008 年第 1 期。

③ 沈千帆：《北京市流动人口的社会融入研究》，北京大学出版社 2011 年版，第 111 页。

④ 郑秉文：《改革开放 30 年中国流动人口社会保障的发展与挑战》，《中国人口科学》2008 年第 5 期。

不均衡联合导致的。① 夏丽萍认为社会保障制度设计缺乏统一性、接续性和现实针对性是现有流动人口社会保障问题最重要的制度根源，社会保险缴费率偏高，超过了流动人口特别是农民工的缴费能力，使得流动人口社会保险制度难以有效推进。②

（2）户籍制度差别。郑功成认为传统制度的刚性约束与经济社会发展的要求相冲突的结果造成了流动人口与当地固定户籍人口的利益分歧、利益冲突，并迫使流动人口处于非常不利的地位，流动人口尤其是流动人口中的农民工权益受损害的现象相当严重。③ 陈秀萍认为造成当代中国流动人口人权现状的原因是复杂的，它既有深刻的社会历史根源，也是具体制度建设的直接影响所致，同时也与人们的观念密切相关，但是户籍制度是流动人口的人权难以实现的根本原因。二元户籍制度使得城市人与农村人之间在各种基本权利如就业权、教育权、社会参与权、社会保障权、医疗服务权和公共设施与福利服务权等方面存在着天然的不平等。④ 刘传江认为户籍制度是影响我国农村劳动力转移最主要的中间障碍因素，它是一种集体性排他的普遍性的限制城乡劳动力转移的"社会屏蔽"制度。农民工市民化过程中面临着"显性户籍墙"与"隐性户籍墙"的"双重户籍墙"障碍。已经穿越"显性户籍墙"的农民工，因为他们天生的农民户籍，不能平等享有与市民户口黏附在一起的就业、福利、补贴、社保、住房、社区参与等权益。⑤

（3）流动人口性别、劳动合同签订情况、受教育程度、家庭特征、职业特征、参保意识等。姜向群、郝帅研究了北京市流动人口社会保障状况及其

① 黄匡时、嘎日达：《流动人口的社会保障陷阱和社会保障的流动陷阱》，《西部论坛》2011年第6期。
② 夏丽萍：《加速人口流动条件下的社会保障制度建设研究——以甘肃省为例》，《中国集体经济》2015年第30期。
③ 郑功成：《中国流动人口的社会保障问题》，《理论视野》2007年第6期。
④ 陈秀萍：《流动的人权：和谐社会语境下的流动人口的人权保障》，《西北人口》2009年第5期。
⑤ 刘传江：《迁徙条件、生存状态与农民工市民化的现实进路》，《改革》2013年第4期。

影响因素分析，认为性别、户籍、合同情况和教育程度这四个因素对于流动人口是否参加社会保险有显著的影响。男性参加社会保险的发生比较高，非农业户籍的流动人口更容易参加社会保险，签订劳动合同的人参加社会保险的发生比较高，经过高等教育的流动人口参加社会保险的发生比较高。[①] 尹志峰、郭琳、车士义利用2006年北京市1‰流动人口调查数据考察了在京流动人口的社会保障状况，结果表明个人特征中，户口属性会影响各种保险的入险率；受教育程度总体上与养老保险、失业保险入险率呈正向关系，但不是线性的；工作变量中，处于雇员身份的流动人口具有较雇主、自营劳动者更高的医疗保险、失业保险需求；工人的工资及培训水平与各类保险的购买具有稳健的正向关联。[②] 俞扬基于社会性别的视角对于宁波市北仑区女性流动人口的社会保障问题进行了研究，发现社会保障政策在保障性别公平上依然存在"性别盲点"，年龄结构、从事行业、风险意识、技能培训、制度认知、家庭地位、单位性质、制度因素对女性流动人口的参保有显著性影响。[③]

4. 完善流动人口社会保障制度的对策

（1）由中央政府顶层设计流动人口社会保障制度框架。郑功成不主张各地区对流动人口的社会保障自主放任地进行五花八门的试验，而是急切需要中央政府统筹考虑，拿出制度框架及成熟的推进方案，然后采取切实措施快速推进。现阶段各种社会保障制度均在缓慢地扩大覆盖面，其实是对这一制度的严肃性与刚性要求的破坏。[④] 高兴民认为解决流动人口的社会保险问题必须由中央政府出面，承担起"兜底"责任，协调好各方利益，并着力改革

① 姜向群、郝帅：《北京市流动人口社会保障状况及其影响因素分析》，《北京社会科学》2008年第3期。

② 尹志峰、郭琳、车士义：《流动人口的社会保障状况及影响因素分析——基于2006年北京市的微观数据》，《北京科技大学学报》（社会科学版）2010年第2期。

③ 俞扬：《基于社会性别的流动人口社会保障问题研究——以宁波市北仑区女性流动人口为例》，《浙江师范大学学报》（社会科学版）2014年第6期。

④ 郑功成：《中国流动人口的社会保障问题》，《理论视野》2007年第6期。

相关制度，扫清流动人口参保的制度障碍，依靠中央政府为流动人口"护航保驾"。① 彭新万认为户籍、农村土地和社会保障的统筹城乡改革需要"顶层"设计，应由国务院体改办牵头，公安、财政、劳动保障、民政、医疗、教育等部门参加，组成联动改革管理协调机构来领导、指导地方政府进行制度的联动改革，对地方政府改革的成效在技术和制度上建立科学有效的激励、监督约束机制，促进地方政府联动改革的规范化、科学化和合理化，建立联动改革的长效机制。②

（2）优先实施流动人口最需要的社会保障项目。陈敦贤认为作为流动人口主体的农民工已经成为我国一个特定社会群体，从农民工群体的特征和可操作的角度出发，对农民工的社会保障宜实施分类分层，首先确立强制性工伤保险，其次是医疗保险，再次是社会救助和社会福利，最后是养老保险和住房保障等。③ 曹正民、苏云认为应统筹规划，合理安排农民工的社会保险、社会救助、社会福利、住房保障等社会保障项目。根据农民工群体特征以及社会保障项目层次，农民工社会保障应以社会救助为基础，以社会保险为主体，以社会福利和住房保障为重要补充，综合发挥农民工社会保障"保生存、稳生活、促发展"的功能。农民工社会保险要以医疗和养老两个大险种为重点，兼顾工伤、失业和生育保险，全方位考虑，分层次推进。社会救助方面，要加快建立和完善城乡社会救助体系，正视部分农民工对社会救助的现实需要，立足当前，着眼长远，通过有效的政策措施将他们逐步纳入其中。社会福利方面，当前应以落实农民工子女受教育权为重点。住房保障方面，应在通过合适途径将农民工纳入廉租房和经济适用房享受范围，不断改善他们的住房条件，使他们能够在城市安居乐业，其中一部分人顺应城市化

---

① 高兴民：《人口流动与社会保障制度困境》，中国经济出版社 2012 年版，第 173 页。

② 彭新万：《基于农地与农村人口自由流动视角的户籍、社会保障、农地管理联动改革的政策框架——一个关于重庆、江西部分农村实地调研后的思考》，《求实》2013 年第 7 期。

③ 陈敦贤：《流动人口社会保障体系论略》，《中南财经政法大学学报》2005 年第 3 期。

的发展要求在城市稳定下来。①

　　（3）弱化户籍制度与流动人口参加、享有社会保障权益间的联系。童星、张海波认为农民工基本社会权利的实现需要逐步改革城乡分治的户籍制度。不妨将户籍与特定的社会权利（特权）分离，逐渐削弱户口的含金量，将教育、就业、保障等各项社会权利与户籍分离，还户籍以人口管理的本来面目；政府与相关部门、事业单位在提供各项公共物品时，必须与户籍性质脱钩，对所有社会成员一视同仁；遇到矛盾和纠纷时，法律保护所有国民平等的社会权利。由于农民工群体中的不同个体一般不会在同一时刻、同一地点提出完全相同的需求，因而这种"化整为零"的办法既可行，也能避免过大的社会震荡，还有利于政府职能的转变和事业单位改革的深化。② 郑功成认为要在现实国情条件下解决好流动人口的社会保障问题需要尽快深化户籍制度改革，有条件地打开流动人口真正融入流入地的封口，如让居住一定年限以上的流动人口可以自主选择当地户籍。③ 国务院发展研究中心课题组研究表明应该全面推行居住证制度。不论城乡，不论户籍所在地，只要持有居住证的居民就可以就近参加社会保险项目。对于有财政补贴缴费的项目，中央政府应该研究制定全国统一的最低标准且补贴农民工及其随迁家属参加这些项目。④

　　（4）改革农村土地制度以促进农村流出人口实现社会保障权益。张良悦、刘东认为中国农村劳动力的转移既受到城市户籍制度的迁移阻隔，又受到农村土地制度的退出束缚。在改革城市户籍制度为农村劳动力打开迁移之门时，还需通过土地保障权的转让来消除迁移者的退出之虑，实现劳动力的

---

　　① 曹正民、苏云：《流动人口社会保障问题的公共政策思考》，《西北人口》2007 年第4 期。

　　② 童星、张海波：《农民工社会政策及其建构》，《社会保障研究（北京）》2006 年第1 期。

　　③ 郑功成：《中国流动人口的社会保障问题》，《理论视野》2007 年第6 期。

　　④ 国务院发展研究中心课题组：《农民工市民化：制度创新与顶层政策设计》，中国发展出版社 2011 年版，第206—208 页。

永久转移，并在此基础上相应提高土地的利用效率。[①] 彭新万认为农村土地管理制度改革的内在要求是促进和实现农村土地这一生产要素的自由流转或置换，实现农村土地由资源向资产转化；户籍制度改革的目标是实现城乡人口的自由迁徙；社会保障改革的目标是实现城乡居民享有公平的社会福利和均等化的公共服务。农村生产要素的自由流动和城乡协调发展需要实现农村土地管理制度与户籍制度、社会保障制度联动改革。

（5）增加社会保障制度的便携性。[②] 彭希哲、王建华认为城乡统一的社会保障制度管理应重点研究解决社会保障关系随着劳动关系的转移而转移，参加城乡社会保险的城市职工和农村外来人口，不论其从事何种劳动，在何地从事劳动，其用工单位和个人都应该缴纳社会保险费，并随工作地的变化而由两地社会保险机构转移接续社会保险关系，分段合并计算各项社会保障待遇，真正做到"无论人在哪里干，社会保障跟着算"。[③] 樊小钢认为目前中国城乡二元社会保障体系存在制度缺失，应该构建既能够适应农村人口中不同人群对社会保障的不同需求，又能够与城镇社会保障制度相联结的制度体系，以实现城乡社会保障制度的有效衔接。[④] 董克用、王丹探讨了养老保险、医疗保险和失业保险三个主要社保项目在欧盟不同成员国之间的接续问题，认为中国制定全国统一的社会保险关系接续办法应该坚持"协调"优于"统一"、保障劳动者权益和关注社会保障连续性、兼顾财政公平且采用比例支付这三种取向。[⑤] 贾洪波研究表明欧盟跨国医疗保障政策协作机制实施协调性的医疗保障政策，强调成员国对欧洲公民医疗保障实施国民待遇，在医

---

① 张良悦、刘东：《农村劳动力转移与土地保障权转让及土地的有效利用》，《中国人口科学》2008 年第 2 期。

② 彭新万：《基于农地与农村人口自由流动视角的户籍、社会保障、农地管理联动改革的政策框架——一个关于重庆、江西部分农村实地调研后的思考》，《求实》2013 年第 7 期。

③ 彭希哲、王建华：《人口流动下的城乡社会保障制度》，《探索与争鸣》2003 年第8 期。

④ 樊小钢：《城乡社会保障制度衔接模式探讨》，《浙江社会科学》2004 年第 4 期。

⑤ 董克用、王丹：《欧盟社会保障制度国家间协调机制及其启示》，《经济社会体制比较》2008 年第 4 期。

疗保障领域实施相对标准化的管理。这些经验启示中国有必要重视基本医疗保障中的异地就医管理服务，实施协调性的异地就医管理服务政策，建立标准化的异地就医管理服务载体。① 崔仕臣、杨华通过分析社会养老保险便携性运行机制存在的缺陷，认为科学合理的社会养老保险制度、养老保险统筹层次、便携性机制及其配套制度是保证流动人口社会养老保险便携性提高的重要途径。② 黄匡时、嘎日达认为摆脱流动人口社会保障陷阱和社会保障的流动陷阱需要建立健全社会保障均等化服务转移支付政策体系。当前应从纵向转移支付和横向转移支付两个方面建立健全社会保障均等化服务转移支付政策体系。从纵向转移支付来看，要整合中央用于社会保障转移支付项目，要建立健全关于社会保障区域流动的转移支付项目，要提高中央对地方社会保障财政的转移比例和数额，要探索建立地方社会保障纵向转移支付。从横向转移支付来看，要探索建立健全专项横向转移支付制度体系。③ 杨文杰、罗金莉、韦玮认为公共财政的扶持力不足是流动人口社会保障问题出现的核心因素，应在现有财政扶持的基础上，做好建立专项基金、调整税收体制、优化支出结构等几项核心工作，以进一步完善流动人口社会保障机制，促进经济发展和社会稳定。④

二、国外文献综述

国外学者早在 19 世纪末就开始关注人口迁移的人口学特征、原因、空

---

① 贾洪波：《欧盟跨国医疗保障政策协作机制分析》，《价格月刊》2009 年第 5 期。
② 崔仕臣、杨华：《社会养老保险便携性机制探析》，《当代经济管理》2011 年第 6 期。
③ 黄匡时、嘎日达：《流动人口的社会保障陷阱和社会保障的流动陷阱》，《西部论坛》2011 年第 6 期。
④ 杨文杰、罗金莉、韦玮：《财政支持流动人口社会保障机制的政策研究》，《中国财政》2012 年第 12 期。

间分布、时间选择、结果和影响，①②③④⑤ 同时对包括社会保障在内的移民社会融合进行了理论探讨。⑥⑦⑧⑨⑩⑪⑫⑬⑭ 目前关于人口流动和社会保障方面的研究主要包括：

① Ravenstein, E. G., The laws of migration. *Journal of the Statistical Society*, 48 (2), 1885, pp. 167-235.

② Lewis, W. A., Economic development with unlimited supplies of labour. *The Manchester School*, 22 (2), 1954, pp. 139-191.

③ Zelinsky, W., The hypothesis of the mobility transition. *Geographical Review*, 61 (2), 1971, pp. 219-249.

④ Wallerstein, I., *The modern world-system: Capitalist agriculture and the origins of the European world-economy in the sixteenth century*, New York and London: Academic Press, 1974, pp. ⅩⅣ+410.

⑤ Massey, D. S., International migration at the dawn of the twenty-first century: The role of the state. *Population and Development Review*, 25 (2), 1999, pp. 303-322.

⑥ Park, R. E., Human migration and the marginal man. *American Journal of Sociology*, 33 (6), 1928, pp. 881-893.

⑦ Gordon, M. M., *Assimilation in American life: The role of race, religion and national origin*. New York: Oxford University Press, 1964, p. 169.

⑧ Portes, A., Children of immigrants: Segmented assimilation and its determinants. In: Portes A. (eds.). *The economic sociology of immigration: Essays on networks, ethnicity, and entrepreneurship*. New York: Russell Sage Foundation, 1995, pp. 248-280.

⑨ Zhou M., & Xiong, Y. S., The multifaceted American experiences of the children of Asian immigrants: Lessons for segmented assimilation. *Ethnic and Racial Studies*, 28 (6), 2005, pp. 1119-1152.

⑩ Alba, R. D., & Nee, V., *Remaking the American mainstream: Assimilation and contemporary immigration*. Cambridge: Harvard University Press, 2003, pp. 38-39.

⑪ Kallen, H. M., Democracy versus the melting-pot: A study of American nationality. The Nation 100, no. 2590 (18-25 February), 1915, pp. 190-194, 217-220.

⑫ Smith, M. G., Pluralism, race and ethnicity in selected African countries. In Rex, J. & Mason, D. (eds.). *Theories of race and ethnic relations*. Cambridge: Cambridge University Press, 1986, pp. 187-225.

⑬ Littlewood, D. T. J., Rohde, K., Bray, R. A., & Herniou, E. A., Phylogeny of the platyhelminthes and the evolution of parasitism. *Biological Journal of the Linnean Society*, 68 (12), 1999, pp. 257-287.

⑭ Ferrera, M., The boundaries of welfare: European integration and the new spatial politics of social protection. *Journal of Contemporary European Research*, 37 (2), 2006, pp. 111-136.

1. 移民的社会保障状况

Fyfe 认为欧洲经济区 EEC 内部存在着英国和其他成员国之间在社会保障方面的差异。这一差异可能继续存在，因为缺乏在经济区层面制定完全和谐的社会保障政策的指示。尽管缺乏这种正式的规定，但是已经有相当多的行动来纠正这种差异的存在。[①] Avato, Koettl, & Sabates-Wheeler 研究表明全世界大约四分之一的移民享有了最好的社会保护，但是这些移民主要是北—北移民。另外，来自发展中国家的移民尤其是南—南移民远远没有享有良好的社会保护，他们必须依靠非正式网络和自我保险来化解风险。[②] Dwyer & Papadimitriou 认为尽管老年人的福利已经增加，但欧盟许多退休的国际移民仍面临着结构性的劣势。对塑造用于老年移民财政拨款的养老金权益和水平而言，迁移历史、社会—法律地位、与付费劳动力市场以往的关系、在某一个特定欧盟成员国的位置这四个相关性因素是非常重要的。[③] Biff 研究表明欧盟各成员国的社会组织有很大的不同，建立一个统一的社会保护模式是不现实的。社会福利取决于市场、家庭和国家之间的相互作用，传统的统计框架把家庭的作用排除在外，忽视了各个不同的社会组织对于不同社会成员的作用。欧盟成员国不同福利模式下的税收结构、转移支付以及公共服务会激励私人部门和家庭提供不同的社会服务。应该寻求一种模式，该模式能够使个人需求很好地与日益增加的弹性工作需要、家庭关系和多样化社会保护挑战相适应。[④] O'Connell & Gash 对爱尔兰的工作时间、劳动力市场分割以及劳动力流动对于工资和养老金的影响进行了研究，结果表明，养老金权益受到性

---

① Fyfe, J., Social security systems and benefits and migrants in the EEC. *International Journal of Social Economics*, 2 (1), 1975, pp. 60-64.

② Avato, J., Koettl, J., & Sabates-Wheeler, R., Social security regimes, global estimates, and good practices: The status of social protection for international migrants. *World Development*, 38 (4), 2010, pp. 455-466.

③ Dwyer, P., & Papadimitriou, D., The social security rights of older international migrants in the European Union. *Journal of Ethnic and Migration Studies*, 32 (8), 2006, pp. 1301-1319.

④ Biffl, G., Diversity of welfare systems in the EU: A challenge to policy coordination. *European Journal of Social Security*, 6 (1), 2003, pp. 33-59.

别、工作时间和劳动力市场分割和流动的显著影响。部分时间工作和劳动力流动与低养老金权益是相联系的，缺乏职业养老金待遇侵蚀了劳动者的长期安全解释了劳动力市场的弹性。① Camilleri-Cassar 认为马耳他女性移民生活面临着极端贫困和社会排斥的风险，面临着诸如住房、教育、就业、医疗服务等多方面的歧视。② Dwyer & Papadimitrio 研究了欧盟内部老年国际移民的社会保障问题，认为有许多合法居住在欧盟内部的已经退休的国际移民面临着结构性的劣势。迁移历史、社会法律地位、过去与支付报酬的劳动力市场的关系、居住在欧盟哪个成员国内这四个因素对于形成老年国际移民的养老金权益是非常重要的。文章认为无论对于欧盟还是欧盟成员国都应该减少而不是提高对于国际移民的社会保障权利。③ Drover 考察了加拿大流动人口的社会保障状况，认为"二战"后加拿大社会保障体系对于国际移民而言是中性的，既不限制，也不鼓励。为了获得享有社会保障的资格，移民必须满足居住条件和公民资格的要求。为了帮助移民适应加拿大的生活和劳动力市场，失业保险和社会救助项目分别为其提供了就业培训和收入保障。如果移民在工作中有工伤，他们也可以得到其工作所在行业参加的地方性工伤保险待遇。④ Timonen & Doyle 研究了流动工人社会保护的概念以及和爱尔兰福利国家之间的关系，主要聚焦于流动工人对于社会保护和福利国家的理解、经历以及期望。研究结果显示许多流动工人很少锚定福利国家甚至完全游离福

① O'Connell, P. J., & Gash, V., The effects of working time, segmentation and labour market mobility on wages and pensions in Ireland. *British Journal of Industrial Relations*, 41 (1), 2003, pp. 71-95.

② Camilleri-Cassar, F., Living on the edge: Migrant women in Malta. *International Journal of Comparative & Applied Criminal Justice*, 35 (3), 2011, pp. 193-206.

③ Dwyer, P., & Papadimitriou, D., The social security rights of older international migrants in the European Union. *Journal of Ethnic and Migration Studies*, 32 (8), 2006, pp. 1301-1319.

④ Drover, G., Social security and mobility: The Canadian case. *New Global Development*, 13 (1), 1997, pp. 24-42.

利国家之外，他们对于社会保护体制的内容持有复杂的和自相矛盾的态度。[1]Paraschivescu 研究了在法国的北非马格利布移民的社会保护和经济安全状况。结果表明，这些移民在社会保障资格获取以及劳动力市场歧视方面有过不愉快的经历，马格利布移民是法国社会不确定性最强的社会阶层。[2]

2. 移民的社会保障政策协调

Dupper 从国际视角探讨国际移民的社会保障权利，考察了国际劳工组织、联合国等组织关于国际移民的社会保障政策工具以及一些有关移民的国际协定，讨论了批准和促进国际协定所存在的问题、关于国际移民的社会保障政策工具的监督和实施、是否对移民在社会救助和社会保险权利方面采取同等的待遇。结果表明，关于国际移民的社会保障政策工具通常把不规则国际移民的社会保障排除在外，联合国和国际劳工组织关于国际移民的社会保障政策工具的监督和实施不充分且有效性不足，条款缔约国对于国际移民的社会保障政策工具的实施和批准缺乏兴趣，不应该过分强调社会保障的双边和多边协定。[3] Christians 从国际社会保障协调的三个方面研究了美国对国际工人进行征税的问题，认为美国通过合并强调社会保障缴费、待遇支付和社会保障待遇纳税这三个方面的一些条约、行政协定来寻求国际协调，结果引起了对于条款的解释性的问题以及对于移民和管理者的一些不确定性问题，作者认为在既有和未来的国际协定中应该通过清晰的描述来促进和扩展社会保障的国际协调。[4] Cornelissen 对欧洲过去 50 年来社会保障制度协调进行了回顾，探讨了欧洲协调性社会保障制度的诞生、社区条例在社会保障方面的

---

① Timonen, V., & Doyle, M., In search of security: Migrant workers' understandings, experiences and expectations regarding 'social protection' in Ireland. *Journal of Social Policy*, 38 (1), 2009, pp. 157-175.

② Paraschivescu, C., Social protection and economic security of north African migrant workers in France. *Revista Romană De Sociologie*, 24 (1-2), 2013, pp. 91-99.

③ Dupper, O., Migrant workers and the right to social security: An international perspective. *Stellenbosch Law Review*, (2), 2007, pp. 219-254.

④ Christians, A., Taxing the global worker: Three spheres of international social security coordination. *Virginia Tax Review*, 26, 2006, pp. 81-123.

目标、社会保障协调性规则在个人范围方面的发展、社区条例在物质范围方面的发展、强化同等待遇原则、协调性规则跨区域适用的发展、治理其他领域的条约对社会保障协调的影响、欧洲法院的更多介入、合法性的发展等方面的问题。[1] Viliars 从十个方面即历史背景、欧洲社会保障公约的结构和目标、欧洲社会保障公约的基本原则、欧洲社会保障公约的创新性、欧洲社会保障公约提供的合作框架、欧洲社会保障公约防止待遇重叠的规则、共同的行政援助、欧洲社会保障公约的批准、欧洲社会保障公约可能的修正、欧洲社会保障公约在促进国际劳工组织关于移民社会保障标准方面的作用来论述了欧洲委员会对移民工作者的社会保障框架。[2] Moles 从拉丁美洲的国际人口迁移、社会保障对移民劳动者的保护、社会保障和拉丁美洲的一体化、移民劳动者社会保障的问题和前景这四个方面论述了拉丁美洲移民劳动者的社会保障。[3] Vorin 分析了非洲移民劳动者的社会保障问题，认为社会保障是社会权利的一部分。[4] Kovacheva 对比了欧盟和中国内部移民自由流动和社会公民资格的发展，认为欧盟国民的公民资格对应于中国的户口且二者均在地域附属意义上具有了社会公民资格的含义。目前欧盟和中国都是自由流动的地区，但是欧盟较早地关注其内部移民社会权利，中国只是最近才开始关注移民的社会权利。欧盟的内部移民离开其公民身份所在国后得到的社会权利的保护比中国国民离开其户口所在地得到的社会权利保护要好。[5] Natali 研究了公开协调机制实施过程中的利益冲突以及它的主要管理战略，认为欧盟对

---

[1] Cornelissen, R., 50 years of European social security coordination. *European Journal of Social Security*, 11, 2009, pp. 9–45.

[2] Viliars, C., Social security for migrant workers in the framework of the Council of Europe. *International Labour Review*, 120 (3), 1981, pp. 291–302.

[3] Moles, R. R., Social security for migrant workers in Latin America. *International Labour Review*, 121 (2), 1982, pp. 155–168.

[4] Vorin, M., Social security for migrant workers in Latin Africa. *International Labour Review*, 122 (3), 1983, pp. 329–342.

[5] Kovacheva, V., Vogel, D., Zhang, X., & Jordan, B., Comparing the development of free movement and social citizenship for internal migrants in the European union and China-converging trends? *Citizenship Studies*, 16 (3–4), 2012, pp. 545–561.

养老金的公开协调机制是一个混合性的政策，当公开协调机制在许多方面超
越了管制时，管制性的工具又整合在公开协调机制里面。研究结果表明，制
度、胜任力、意识形态这三个维度的冲突在公开协调机制中通过参与控制和
共同知识生产这两个战略得到了管理。① Featherstone 考察了在欧盟软性政策
约束下希腊的养老金改革过程。文章认为欧盟的改革激励缓解了国内的改革
压力，但是国内的利益调节制度很大程度上挫败了这种改革，改革过程有着
强烈的制度条件特征，这些特征侵蚀了接受改革的能力和意愿。合作协调的
战略被证明是不可持续的，政府单边主义的做法不能对建立有效的联盟提供
充足的激励。② D′Apice & Fadda 研究了欧洲一体化背景下意大利的福利体
制。结果表明，虽然多个欧盟核心文件强调为了政治稳定、社会融合和经济
发展，需要在欧洲社会实施最基本的社会保护，但是有明显的证据表明现行
的欧洲国家实施了美国式的"最低社会保护"政策。文章认为 20 世纪 90 年
代后的意大利福利制度改革朝向了剩余福利模式，重构福利模式是必要的，
但应该聚焦于提高福利制度的内部效率，而不是聚焦于削减福利。③ Jordan
对欧洲的外来移民政策、收容所以及现代福利体制之间的关系进行了研究。
从欧盟外部逐步招募熟练工人和非熟练工人的新项目的发展是企图让劳动力
市场更具有弹性和流动性。但是欧盟又采取更加严格的措施阻止需求收容所
庇护者并且控制非法外来移民。强迫性迁移以及人口的自然运动将会对这些
规定产生持续的挑战。④

3. 人口流动、社会保障、经济增长之间的关系

　　Chen & Fang 认为人口迁入能够减少社会保障的税收负担，吸引更多的

　　① Natali，D.，The open method of coordination on pensions：Does it de-politicise pensions pol-icy？ *West European Politics*，32（4），2009，pp.810–828.
　　② Featherstone，K.，"Soft" co-ordination meets "hard" politics：The European Union and pen-sion reform in Greece. *Journal of European Public Policy*，12（4），2005，pp.733–750.
　　③ D′Apice，C.，& Fadda，S.，The Italian welfare system in the European context. *Review of Social Economy*，61（3），2003，pp.317–339.
　　④ Jordan，B.，Immigration，asylum and welfare：The European context. *Critical Social Policy*：*A Journal of Theory and Practice in Social Welfare*，22（3），2002，pp.498–517.

技术移民可以提高经济增长。① Geide-Stevenson & Ho 认为当两个国家有不同的社会保障制度时，人口迁移暂时导致迁出国和迁入国的福利损失，而其中一个国家的转轨路径会是动态无效率的。② Pan et al. 运用相关数据评价了美国爱荷华州地方劳动力市场条件和户主流动性对于家庭投资福利项目参与的影响。研究结果表明，流动性增加了就业机会且降低了低收入家庭成员对于家庭投资福利项目的参与率。预期的失业率增加降低了劳动力参与率且增加了家庭投资福利项目参与率，非预期失业率的增加增加了劳动力参与率且降低了家庭投资福利项目参与率。③ Rabe 通过构建内生性模型研究了西德职业养老金、工资和工作变化之间的关系。运用西德 1985—1998 年的面板数据研究结果表明，参与职业养老金通过对那些在达到退休年龄之前的离职者实施一个资本损失减少了工人的流动性。而且，那些被养老金覆盖的工人有着更高的薪酬，这削弱了工人的流动性。增加养老金的便携性只是在非常低的起始水平上增加了工人的流动性。④ Haverstick et al. 运用收入和项目参与调查 ［Survey of Income and Program Participation（SIPP）］ 以及收入动态面板研究 ［Panel Study of Income Dynamics（PSID）］ 数据考察了美国养老金类型、期限和工作流动性之间的关系。研究结果表明，在公司工作 5—10 年期限的员工在 DC 养老金制度下有比在 DB 养老金制度下高 23% 的可能性离职。⑤ Mealli & Pudney 研究了英国职业养老金和工作流动性之间的关系。退

① Chen, H. J., & Fang, I. H., Migration, social security, and economic growth. *Economic Modelling*, 32 (2), 2011, pp. 386–399.

② Geide-Stevenson, D., & Ho, M. S., International labor migration and social security: Analysis of the transition path. *Journal of Population Economics*, 17 (3), 2004, pp. 535–551.

③ Pan, S., Jensen, H. H., Fuller, W. A., & Mohanty, S., The effects of local labour market conditions on welfare programme participation. *Applied Economics*, 38 (6), 2006, pp. 649–659.

④ Rabe, B., Occupational pensions, wages, and job mobility in Germany. *Scottish Journal of Political Economy*, 54 (4), 2007, pp. 531–552.

⑤ Haverstick, K., Munnell, A. H., Sanzenbacher, G., & Soto, M., Pension type, tenure, and job mobility. *Journal of Pension Economics & Finance*, 9 (4), 2010, pp. 609–625.

休调查数据表明，工作期限长度和养老金状况之间存在着正相关性，但是研究发现有较少的证据支持这样的观点，即认为存在一些不可衡量的特征导致个人自我选择发放养老金的工作。[1] Fenge & Weizsäcker 分析了公共养老金制度和欧盟内部的人口流动扭曲问题。文章认为两个完全相同的个人在变换国家和工作时应该得到相同的养老金待遇。尽管欧盟内部存在着整体化的协定，但是公共养老金制度对欧盟内部的人口流动造成了系统性扭曲。[2] Góra & Rohozynsky 研究了俄罗斯和乌克兰社会保障政策和社会安全网结构的变化对劳动力流动性的影响。模型和数据分析结果表明，强大的社会安全网减少了劳动力在不同经济区域、就业和失业、不同经济部门之间的流动性。[3] Schneider 研究了公共养老金制度下劳动力的流动性问题。文章认为建立在 PAYG 基础之上的社会保障阻止了国家间成功地对个人的社会保障进行协调。当劳动力跨行政区域流动时，PAYG 养老金体制是极度复杂的。PAYG 养老金体制的收入不仅取决于财政水平，而且取决于生育率和人口流动状况。如果养老金代理机构把不同国家的生育率考虑在内可能会通过人口流动加大不同国家人口增长率差距，进而会导致 PAYG 养老金体制在一些国家破产。即使放松完全劳动力流动的假设，国家在企图协调 PAYG 养老金体制所面临的问题依然没有解决。劳动力流动性越高，政府追求社会保障独立性的空间就越小，基金制社会保障的份额越大，社会保障协调的复杂性越小。[4] Hernæs et al. 研究了挪威劳动力流动、养老金便携性与养老金锁定功能之间

---

[1]　Mealli, F., & Pudney, S., Occupational pensions and job mobility in Britain：Estimation of a random-effects competing risks model. *Journal of Applied Econometrics*, 11 (3), 1996, pp. 293–320.

[2]　Fenge, R., & Weizsäcker, J. V., Public pension systems and distortions of intra-EU mobility：The lodge test. *Journal of Pension Economics & Finance*, 9 (2), 2010, pp. 263–275.

[3]　Góra, M., & Rohozynsky, O., Restructuring and social safety nets in Russia and Ukraine-social security influence on labor mobility：Possible opportunities and challenges. *Working paper*, No. 397, 2009, pp. 1–51.

[4]　Schneider, O., The harmonization of public pension schemes：Perfect and imperfect labour mobility cases. *Working paper*, November, 1996, pp. 1–34.

的关系。研究结果表明，养老金便携性收益在工作变动倾向方面的效果是微不足道的，职业养老金便携性的收益或者损失对于劳动力流动性并不重要。[1] Fedotenkov 研究了技术条件不同时养老金体制的协调问题。文章提供了在两个国家分别具有不同的生产函数以及资本与劳动力完全流动的情况下，社会保障政策最优协调的条件。研究发现，如果两个国家实施了完全基金制的养老金制度，在两个国家的资本产出弹性不同时，劳动力和资本的配置不是最优的。为了消除静态性扭曲，至少需要一个国家实施 PAYG 养老金制度。技术差距条件下政策协调在最大化联盟总产出的同时会考虑对静态无效率的消除。[2] Geide-Steven 运用叠代模型研究了两个不同国家社会保障政策与国际劳动力和资本的流动性之间的关系。当其中一个国家实施私人储蓄的养老金制度而另一个国家实施现收现付的养老金制度时就会出现劳动力和资本流动的激励。劳动力和资本流动的模式取决于稳态的劳动资本比率和黄金率时劳动资本比率之间的关系。从长期来看劳动力流动不会消失并且某个国家可能会出现净流出。不对劳动力和资本流动实施补偿代表了经济的帕累托改进性。[3]

4. 人口迁入对东道国社会保障制度的影响

Casarico & Devillanova 认为迁移有助于养老金制度财务的可持续性，但是人口迁移和养老金制度之间的相互作用引起了复杂的代内和代际之间再分配的冲突。[4] Kirdar 在回迁是内生性的情况下，估计了迁入者对德国养老保险制度和失业保险制度的财务影响。结果表明，既有文献在考虑外生性回迁

① Hernæs, E., Piggott, J., Vestad, O. L., & Zhang, T., Labour mobility, pension portability and the lack of lock-in effects. *Working paper*, March, 2011, pp. 1-34.

② Fedotenkov, I., Coordination of pension systems when technologies are different. *CESifo Economic Studies*, 60 (1), 2014, pp. 246-256.

③ Geide-Steven, D., Social security policy and international labor and capital mobility. *Review of International Economics*, 6 (3), 1998, pp. 407-416.

④ Casarico, A., & Devillanova, C., Social security and migration with endogenous skill upgrading. *Journal of Public Economics*, 87, 2003, pp. 773-797.

的情况下，实质上低估了迁入者对东道国社会保障财务净收益的影响。①
Jensen，Malchow-Møller & Skaksen 认为外来移民政策的协调对于目的地国家
有贸易外部性和福利政策外部性。外来移民政策的协调确实增加了目的地国
家的福利，但是对于外来移民规模以及目的地国家本地居民的收入分配效果
是不明确的。② Roemer 把全球分成南北两个部分研究了移民对于全球福利的
效果。文章认为从南部向北部移民对北部产生了两个影响：第一，本地和外
地工人阶级的混合降低了工会的力量，因为低技能工人的团结性日益下降，
这使工会在瓦尔拉斯均衡工资基础上协商提高工资的能力下降。第二，降低
了雇佣的市民和失业者之间的团结，因而使通过民主程序设定的失业保障待
遇下降。③ Michael 研究了在技术劳动、非技术劳动以及资本流动背景下移民
政策的福利效果。结果表明，在缺乏资本流动的情况下，如果技术劳动和非
技术劳动在生产方面是高度互补的，那么移民成本的下降会引起人口迁移，
从而降低了本地人的福利。④ Straume & Minho 使用霍太林模型研究了欧盟具
有不同技术水平的地区病人流动对于医疗服务质量、医疗服务费用筹集以及
福利的影响。研究结果表明，没有病人流动的分散化方案对导致太低（高）
质量和太少（多）的病人在高技术（低技术）区域接受治疗。有病人流动
的集中化方案实现了最优，但是低技术地区不愿意出让权力，因为该地区的
福利低于没有病人流动时的状况。在分权方案下，病人流动的效果取决于转
移支付。如果转移支付低于边际成本，病人流动会导致两个地区在医疗服务

① Kirdar, M. G., Estimating the impact of immigrants on the host country social security system when return migration is an endogenous choice. *International Economic Review*, 53 (2), 2012, pp. 453–486.

② Jensen, C. A., Malchow-Møller, N., & Skaksen, J. R., Does coordination of immigration policies among destination countries increase immigration? *The Journal of International Trade & Economic Development*, 19 (3), 2010, pp. 357–384.

③ Roemer, J. E., The global welfare economics of immigration. *Social Choice and Welfare*, 27 (2), 2006, pp. 311–325.

④ Michael, M. S., Welfare effects of immigration policies in the presence of skilled, unskilled labor and capital mobility. *Review of Development Economics*, 15 (4), 2011, pp. 651–663.

质量方面的竞争且降低福利。如果转移支付等于边际成本，高技术地区的医疗服务质量和福利会保持不变，但是低技术地区或获得收益，社会最优的转移支付，应该是高于边际成本，医疗服务质量水平在两个地区会接近但不是处在最优水平，但低技术地区的福利水平会更低。因此，除非实施了合适的转移支付项目，否则病人流动对于医疗服务质量和福利会有反向效果。[①]

5. 中国人口迁移和社会保障制度关系

Wang 认为中国的私人部门缺乏对农民工的融合性的社会保护，他们没有享受和城镇居民一样的社会保障。[②] Xu 研究表明流动人口缺乏社会保障导致的暂时性迁移、经常性的土地再分配以及滥征地所导致的农村土地占有制度不安全是中国经济转型的最大挑战，需要一揽子政策来应对上述三个方面的挑战。[③] Gao，Yang，& Li 考察了流动劳动人口劳动合同状况与他们社会保险参保之间的关系，结果表明，签订了劳动合同，尤其是签订了长期劳动合同对于流动劳动人口社会保险参保有明显影响，从签订短期劳动合同或者没有签订劳动合同转换为签订长期劳动合同明显地增加了流动劳动人口参加社会保险的概率。[④] Cheng，Nielsen，& Smyth 对北京的乡—城流动人口和城—城流动人口参与社会保险的状况进行了比较研究，结果表明，城—城流动人口签订劳动合同的可行性高，而乡—城流动人口签订劳动合同的可能性低，因此城—城流动人口比乡—城流动人口有更高的社会保险参与率。这说明，对于流动人口参加社会保险而言，是否签订劳动合同比户籍对其有更大

---

① Straume, O. R., & Minho, U. O., Patient mobility, health care quality and welfare. *Journal of Economic Behavior & Organization*, 105, 2014, pp. 140-157.

② Wang, Z., Social security for China's migrant workers. *International Labour Review*, 150 (1-2), 2011, pp. 177-187.

③ Xu, Z., Urbanization, rural land system and social security for migrants in China. *The Journal of Development Studies*, 43 (7), 2007, pp. 1301-1320.

④ Gao, Q., Yang, S., & Li, S., Labor contracts and social insurance participation among migrant workers in China. *China Economic Review*, 23 (4), 2012, pp. 1195-1205.

的影响。① Kochhar 回顾了中国社会福利制度变迁过程，认为中国的改革打破了传统的社会保护体系，使许多剩余劳动力缺乏社会保障，引发了国家资源分配的冲突。乡—城流动人口加重了城市资源的压力，各级地方政府设计了一些政策如"蓝卡制度"以让这部分流动人口负担一部分费用。乡—城流动人口对家乡的汇款有助于促进家乡的经济增长。② Zheng et al. 利用 2008年的调查数据分析了北京在城中村居住的流动人口与当地居民相比消费了更低的居住空间，这个结果正如明赛尔（Mincerian）工资方程和住房需求方程所表明的那样，流动人口较低的居住消费不仅是低收入的函数，而且是不愿意在城镇消费其收入的函数。研究结果表明，在城中村居住的流动人口把城市看作是工作地而非像家一样的居住地。③ Wang & Fan 认为在把流动人口整合进城市社会的过程中制度因素起了关键作用。那些没有城镇户口的农村流动人口在城市里从事着低技术和低报酬的工作，他们被排除在城市福利和社会保障的覆盖面之外。④ Ngok & Cheng 认为国家政策对农村流动人口实施了双重剥削，农村流动人口受到城镇居民和国内外雇主的双重剥削，对农村流动人口在收入、工作安全、基本劳动权利、工作和生活条件、社会福利、职业晋升方面存在着普遍歧视。⑤ Chen & Hoy 运用 2005 年和 2006 年在上海的田野调查数据探讨了雇主对于流动人口的认知、流动人口的状况以及和市场歧视之间的联系。研究结果表明，在经济转型过程中流动人口的弱势状况有

①　Cheng, Z., Nielsen, I., & Smyth, R., Access to social insurance in urban China: A comparative study of rural‐urban and urban‐urban migrants in Beijing. *Habitat International*, 41, 2014, pp. 243–252.

②　Kochhar, G., Market and migrants: Redefining China´s urban social welfare system. *China: An International Journal*, 8 (2), 2011, pp. 193–219.

③　Zheng, S., Long, F., Fan, C. C., & Gu, Y., Urban villages in China: A 2008 survey of migrant settlements in Beijing. *Eurasian Geography and Economics*, 50 (4), 2009, pp. 425–446.

④　Wang, W. W., & Fan, C. C., Migrant workers´ integration in urban China: Experiences in employment, social adaptation, and self-identity. *Eurasian Geography and Economics*, 53 (6), 2012, pp. 731–749.

⑤　Ngok, K., & Cheng, J. Y. S., The role of migrant labour in China´s labour policy. *Journal of Comparative Asian Development*, 9 (2), 2010, pp. 347–368.

着复杂的制度根源和新的市场驱动力。在政策方面采取措施来改善流动人口的工作条件和社会权利以便减少（如果不能阻止）对于流动人口的剥削是非常重要的。① Tao & Xu 研究了城市化、农村土地制度和流动人口的社会保障问题。作者认为由于流动人口缺乏社会保障问题而造成的临时迁移、由于经常的土地再分配造成的土地产权不安全，以及由于缺乏功能性土地市场而造成的土地征用权的滥用这三个方面是未完成经济转型期中国面临的主要政策挑战。作者提出了一个整体性框架的政策包：第一，政府应该在农村地区成立土地办事处并且发布永久性或者长期性土地证书以强化农民合法的土地使用权、转让权和处分权。第二，城市政府应该根据居住地和流动人口工作地变化情况定义合理的资格标准，以便使流动人口能够申请城市户口。第三，政府应该改革现行的土地征用制度以便拥有土地的农村集体所有者能够直接进入土地征用市场，并且能够与土地使用者协商土地价格。第四，城市政府应该对于把农业用地转变为非农业的商业用地征收增值税。② Li，Feng & Gizelis 回顾了中国过去和现在的社会福利体制，对于如何实现资源分配、福利转移、长期经济增长和政治稳定之间实现有效平衡的理论进行了讨论，在此基础上全面考察了中国新型社会保障体制所面临的问题和挑战。③ Wu 运用调查数据从临时模式、空间轨迹、长期居住权转换三个维度研究了流动人口在城市间的居住流动性。研究结果表明，尽管在城市里居住了很长时间，但是大多数流动人口依然是租房者，他们经历了高频率的流动，他们流动的轨迹局限于一定的空间并且很少实现长期居住权转换。④ Zhang & Wang 以上海

① Chen, Y. & Hoy, C., Explaining migrants′economic vulnerability in urban China. *Asian Population Studies*, 7 (2), 2011, pp. 123-136.

② Tao, R. & Xu, Z., Urbanization, rural land system and social security for migrants in China. *The Journal of Development Studies*, 43 (7), 2007, pp. 1301-1320.

③ Li, J., Feng, Y., & Gizelis, I., China′s new social security system in the making: Problems and prospects. *International Journal of Public Administration*, 31 (1), 2007, pp. 5-23.

④ Wu, W., Drifting and getting stuck: Migrants in Chinese cities. *City*, 14 (1-2), 2010, pp. 13-24.

为例研究了改革时期中国农村流动人口的城市公民身份问题。研究结果表明，上海市最近几年加强了对农村流动人口社会保障权利的保护，但是在缴费和待遇方面与城镇户口人口的缴费和待遇还有差别，农村流动人口申领全部的社会保障权益是非常困难的，因为社会保障的便携性差并且申领全部的社会保障权益需要以长期参加社会保障为前提。① Chen & Chan 研究了农村流动人口在城市中的社会保障状况，结果表明，中国的社会保障体系是城市和农村两个世界，城市社会保障体系很少扩展到在城里居住的农村流动人口头上。有必要立即出台措施，为在城市里生活的农村流动人口提供诸如工伤保险和医疗保险等基本社会保障项目。② Chen 通过田野调查的方式研究了上海建筑公司流动人口的工作条件。研究结果表明，与本地工人相比，农村流动人口和城市流动人口的工作条件更差且享有更少的社会权利。文章认为，首先应该继续实施 2003 年政策所倡导的废除一切限制流动人口就业的政策，其次应该要使所有的工作人员享有相同的社会权利。③ Guan 探索农民工在城市中的生活状况，以及将农民工纳入城市社会福利体系的制度构架、基本原则和社会经济环境。作者认为，要从根本上解决农民工的社会福利问题，应该将他们纳入城市社会福利体系之中。为达到此目标，在政府对农民工的社会福利做出政治承诺的基础上，关键是要针对农民工当前和将来对社会福利的基本需要以及他们在城市中就业和生活的特点而设计合理的制度安排。同样重要的是应该采取相应的社会行动来改善其社会环境，以便使农民工能够真正融入城市社会。④ Xu，Guan，& Yao 研究了中国农民工福利项目的参与

①　Zhang，L.，& Wang，G.，Urban citizenship of rural migrants in reform-era China. *Citizenship Studies*，14（2），2010，pp. 145−166.

②　Chen，X. B.，& Chan，C. L. W.，Rural migrants into the cities of China：From starvation to underclass. *New Global Development*，13（1），1997，pp. 106−123.

③　Chen，Y.，Migrants in Shanghai´s manufacturing companies：Employment conditions and policy implications. *Journal of Asian Public Policy*，2（3），2009，pp. 279−292.

④　Guan，X.，Equal rights and social inclusion：Actions for improving welfare access by rural migrant workers in Chinese cities. *China Journal of Social Work*，1（2），2008，pp. 149−159.

状况。文章认为，改革之前的福利体制是城乡二元结构并且农村居民不能参加城镇里的国家福利项目而只能依靠家庭成员和农村集体经济获得保障。基于雇佣基础的社会保险制度在 1999 年的发展使农民工参加社会保险项目成为可能。论文对 2006 年在中国七个省进行匿名调查数据的分析发现，农民工参加城市社会保险项目的比率低。农民工缺乏参加福利项目的知识和意愿的个人因素以及雇主和产业的类型这些宏观因素是决定农民工参加福利项目的关键因素。[①] Wang 研究了中国流动就业人口的社会保障状况。文章认为，中国缺乏社会和劳动政策的一致性变成了一个日益严重的问题，这一问题侵蚀着劳动资本关系，最终会威胁国家市场交易的可持续性。私人部门缺乏对于农民工的社会保护，农民工占到了私人部门劳动力的一大部分，但是农民工没有享有和城镇居民同等的社会保障权利。政府已经通过加强执法来重视这一问题，但是这一问题的解决需要进行制度革新。[②] Nielsen et al. 运用江苏省的数据考察了城镇人口在多大程度上对于流动人口给予和城镇人口相同的社会保险权利。研究结果表明，许多城镇人口担心如果社会保险权利扩大到包括新的流动人口后会稀释他们既有的社会保护权利。相反，国家机构和媒体比城镇人口更积极地寻求给予流动人口相应的社会保险权利。研究结果也显示，年轻的城镇居民、已经参加社会保险的城镇居民以及那些在国有部门工作的城镇居民更倾向于认为流动人口应该享有和城镇人口相同的社会保险权利。[③]

三、对国内外已有文献的评价

国内外学术界关于流动人口与社会保障制度建设的研究取得了一定成

---

① Xu, Q. , Guan, X. , & Yao, F. , Welfare program participation among rural-to-urban migrant workers in China. *International Journal of Social Welfare*, 20 (1), 2011, pp. 10-21.

② Wang, Z. , Social security for China's migrant workers. *International Labour Review*, 150 (1-2),2011, pp. 177-187.

③ Nielsen, I. , Nyland, C. , Smyth, R. , & Zhang, M. , Migration and the right to social security: Perceptions of off-farm migrants' rights to social insurance in China's Jiangsu province. *China & World Economy*, 15 (2), 2007, pp. 29-43.

果，这为本书提供了可借鉴的理论资源、研究方法和政策思路。首先，国内学者对人口流动和社会保障制度协调的思路与方向等问题进行了研究。一是厘清了完善流动人口社会保障制度的必要性。二是对流动人口社会保障的现状及影响因素基本上达成了一致性认识。三是提出了一些完善流动人口社会保障制度的对策。这些成果给本书提供了可供借鉴的思路和方向。其次，国外学者对人口迁移理论与移民社会融合理论的研究为本书提供了理论框架与政策思路。推拉理论、二元经济理论、人口压力理论、现代世界体系理论、国际人口迁移理论、同化论、区隔融合论、新融合论、多元文化论、社会团结论、社会排斥论、社会整合论等理论论及了人口流动的必然性、特征以及流动人口的融入性议题，这启示本书在研究过程中审慎考虑中国人口流动的必然性和基本特征，同时把社会保障制度协调机制构建作为流动人口社会融入的重要手段。再次，国外学者对移民的社会保障状况、移民的社会保障政策协调、人口流动与社会保障以及经济增长之间的关系、人口迁入对东道国社会保障制度的影响、中国人口迁移和社会保障制度关系这些问题的分析从多个角度触及了移民或者流动人口社会保障制度优化议题，这为本书提供了思路、方法与手段方面的借鉴。

国内外既有文献也存在着一些值得改进的地方：首先，从研究形式看，既有文献多对数据进行描述分析而理论支撑相对缺乏。本书将在对数据进行分析的基础上，以机制设计理论框架为指导来研究中国流动人口社会保障制度的协调机制问题。其次，从研究层级看，既有文献多从宏观体制层面进行研究而忽视对微观机制进行研究。本书将同时对中国流动人口社会保障制度协调机制的宏观框架和微观机制进行研究。再次，从研究对象看，既有文献对乡—城流动人口的社会保障问题研究较多而对城—城流动人口社会保障问题关注不够。本书将对中国乡—城、城—城流动人口的社会保障制度协调机制进行全面研究。最后，从研究视角看，既有文献更多地考虑流动人口自身社会保障权益而对流动人口社会保障项目中其他多个参与主体的利益关注不够。本书将在考虑流动人口社会保障项目所有参与主体利益的前提下对中国流动人口社会保障制度协调机制进行博弈研究。

第三节　研究思路及方法

一、研究思路

本书从探讨流动人口社会保障制度协调机制的理论基础入手，通过剖析当前中国流动人口社会保障制度不协调的表现、原因及其负面影响，侧面论证构建流动人口社会保障制度协调机制的必要性。基于流动人口社会保障制度协调机制的基础理论，本书提出了流动人口社会保障制度协调机制的宏观架构。在这一宏观架构并考虑流动人口社会保障所有参与主体利益的前提下，本书继而构建了四个博弈模型作为流动人口社会保障制度的微观协调机制。为了确保流动人口社会保障制度协调机制的实施，本书最后针对中央政府、地方政府、用人单位和流动人口四个相关主体提出了相应对策。

二、研究方法

本书的研究方法可以描述为：规范研究与实证研究相结合，以规范研究为主；定性分析与定量分析相结合，以定量分析为根据；宏观分析与微观研究相结合，以微观研究为重点；理论总结与政策建议相结合，以政策建议为目标。具体研究方法如下：

1. 问卷调查法：运用问卷调查法收集当今流动人口社会保障制度不协调的状况和特征等数据。

2. 统计分析法：如用卡方分析、Mann-Whitney U 检验、多重响应分析等来分析流动人口社会保障制度不协调的表现。

3. 博弈分析法：如用无限次重复博弈模型解释地方政府如何在流动人口社会保障制度不协调中走出囚犯困境，构建受雇流动人口与当地用人单位公平讨价还价博弈模型并求解其子博弈完美纳什均衡解等。

第四节　创新之处

一、选题创新

本书是在大规模人口流动和社会保障制度整体协调度差的背景下，以党的十八大报告提出了要"统筹推进城乡社会保障体系建设"、党的十八届三中全会通过的《中共中央关于全面深化改革若干重大问题的决定》提出的"建立更加公平可持续的社会保障制度"、党的十九大报告提出的"按照兜底线、织密网、建机制的要求，全面建成覆盖全民、城乡统筹、权责清晰、保障适度、可持续的多层次社会保障体系"精神为指导，系统研究适应以人的城镇化为核心的流动人口社会保障制度协调机制问题。

二、理论创新

本书总结和概括了用于分析流动人口社会保障制度协调机制的三个基本理论，即流动人口社会融合理论、社会保障权益公平理论以及经济机制设计理论。在此基础上，本书以信息交换和利益调整并最终实现流动人口社会保障各参与主体激励相容为切入点构建博弈模型来设计流动人口社会保障制度协调机制。

三、方法创新

本书运用现代统计分析方法来分析流动人口社会保障制度不协调的状况，用博弈方法对流动人口社会保障制度协调机制进行微观设计。

四、对策创新

本书是在保障流动人口社会保障各参与主体利益的前提下提出实施对

策。提出中央政府应该实施关于流动人口社会保障制度协调的强制性制度变迁，把保障流动人口社会保障权益纳入地方政府绩效考评体系，建立社会保障基金调剂金制度以方便流动人口社会保障制度协调，适时适当降低用人单位的社会保障缴费，完善劳资关系中的经济民主制度，优化流动人口社会保障关系转移接续政策。地方政府应该推进户籍制度改革、提高社会保障基金的统筹层次、完善现行各项属地化社会保障制度自身设计、监督当地用人单位保障流动人口社会保障权益。用人单位应该按时足额缴纳流动人口社会保障费用、自觉接受对于流动人口社会保障实施情况的监督。流动人口应该增强社会保障权利意识、诉诸多种手段维护自身的社会保障权益、行使对权力部门的监督。

第一章 流动人口社会保障制度
协调机制的理论基础

　　流动人口社会保障制度协调机制的研究需要以一定的理论基础作为支撑。只有在科学的理论指导下，具体的流动人口社会保障制度协调机制的探讨才不会偏离正确方向，从而达到最终保障流动人口社会保障权利的目的。规范流动人口社会保障制度协调机制建设的理论主要有社会融合理论、社会保障权利公平理论和机制设计理论。社会融合理论从宏观方面研究把社会保障制度作为手段，通过构建流动人口社会保障制度协调机制来保证流动人口的社会保障权益，进而促进其与非流动人口群体社会融合的必要性提供了理论依据。社会保障权利公平理论要求基本社会保障权利完全平等，非基本社会保障权利比例平等，坚持享有社会保障权利机会的完全平等，这对于构建流动人口社会保障制度协调机制的基本理念、保障项目选择、覆盖范围、给付水平、责任主体、社会保障权利对接等提供了理论依据。也就是说，社会保障权利公平理论为构建流动人口社会保障制度协调机制的具体目标设定提供了理论依据。机制设计理论主要是探讨在非对称信息条件下实现既定社会目标的博弈规则，其要求实现既定社会目标的机制尽可能满足信息成本最小和激励相容约束，这为构建流动人口社会保障制度协调机制可供使用的手段提供了理论依据。

第一节　社会融合理论

社会融合的概念通常较模糊且难以操作。[1][2][3][4] Social cohesion 和 Social integration 这两个词均可以翻译为社会融合（整合）且在许多研究中经常作为同义语互换使用。关于社会融合的宏大理论主要有马克思的社会整体发展理论、涂尔干的社会团结理论、帕森斯的结构功能主义社会整合理论、洛克伍德的社会整合和系统整合二分理论、卢曼的系统功能社会整合理论、哈贝马斯的交往行为整合理论、吉登斯的时空整合理论。

为了解释和预测工业革命对社会发展、劳资冲突的影响以及批判空想社会主义，马克思、恩格斯在其著作中论及了社会整体发展理论。马克思主义认为社会有机体是社会整体发展的逻辑起点。社会有机体以现实的人为出发点。马克思认为"全部人类历史的第一个前提无疑是有生命的个人的存在"，[5]"社会不是由个人组成的；它表现为这些个人所具有的联系和关系的总和。"[6] 社会有机体以人的实践活动为主线。"现实的社会不是坚实的结晶体，而是一个能够变化并且经常处于变化过程中的机体。"[7]"这种有机体制本身作为一个整体有自己的各种前提，而它向总体的发展过程就在于：使社会的一切要素从属于自己，或者把自己还缺乏的器官从社会中创造出来。有

---

[1]　Bollen, K. A., & Hoyle, R. H., Perceived cohesion: A conceptual and empirical examination. *Social Forces*, 69 (2), 1990, pp. 479–504.

[2]　Beauvais, C., Sc, M., & Jenson, J., Social cohesion: Updating the state of the research. *CPRN Discussion Paper*, No. F/22, 2002, pp. 1–49.

[3]　Moody, J., & White, D. R., Structural cohesion and embeddedness: A hierarchical concept of social groups. *American Sociological Review*, 68 (1), 2003, pp. 103–127.

[4]　Friedkin, N. E., Social cohesion. *Annual Review of Sociology*, 30 (1), 2004, pp. 409–425.

[5]　《马克思恩格斯全集》第 1 卷，人民出版社 2012 年版，第 146 页。

[6]　《马克思恩格斯全集》第 46 卷（上册），人民出版社 1979 年版，第 220 页。

[7]　《马克思恩格斯全集》第 23 卷，人民出版社 1972 年版，第 12 页。

机体制在历史上就这样向总体发展的。"① 马克思主义认为全面生产是社会整体发展的根本所在。马克思主义认为全面生产是人与动物的重要区别，人类社会共有三种生产。第一种生产即物质生活资料的生产，它是人类社会存在和发展的基础。"我们首先应当确定一切人类生存的第一个前提也就是一切历史的第一个前提，这个前提就是：人类为了能够'创造历史'，必须能够生活。但是为了生活，首先就需要衣、食、住以及其他东西。因此第一个历史活动就是生产满足这些需要的资料，即生产物质生活本身。"② 第二种生产即人的需要的生产。"已经得到满足的第一个需要本身、满足需要的活动和已经获得的为满足需要的用的工具又引起新的需要。"③ "人以其需要的无限性和广泛性区别于其他一切动物。"④ 第三种生产即人口自身生产和再生产。"每日都在重新生产自己生命的人们开始生产另外一些人，即增殖。这就是夫妻之间的关系、父母和子女之间的关系，也就是家庭。这个家庭起初是唯一的社会关系，后来，当需要的增长产生了新的社会关系，而人口的增长又产生了新的需要的时候，家庭便成为从属的关系了。"⑤ 马克思主义认为："不应该把社会活动的这三个方面看作是三个不同的阶段，而只应看作是三个方面，……从第一批人出现时，三者就同时存在，而且就是现在也还在历史上起着作用。"⑥ 马克思主义认为共产主义是社会整体发展的最终归宿。在共产主义社会，"每个人的自由发展是一切人自由发展的条件"⑦"这种新的社会制度首先必须剥夺相互竞争的个人对工业和一切生产部门的经营权，而代之以所有这些生产部门由整个社会来经营。就是说，为了共同利益、按照共同的计划、在社会全体成员的参加下来经营。这样，这种新的

---

① 《马克思恩格斯全集》第46卷（上册），人民出版社1979年版，第235—236页。
② 《马克思恩格斯选集》第1卷，人民出版社1972年版，第32页。
③ 《马克思恩格斯选集》第1卷，人民出版社1972年版，第32页。
④ 《马克思恩格斯全集》第49卷（上册），人民出版社1982年版，第130页。
⑤ 《马克思恩格斯选集》第1卷，人民出版社1972年版，第33页。
⑥ 《马克思恩格斯选集》第1卷，人民出版社1972年版，第33—34页。
⑦ 《马克思恩格斯选集》第1卷，人民出版社1995年版，第294页。

社会制度将消灭竞争，而代之以联合。因为个人经营工业的必然结果是私有制，竞争不过是单个私有者经营工业的一种方式，所以私有制同工业的个体经营和竞争是分不开的。因此私有制也必须废除，而代之以共同使用全部生产工具和按照共同的协议来分派全部产品，即所谓财产公有。废除私有制甚至是工业发展必然引起的改造整个社会制度的最简明扼要的概括。所以共产主义者完全正确地强调废除私有制是自己的主要要求。"①

为了理解和解决 19 世纪西方发达国家从前工业社会向工业社会转型过程中所遭遇的经济危机、以劳资冲突为代表的社会危机、以自杀与悲观失望为代表的精神危机，② 法国社会学家涂尔干提出了社会团结理论。涂尔干在其著作《论社会分工与团结》的著作中指出："社会容量和社会密度是分工变化的直接原因，在社会发展的过程中，分工之所以能不断进步，是因为社会密度的恒定增加和社会容量的普遍扩大。""劳动分工的最大作用，并不在于功能以这种分化方式提供了生产率，而在于这些功能彼此紧密的结合。在上述所有情况中，分工的作用不仅限于改变和完善现有的社会，而且使社会成为可能，也就是说，没有这些功能，社会就不可能存在。""那么劳动分工所扮演的角色就比平常想象的还重要。它不只是给社会带来了奢华，奢华虽然令人艳羡，但却不是必不可少的，它更是社会存在的一个条件，社会的凝集是完全依靠，或者主要依靠劳动分工来维持的。社会构成的本质特性也是由分工决定的……如果分工的功能确是如此，它就必然具有一种道德属性。一般而言，正因为分工需要一种秩序、和谐以及社会团结，所以它是道德的。""我们的目的，决不仅仅考察这些社会中是否存在劳动分工带来的社会团结。这是很显然的事实，因为劳动分工在社会中是很发达的，它产生了团结。最重要的是，我们必须确定它所产生的团结在何种程度上带来了社会整合。"涂尔干把社会团结的形式分为机械团结和有机团结。涂尔干在论述机

① 《马克思恩格斯选集》第 1 卷，人民出版社 2012 年版，第 302—303 页。
② 杨善华、谢立中：《西方社会学理论》上卷，北京大学出版社 2005 年版，第119 页。

械团结时指出："社会团结是存在的，因为同一社会的所有成员共同具有某些同样的意识。压制法在本质上展现了这种团结，至少展现了这种团结最基本的要素。无论范围是大是小，它所具有的一般的社会整合功能显然是建立在包含着某种共同意识同时又受到这些共同意识规定的社会生活的基础上的。意识越是能够使行为感受到各种不同的关系，它就越是能够把个人紧密地系属到群体中去，继而社会凝聚力也会由此产生出来，并带上它的标记。另一方面，这些关系在数量上也是与压制性规范成正比的。一旦我们确立了代表刑法的司法机关，我们就可以测试这种团结的相对重要性。""以这种方式相互凝聚的社会分子要想一致活动，就必须丧失掉自己的运动，就像无机物中的分子一样，这就是我们把这种团结称作机械团结的原因，这并不是说它是通过机械手段或人工手段生产出来的。"涂尔干在论述有机团结时指出："一方面，劳动越加分化，个人就越贴近社会；另一方面，个人的活动越加专门化，他就越会成为个人。但确切地说，个人的活动是受限制的，它也不全是独创性的。即使我们在完成本职工作的时候，还是要符合法人团体共同遵循的习惯和程序。与此同时，我们以另一种方式所承受的重任已经不像承受整个社会那样沉重了，社会已经给了我们更多自由活动的空间。由此，整体的个性与部分的个性得到了同步发展，社会能够更加有效地采取一致行动，而它的元素也可以更加特殊地进行自我运动。这种团结与我们所看到的高等动物是何等相似啊！实际上，当每个器官都获得了自己的特性和自由度的时候，有机体也会具有更大程度的一致性，同时它的各个部分的个性也会得到印证。借用这一类比，我们就把归因于劳动分工的团结称为'有机'团结。"涂尔干认为人类社会从机械团结向有机团结发展是一种历史规律，具有一般趋势。他指出："这就是历史规律：起初机械团结还能够，或几乎能够独当一面，后来则逐渐失势了，有机团结渐渐跃升到了显著位置。既然人们相互维系的方式发生了变化，社会结构也会不可避免地发生变化。"涂尔干认为在从机械团结向有机团结转变的过程中，劳动分工有可能会偏离正常形态而造成社会失范和社会危机。"就正常状态而言，分工可以带来社会的团结，但是在某些时候，分工也会带来截然不同甚至完全相反的结果。"涂尔干讨论了三种反常的劳动分工形态，即失范的分工、强制的分工和功能性分工。他认为失范的分工是社会各种危机最主要的根源之一。① 涂尔干认为解决失范分工所引起社会问题的办法在于建立公民道德和职业伦理。涂尔干在其著作《职业伦理与公民道德》一书中指出："最为重要的事情，就是经济生活必须得到规定，必须提出它自己的道德标准，只有这样，扰乱经济生活的冲突才能得到遏制，个体才不至于生活在道德真空之中。在道德真空里，甚至连生命的血液都从个体道德中被抽调了。因此，在上述社会功能的领域中，有必要确立职业伦理，它不仅更贴近具体实在，更接近事实，它的视野也比我们今天的视野更宽阔。"② 《自杀论》是涂尔干对社会现实的道德关怀和所主张的社会研究方法的完美结合，讨论的是不同类型社会整合及其对个人行为的影响。③ 涂尔干认为社会原因引起了自杀，政治团体、宗教团体和家庭均不能增强个人对集体的依赖感来抑制自杀，行业团体可以制止自杀。他指出："无论在何时、何地，行会都可以持续地影响大部分人，况且职业生活对当代人来说都是相当重要的，甚至是个人生活的全部，行会赋予个人的权益和义务，可以形成一种集体意识牢牢地使个人团结在它身边。"④

从 20 世纪 30 年代开始，美国社会学家塔尔科特·帕森斯提出了结构功能主义，在结构功能主义的基础上构建了社会整合理论。帕森斯将社会体系视为更为普遍的行动系统的组成部分，把社会体系划分为有机体系统（系统生存的环境）、行动者系统（人格系统）、社会系统（社会的规范性制度和行为准则）和文化系统，认为整个行动系统都面临着一些大致相同的基本功

---

① 上述关于劳动分工、社会团结的原文引证来自〔法〕埃米尔·迪尔凯姆：《论社会分工与团结》，石磊译，中国商业出版社 2016 年版，第 10、12、47、62、63、158、231 页。

② 〔法〕涂尔干：《职业伦理与公民道德》，渠敬东译，商务印书馆 2015 年版，第 14 页。

③ 文军：《西方社会学理论：经典传统与当代转向》，上海人民出版社 2006 年版，第 76 页。

④ 〔法〕迪尔凯姆：《自杀论》，孙立元、滕文芳译，北京集团出版公司、北京出版社 2012 年版，第 162 页。

能要素，满足这些要求是系统生存的先决条件，从而提出了解释社会行动的结构功能框架即 AGIL 模型。AGIL 模型认为行动系统生存必须具有四项基本功能：适应（adaptation）、目标达致（goal attainment）、整合（integration）、模式维持（latency pattern maintenance）。"我们所有的行动系统都具有的四项基本功能来描述它们，这就是模式维持、整合、目标达致和适应"。① "帕森斯侧重说明社会系统的整合功能。他所说的整合有两层含义：第一，由于各部分的和谐关系使体系达到均衡状态，避免变迁；第二，体系内部各部分共同维持以抗拒外来的压力。例如人格系统对社会系统的整合，帕森斯指出主要有两个途径，即社会化和社会控制。"② 帕森斯将整合功能首先归于社会系统，把模式维持——包括创造性的模式改变归于文化系统，将目标达致主要归于人格系统，将行为有机体视为适应子系统。帕森斯认为这种系统的功能分析的方法同样可以用于分析组成行动系统的子系统。在社会系统中，分别由经济制度来满足适应的功能要求，由政治制度来满足目标达成的功能要求，由法律和宗教制度的一部分来满足整合功能的要求，由家庭、教育和宗教制度的另一部分来满足维模的功能要求。③ 对于帕森斯而言，社会整合就是维持社会系统内各系统之间的均衡和稳定，④ "调整和协调系统内部的各套结构，防止任何严重的紧张关系和不一致对系统的瓦解"。⑤

　　洛克伍德与帕森斯一样，认为社会学必须解释矛盾出现的情况，而社会秩序始终存在，但是他认为高度的秩序是不可能的。⑥ 洛克伍德认为分析社

---

① 于海：《西方社会思想史》，复旦大学出版社 2010 年版，第 278 页。
② 侯钧生：《西方社会学理论教程》，南开大学出版社 2006 年版，第 175 页。
③ 文军：《西方社会学理论：经典传统与当代转向》，上海人民出版社 2006 年版，第 129 页。
④ 肖小芳、曾特清：《马克思社会整合理论的新诠释——从帕森斯、洛克伍德到哈贝马斯》，《伦理学研究》2015 年第 2 期。
⑤ ［美］安东尼·奥勒姆：《政治社会学导论》，葛云虎译，浙江人民出版社 1989 年版，第 114 页。
⑥ 吴晓林：《社会整合理论的起源与发展：国外研究的考察》，《国外理论动态》2013 年第 2 期。

会如何整合时不应拘泥于社会系统各组成部分的功能协调，帕森斯过于关注社会整合的道德方面，指的是帕森斯强调文化系统所提供的普遍价值与道德规范在社会整合中的重要作用，忽视了社会冲突在社会系统变迁中的重要作用。① 洛克伍德认为，"社会整合和系统整合这种划分使学者能够敏感地以两种不同的方式看待社会整体；反过来，这两种不同的视角则导致对于社会秩序或社会混乱的不同机制做出不同的解释。社会整合是指'行动者之间的有序的或者冲突性的关系'，而系统整合则聚焦于'社会系统各部分'之间的兼容性或者不兼容性亦或矛盾性关系。从行动者及行动者之间关系的视角检视社会整体会使人们从社会合作或者社会冲突方面来考察社会秩序或者社会混乱问题。在行动者如何认识社会（social world）的基础上，保护或者促进行动者认为是事关他们自身利益的策略的发展是这些行动者的结果。在系统整合层面，关注点从行动者转向了系统性视角。'系统部件'而非行动者占据了舞台的中心。"②

尼克拉斯·卢曼同样是社会系统理论的信徒，他主张以"系统"为单位来分析社会。③ 卢曼把社会系统分为互动系统、组织系统和社会整体系统。互动系统是最简单的社会系统，它是在个体间共同在场并相互感知所形成的。组织系统的主要作用是协调个体的动机和偏好与集体目标之间的关系。社会整体系统是在互动系统和组织系统基础上形成的，它是一个包含所有相互关系的沟通行动的综合性系统。卢曼认为这三个系统之间既有分化又有整合。卢曼把社会分化划分为区隔分化、阶层分化和功能分化。他认为随着社会的进化，社会系统在功能领域、进出规则、对不同沟通媒介依赖性三个方面表现出分化。"三个系统之间的分化虽然组成了社会的不整合，甚至冲突。

---

① 肖小芳、曾特清：《马克思社会整合理论的新诠释——从帕森斯、洛克伍德到哈贝马斯》，《伦理学研究》2015 年第 2 期。

② Mouzelis, N., Social and system integration: Lockwood, Habermas, Giddens. *Sociology*, 31 (1), 1997, pp. 111-119.

③ 吴晓林：《社会整合理论的起源与发展：国外研究的考察》，《国外理论动态》2013 年第 2 期。

但卢曼指出，社会整合与社会分化是相互消长的。在社会系统分化的同时，不同层次的系统通过在对方内部'筑巢'（nesting）或渗透，从而也加强了社会整合过程。这一方面可为行动的选择提供时间、物质和社会的保证，另一方面可构成子系统周遭环境的秩序或结构。例如，一个组织系统把人们按一定的空间和等级结构加以分配，它规定了人们活动的时间，制定了相关的沟通规则，并调整所有互动系统的周围环境。"① 卢曼认为"社会整合是消除系统破坏性倾向的过程，功能分化的社会的整合，不再像以往的社会，通过基本价值与道德共识，而仅仅是基于相互差异的尊重和依赖。随着社会由区隔分化、阶层分化到功能分化的过程，整体社会系统对次系统的重要性也有所不同，分化越是复杂，那么整体社会系统越是难保证所有社会次系统都以同样的结构、形式和规范来运作，社会的整合也越来越不是因为共同的理念和标准，而是由各个次系统之间相互尊重和互不干扰"②。卢曼认为现代社会已经是一个世界性社会，它类似于国家性的社会系统（national societies），由各种功能分化的全球性的分系统组成，如立法系统、经济系统、宗教系统或者政治系统。卢曼的世界性社会概念建立在包容性的基础上，该概念的特别之处就在于它把政治、立法、经济和文化的差异转换成仅仅是世界性社会内部的差异。③

　　哈贝马斯基于交往行为理论提出了自己对于社会整合的看法。哈贝马斯认为："合理性行为有两大类：目的理性行为，以成功为取向；和交往理性行为，以人际间的沟通、达致理解和共识为取向。前者为利益协调行为，后者为规范协调行为。"④ 哈贝马斯批判了科技理性对人类的控制，主张以交往理性改造实践理性来促进社会整合。哈贝马斯把社会二分为"生活世界"

---

① 侯钧生：《西方社会学理论教程》，南开大学出版社 2006 年版，第 339 页。
② 宋林飞：《西方社会学理论》，南京大学出版社 1997 年版，第 154 页。
③ Mattheis，C.，The system theory of Niklas Lhmann and the constitutionalization of the world society. *Goettingen Journal of International Law*，4（2），2012，pp.625-647.
④ 于海：《西方社会思想史》，复旦大学出版社 2010 年版，第 370 页。

"系统（或翻译为体制）"。哈贝马斯认为："所谓生活世界，就是人类生活于其中的、大家在一定程度上共同拥有的、一组庞大而并不明确的社会文化背景。"① 他认为文化、社会和人格是生活世界的结构性要素，生活世界和沟通行为是相辅相成的。"沟通行动的总体总是在生活世界的视野内达成共识。他们的生活世界是由诸多背景观念构成的，这些背景观念或多或少存在着不同，但永远不会存在什么疑难。这样一种生活世界背景是明确参与者设定其处境的源泉，通过解释，沟通共同体的成员把客观世界及其主体间共有的社会世界与个人以及（其他集体）的主观世界区分开来。世界概念以及相关的有效性要求构成了形式因素，沟通行动者可以用它们把各种需要整合的语境与他们自身所处的明确的生活世界协调起来。"② "在哈贝马斯那里，体制有两方面的含义。一是指和生活世界相对影响人类生活的社会的制度或组织，如经济系统、行政系统等。……体制的另一层含义是指研究者采取客观观察者的视角去分析和了解社会现象，同时代表一种系统分析方法，即把社会作为一个系统去了解，重视其起结构和功能的分析。"③ 生活世界和系统二者的理性化过程导致系统对生活世界的控制，出现了生活世界的殖民化。"从哈贝马斯的'系统—生活世界'和'生活世界殖民化'的角度视察，现代社会，特别是现今的资本主义社会的整合准则，主要是由经济和权力或行政组织这两种因素构成，而这也是导致现代社会里人际疏离，以及人类自由和生命意义失落的主因。这一情况在 20 世纪中叶以后兴起的福利国家里清楚地表现出来。"④ "交往行为的合理化是阻挡系统侵入生活世界，促使生活世界合理化的关键。哈贝马斯把交往者应承认、重视并遵守共同的社会规范，及交往者能够选择恰当的语言进行以相互理解为目的的对话，看作是实

① 侯钧生：《西方社会学理论教程》，南开大学出版社 2006 年版，第 363 页。
② ［德］尤尔根·哈贝马斯：《交往行为理论》第 1 卷，曹卫东译，上海人民出版社 2004 年版，第 69 页。
③ 阮新邦：《批判诠释与知识重建》，社会科学文献出版社 1999 年版，第 63 页。
④ 杨善华、谢立中：《西方社会学理论》下卷，北京大学出版社 2006 年版，第 73 页。

现交往行为合理化的两个关键条件。循此条件，就能保证交往双方真实、真诚、适当地进行交往行为，达成理性共识。"① 哈贝马斯认为交往理性自身在有效性和事实性之间存在差距，解决现代社会中的整合危机有必要通过法律对交往行为进行限制化和制度化。能够起到社会整合作用的有效的法律应该是事实性与认受性的统一。事实性是指法律的强制性，认受性是指法律应由一个有认受性的立法程序而制定并且法律应保障所有人都可享有平等的自由或权利。"哈贝马斯合法性的观点包括两个方面：第一，自由平等的每个人既是法律的接受者，也是法律的创制者；第二，法律的合法性来自人民的同意和共识，这是社会团结的基础。一句话，合法之法来源自由平等的个人通过民主程序对相关问题达成的合理推动的同意。"② 正如哈贝马斯所指出的那样："合法性来自合法律性这种悖论性现象，必须通过确保公民对其政治自主性之运用的权利而得到说明。这种现象之所以是悖论性质的，是因为，一方面，公民权利作为主观权利具有与一切权利同样的结构，允许个人以自由选择的范围。尽管这些权力的运用有模态上的区别，但政治权利必须也是可以解释为主观行动自由的，这种自由只使得合乎法律的行为成为义务，也就是说，对合乎规则的行为的动机它是不予过问的。另一方面，民主的立法程序使得参与者必须面对以共同福利为取向这样一种规范性期待，因为只有从公民就其共同生活之规则达成理解的过程出发，这种程序才能获得自己的赋予合法性的力量。这种法律，只有当它与交往行动的社会整合力量保持一种内在关系的时候，才能在现代社会也履行稳定期待的功能。"③

吉登斯在对传统社会学理论进行梳理的基础上，对传统社会学理论中存在的结构与行动的二元论和社会与个体的二元论做了扬弃。吉登斯将这两对

---

① 傅永军：《哈贝马斯交往行为合理化理论述评》，《山东大学学报》（哲学社会科学版）2003 年第 3 期。

② 高瑞华：《从道德式微到法律中心——论哈贝马斯的社会整合理论》，《社会科学家》2014 年第 7 期。

③ ［德］哈贝马斯：《在事实与规范之间》，童世骏译，生活·读书·新知三联书店 2014 年版，第 105 页。

关系化约为一对关系：社会系统（结构）与个体行动的关系，并试图在这二者之间实现架通。① 吉登斯认为结构可以概念化为行动者在跨越时间和空间的互动情境中利用规则和资源。结构是一个双向的过程，一方面规则和资源在时间和空间的跨度中被用来形成互动，另一方面，在时间和空间的跨度中对规则和资源的利用使规则和资源得到再生产或者转化。"结构指的是使社会系统中的时空'束集（binding）'在一起的那些结构性特征，正是这些特征，使得千差万别的时空跨度中存在着相当类似的社会实践，并赋予它们以'系统性'的形式。我们说结构是转换性关系的某种'虚拟秩序'，是说社会系统作为被再生产出来的社会实践，并不具有什么'结构'，只不过体现着'结构性特征（structure properties）'，同时，作为时空在场的结构只是具体落实于这类实践，并作为记忆痕迹，导引着具有认知能力的人类行动者的行为。"② "行动者和结构二者的构成过程并不是彼此独立的两套既定现象，即某种二元论，而是体现着一种二重性。在结构二重性观点看来，社会系统的结构性特征对于他们循环反复组织起来的实践来说，既是后者的中介，又是它的结果。"③ "不能简单地认为结构是对人类能动性的限制，它实际上也是对人类能动性的促进。这就是我所说的结构二重性。原则上而言，结构总是能够从结构化的角度得到审视。考察社会实践的结构化就是寻求对以下情形的解释：结构是如何经由行动构成的，反过来行动又是如何被结构性地建构的。"④ 吉登斯认为："秩序问题是社会关系之中如何体现出可以界认的形势，社会系统如何结合时间与空间。在社会行为不断地循环重现之

---

① 文军：《西方社会学理论：经典传统与当代转向》，上海人民出版社 2006 年版，第 245 页。

② ［英］安东尼·吉登斯：《社会的构成——结构化理论纲要》，李康、李猛译，中国人民大学出版社 2016 年版，第 16 页。

③ ［英］安东尼·吉登斯：《社会的构成——结构化理论纲要》，李康、李猛译，中国人民大学出版社 2016 年版，第 23 页。

④ ［英］安东尼·吉登斯：《社会学方法的新规则———一种对解释社会学的建设性批判》，田佑中、刘江涛译，社会科学文献出版社 2003 年版，第 278 页。

中，便体现出某种形式化的过程，而形式化的过程也就体现出了秩序。……所谓'整合'，并不简单地等同于'聚合'或'共识'，而是实际互动的'交互性'。社会整合指的是体现在面对面互动当中的系统性，是社会组织过程中时空在场的体现。"① 时间和空间的分立、脱域机制的发展以及知识的反思性运用使现代性具有明显的断裂性和双重性特征。现代性的断裂，其实就是时空矛盾在特定区域的体现。"在外延方面，它们确立了跨越全球的社会联系方式，在内涵方面，它们正在改变我们日常生活中最熟悉和最带个人色彩的领域。"② 换言之，行动者的冲突原因在于传统的经验世界滞后于现代性的空间扩展。为了解决时空延伸所带来的秩序问题，吉登斯开出了通过建设"适应于"时间和空间的制度药方。吉登斯认为："通过影响个体和团体行动的知识的不断输入，来对社会关系进行反思性定序和再定序。"③ 吉登斯认为现代性的后果使人们陷入了联合与分裂、无力感与占有、权威与不确定性、个人化与商品化的两难境地。超越现代性的世界是一个以"重新道德化"为特征的世界，吉登斯建议进行一场生活政治运动，彻底改变我们的生活，重建道德。④

除了各位社会学家关于社会融合的宏大理论论述之外，具体到移民的社会融合理论主要有融合论、多元文化论和区隔融合论这三种理论。⑤ 芝加哥学派的代表人物罗伯特·帕克提出了移民的融合论。"同化是一个相互渗透和融合的过程。在这一过程中，一个个体或群体获得了其他个体或群体的记忆、情感以及态度，并且通过分享他们的经历和历史，与他们一起被整合进

---

① 杨善华、谢立中：《西方社会学理论》下卷，北京大学出版社 2006 年版，第 101—102 页。
② ［英］安东尼·吉登斯：《现代性的后果》，田禾译，译林出版社 2011 年版，第 4 页。
③ ［英］安东尼·吉登斯：《现代性的后果》，田禾译，译林出版社 2011 年版，第 14 页。
④ 周慧之：《现代性：走出个人行动与社会结构的二元困境——吉登斯现代性思想评论及中国现代性问题探讨》，《社会科学论坛》2002 年第 2 期。
⑤ 杨菊华：《从隔离、选择融入到融合：流动人口社会融入问题的理论思考》，《人口研究》2009 年第 1 期。

了一种共同的文化生活。"① 融合论在 20 世纪由戈登（Gordon）进一步光大。戈登在其 1964 年著作《美国生活中的同化》中提出了族群同化的七变量模型，把族群同化的亚过程或条件依次分为七个过程：把文化模式变为主流社会的文化模式（同化的类型或阶段为文化或行为同化，特殊名称为文化适应）、在基层群体层次上，大规模进入东道主社会的小集群、俱乐部、机构（同化的类型或阶段为结构同化，无特殊名称）、大规模族际通婚（同化的类型或阶段为婚姻同化，特殊名称为血缘融合）、发展出完全基于东道主社会的群体性意识（同化的类型或阶段为认同意识同化，无特殊名称）、族群之间消除偏见（同化的类型或阶段为态度接受同化，无特殊名称）、族群之间消除歧视（同化的类型或阶段为行为接受同化，无特殊名称）、族群之间消除价值冲突和权力冲突（同化的类型或阶段为行为公民同化，无特殊名称）。戈登论证道："总而言之，在涉及族群共同体时，美国人的长远基本目标是保持流动性和温和适度，必须保障所有人享有完全平等公民权利，而不考虑他们的种族、宗教或祖籍民族背景，还要保证群体和个体都享有民主的自由选择权。族群共同体在可见的未来不会消失，它的合法性和合理性应该受到承认和尊重。由于同样的原因，那些跨越族群界限而把人们联结起来的纽带和各种不同族源的人们可以相遇和融合的道路也应当受到爱护和加强。"② 多元文化论与融合论不同，它更多地聚焦于移民所带来的利益。在关于移民政策和融合的历史争论过程中，自由主义知识分子用文化多元主义挑战了盎格鲁一致性，文化多元主义实际上鼓励少数群体保持自己的文化遗

---

① Park, R. E., & Burgess, E. W., *Introduction to the science of sociology*. Chicago: University of Chicago Press, 1921, p. 735.
② ［美］米尔顿·M. 戈登：《美国生活中的同化》，马戎译，译林出版社 2015 年版，第 245 页。

产。①② "'文化多元主义'假定新近移民群体的社区生活和文化的重要组成部分在美国公民权的框架下能够得以保存，同时这些移民群体能够在政治上和经济上被整合进美国社会。"③ 霍勒斯·卡伦（Horace M. Kallen）是文化多元主义的创始人。卡伦于 1915 年在《民主对熔炉》（democracy versus the melting-pot）一文中提出的关于文化多元论的基本论点是：美国文化就像拼凑的马赛克由不同部分组成，每一部分都有自己的作用，作者在文中用乐队取代了熔炉，认为美国文化就像一个管弦乐队，它需要不同的声音才能奏出动听的音乐。④ 卡伦认为："每一个男人和女人都位于两条线的交叉点上，其中一条是祖先血缘，另外一条是社会和文化的模式和制度，正是我们的祖先和家庭在青少年时期对我们的影响造就了我们，而且这是不可剥夺和改变的。"⑤ "在独立宣言中的'平等'，就是对人们保持彼此差异的权利的肯定：每个人都是平等的，由人根据自身背景而组成的每个社区也是平等的，这是人类追求生存、自由和幸福的权利。"⑥ "文化价值来自不同秩序之间的矛盾、相互影响以及随后的分裂和再调适，同时从中产生一种新的和谐，这种和谐关系使得各个文化的内心都出现一种前所未有的内容。"⑦ 此后，艾萨克·伯克森（Isaac B. Berkson）和朱利叶斯·德拉克斯勒（Julius Drachsler）

---

① Hing，B. O. ，Beyond the rhetoric of assimilation and cultural pluralism：Addressing the tension of separatism and conflict in an immigration-driven multiracial society. *California Law Review*，81（4），1993，pp. 863-925.

② 这里的盎格鲁一致性是指要求移民接受美国盎格鲁—撒克逊核心群体的价值观念和行为模式，彻底放弃自己祖先的文化。

③ ［美］米尔顿·M. 戈登：《美国生活中的同化》，马戎译，译林出版社 2015 年版，第86 页。

④ 杨菊华：《中国流动人口经济融入》，社会科学文献出版社 2013 年版，第 44 页。

⑤ Kallen，H. M.，*Culture and democracy in the United States*. New York：Boni and Liveright，1924，p. 60.

⑥ ［美］米尔顿·M. 戈登：《美国生活中的同化》，马戎译，译林出版社 2015 年版，第134 页。

⑦ Kallen，H. M.，*Culture and democracy in the United States*. New York：Boni and Liveright，1924，pp. 209-210.

出版了专著支持多元文化论。① 戈登对多元文化论进行了精彩评价："文化多元主义的假定目标是在相当程度上保持各个亚社会的相互分离，从而保证族群文化传统和族群存在的延续，与此同时，并不干预这些亚社会承担对美国一般公共生活的标准化的责任。实际上，这一目标要求把跨族群的初级群体关系层面的亲密接触保持在最小的程度，以此防止发生相当数量的族际通婚，同时又在次级群体关系层面领域（如政治活动、经济生活和公民责任方面）和其他群体与个人进行合作。在这样的上下文关系中，族群的群体意识将会保持作为群体认同的一个重要方面，同时又希望偏见和歧视将会消失，或者变得轻微到人们不会注意的程度。价值冲突如果存在，也将在投票箱和公共民意这样的活动领域来解决，目标是把这样的冲突保持在最低水平，具体方法是强调美国人生活中的灵活性、合法选项和自由选择，并防止一些人把自身群体的愿望设作某种标准，以强迫的方式强加给其他群体。"② 区隔融合论认为移民的后代尤其是第二代移民与第一代移民在环境及教育等方面存在着诸多不同，因此第二代移民会在一定程度上融入主流社会，呈现出区隔融合（segmented assimilation）的态势。Portes 是区隔融合论的主要推动者。Portes，Fernándezkelly，& Haller 把区隔融合理论模型概括为：区隔融合理论由三部分构成：第一部分是识别主要的外生因素；第二部分是描述第二代移民（children of immigrants）当前面临的主要障碍；第三部分是根据这些力量之间的相互作用预测融入路径的差异。外生因素可以被看作是移民家庭带给的让其孩子应对所面临外部挑战的主要资源，包括第一代移民（immigrant parents）所拥有的人力资源，接收移民的社会背景以及移民家庭

---

① ［美］米尔顿·M. 戈登：《美国生活中的同化》，马戎译，译林出版社 2015 年版，第138 页。

② ［美］米尔顿·M. 戈登：《美国生活中的同化》，马戎译，译林出版社 2015 年版，第146 页。

的社会构成。① Portes & Zhou、Hirschman、Hirschman、Perlman & Waldinger、Haller, Portes, & Lynch 的研究得出了支持区隔融合论的结论。②③④⑤⑥

　　研究流动人口社会保障制度协调机制的根本原因就是要通过保证流动人口的社会保障权益以维持甚至促进其与非流动人口群体的社会融合。社会融合的宏大理论和有关移民社会融合的具体理论，在一定程度上从不同方面论及了社会融合的原因、可能性、方向、路径、边界及手段等问题。这为研究流动人口社会保障制度协调机制的必要性提供了理论支撑。

第二节　社会保障权利公平理论

　　讨论社会保障权利公平理论需要从讨论一般公平理论开始。

　　公正、正义、公平、公道乃同一概念，是行为对象应受的行为，是给予人应得而不给人不应得的行为；不公正、非正义、不公平、不公道乃同一概念，是行为对象不应受的行为，是给人不应得而不给人应得的行为。⑦ 学术界对公平或正义的看法是仁者见仁，智者见者。从古到今，许多学者都对于公平或者正义提出了自己的看法。作为一个具有历史性的价值判断标准，⑧

---

①　Portes, A., Fernándezkelly, P., & Haller, W., The adaptation of the immigrant second generation in America: Theoretical overview and recent evidence. *Journal of Ethnic & Migration Studies*, 35（7），2009, pp. 1077–1104.

②　Portes, A., & Zhou, M., Should immigrants assimilate? *Public Interest*, 116, 1994, pp. 18–33.

③　Hirschman, C., The educational enrollment of immigrant youth: A test of the segmented-assimilation hypothesis. *Demography*, 38（3），2001, pp. 317–336.

④　Hirschman, C., Immigration to the United States: Recent trends and future prospects. *Malaysian Journal of Economic Studies*, 51（1），2013, pp. 69–85.

⑤　Perlman, J. & Waldinger, R., Second generation decline? Children of immigrants, past and present-a reconsideration. *International Migration Review*, 31（4），1997, pp. 893–922.

⑥　Haller, W., Portes, A., & Lynch, S. M., Dreams fulfilled and shattered: Determinants of segmented assimilation in the second generation. *Social Forces*, 89（3），2011, pp. 733–762.

⑦　王海明：《新伦理学》，商务印书馆 2002 年版，第 301—302 页。

⑧　樊纲：《平等、公平与经济发展》，《开放导报》2004 年第 6 期。

"正义有一张普洛透斯似的脸（a Protean face），变幻无常、随时可呈不同形状并具有极不相同的面貌。当我们仔细查看这张脸并试图揭开隐藏其表面背后的秘密时，我们往往会深感迷惑。"①

柏拉图认为公平就是"每个人应当只做一件适合他的本性的事情"，"就是做自己的事情而不干预别人的事情"②。"不正义则是指灵魂中这三部分（理性、意志和欲望——引者注）间争斗不和，相互管闲事和相互干涉，灵魂的一个部分起来反对整个灵魂，企图在内部取得领导地位。"③ 可见，柏拉图的正义观是一种分工正义观。

亚里士多德在多处论证到了公平问题。他认为"公正就是在非自愿交往中的所得与损失的中庸，交往以前和交往以后所得相等"④，"公正常常被看作德性之首，比星辰更让人崇敬"⑤。"公正是给予和维护幸福，或者是政治共同体福利的组成部分。"⑥ "公正是为政的准绳，因为实施公正可以确定是非曲直，而这就是一个政治共同体的基础。"⑦ "人人都把公正看做某种平等……公正是什么的问题与对什么人而言有关，平等的人应该享有平等的权利。"⑧ "公正被认为是，而且事实上也是平等，但并非是对所有人而言，而是对彼此平等的人而言；不平等被认为是，而且事实上也是公正的，不过也

① ［美］E. 博登海默：《法理学——法律哲学与法律方法》，邓正来译，中国政法大学出版社 2017 年版，第 266—267 页。
② ［古希腊］柏拉图：《国家篇》429D-434C，《西方哲学原著选读》上卷第 115—118 页。转引自全增嘏：《西方哲学史》，上海人民出版社 1998 年版，第 157—158 页。
③ ［古希腊］柏拉图：《理想国》，郭斌和、张竹明译，商务印书馆 2002 年版，第 171—173 页。
④ 《亚里士多德全集》第八卷，苗力田译，中国人民大学出版社 1992 年版，第 103 页。
⑤ ［古希腊］亚里士多德：《尼各马可伦理学》，廖申白译，商务印书馆 2003 年版，第 130 页。
⑥ ［古希腊］亚里士多德：《尼各马可伦理学》，苗力田译，中国人民大学出版社 2003 年版，第 94 页。
⑦ ［古希腊］亚里士多德：《政治学》，颜一、秦典华译，中国人民大学出版社 2003 年版，第 5 页。
⑧ ［古希腊］亚里士多德：《政治学》，颜一、秦典华译，中国人民大学出版社 2003 年版，第 95—96 页。

不是对所有人而言是对彼此不平等的人而言。""既然公正是平等,基于比例的平等就应该是公正的。……例如,拥有量多的付税多,拥有量少的付税少,这就是比例;再有,劳作多的所得多,劳作少的所得少,这也是比例。"① "所谓公平合理,就是对方多得到的报酬与他所提供的利益相当,或者他所得的快乐与他所付的代价相当。"②

托马斯·阿奎那认为正义"是一种习惯,依据这种习惯,一个人以一种永恒不变的意愿使每个人获得应得的东西""公理或正义全在于某一内在活动与另一内在活动之间按照某种平等关系能有适当的比例"③。

平等是最重要的公正。④ 卢梭论述了人类不平等的起源和基础。卢梭指出:"我认为人类当中存在着两种不平等,其中一种,我称之为自然的或生理上的不平等,因为它是由自然确定的,是由于年龄、健康状况、体力、智力或心灵的素质的差异而产生的。另外一种,可以称为精神上的或政治上的不平等,因为它的产生有赖于某种习俗,是经过人们的同意或至少是经过人们的认可而产生的。这种不平等,表现在某些人必须损害他人才能享受到的种种特权,例如比他人更富有,更尊荣,更有权势,或者至少能让他人服从自己。"⑤ "谁第一个把一块土地圈起来,硬说'这块土地是我的'并找到一些头脑十分简单的人相信他所说,这个人就是文明社会的真正缔造者。但是,如果有人拔掉他插的界桩或填平他挖的界沟,并大声告诉大家:'不要相信这个骗子的话;如果你们忘记了地上的出产是大家的,土地不属于任何个人,你们就完了。'——如果有人这么做了,他将使人类少干多少罪恶之

---

① 《亚里士多德全集》第八卷,苗力田译,中国人民大学出版社 1992 年版,第 279 页。

② [古希腊]亚里士多德:《尼各马可伦理学》,苗力田译,中国人民大学出版社 2003 年版,第 189 页。

③ 何怀宏:《伦理学是什么》,北京大学出版社 2002 年版,第 175 页。

④ 王海明:《新伦理学》,商务印书馆 2002 年版,第 348 页。

⑤ [法]卢梭:《论人与人之间不平等的起因和基础》,李平沤译,商务印书馆 2015 年版,第 47 页。

事，少发生多少战争和杀戮的行为，少受多少苦难和恐怖之事的折磨啊！"①
"不平等现象在自然状态中几乎是不存在的；它之所以产生和继续发展，是
得助于我们能力的发展和人类知识的进步，并最终是由私有制的出现和法律
的实施而变得十分牢固和合法的。"②

穆勒认为："每个人得到应得的东西（无论是善或恶）被普遍认为是正
义的，而一个人得到他不应得到的善或恶则被普遍视为是不义的。"③ "要求
正义应当平等保护所有人权利的人往往就是那些自身拥有是不平等权利的
人。""那些认为利益需要阶级差别存在的人不会视财富和各种社会特权的不
均分配为不义的现象，而那些认为这种不平等并非没有利的人也不会视之为
不义。"④

沃德（Lester F. Ward）主张一种更为平均主义的正义观。沃德认为，正
义存在于"社会对那些原本就不平等的社会条件所强行施予的一种人为的平
等之中。"⑤ "他赞同采纳一种试图在一个社会或国家的全体成员之间实现机
会无限平等化的社会政策。每个个人，不论其性别、种族、国籍、阶级或社
会背景，都应该被给予充分的机会去过一种有价值的生活。沃德相信，这种
状况只有通过那种旨在使社会上下层阶级的所有成员在智识上实现平等的详
密的教育规划方能实现。沃德确信，智识同阶级背景是毫无关系的，而且从
很大程度上来讲，它取决于环境因素，特别取决于是否能够让所有的人都接
触到所有可资使用的信息资料以及是否能够向所有的人开放昔日的智慧遗产

---

① ［法］卢梭：《论人与人之间不平等的起因和基础》，李平沤译，商务印书馆 2015 年
版，第 87 页。

② ［法］卢梭：《论人与人之间不平等的起因和基础》，李平沤译，商务印书馆 2015 年
版，第 124 页。

③ ［英］约翰·斯图亚特·穆勒：《功利主义》，叶建新译，九州出版社 2007 年版，第
103 页。

④ ［英］约翰·斯图亚特·穆勒：《功利主义》，叶建新译，九州出版社 2007 年版，第
107 页。

⑤ ［美］E. 博登海默：《法理学——法律哲学与法律方法》，邓正来译，中国政法大学出
版社 2017 年版，第 268 页。

和当今的知识财富。"①

霍布豪斯认为："平等作为社会组织的有疑义的原则，意味着某些绝对权利的平等。或指根据应得（desert）进行的权利的平等分配。或指按照需要进行的平等分配。各个原则对于将个人权利建立在人格（personality）之上是一致的（权利从属于人格的实际需要——引者注）。法律的平等存在于一些基本法规的普遍性和所有法规的公正适用上。就同等的需求而言，正义包含着对共同善的一种平等的权利要求。必需的职能必须加以适当维持（霍布豪斯在正文中进一步解释：共同善一定要维持服务于它的所有职能，阻止有害于它的行为，这两种需要产生了不同的待遇。就被规定从事某种职务的每个人来说，他可以要求他的工作所必需的各种条件。）牺牲一个阶级以求另一个阶级的发展，牺牲个人以求社会的发展，都不是和谐原理所允许的。平等和不平等的历史冲突（平等和不平等的冲突构成了历史过程——引者注）在物质限制之下趋近平等。"②

罗尔斯认为："正义是社会制度的首要价值，正像真理是思想体系的首要价值一样。一种理论，无论它多么精致和简洁，只要它不真实，就必须加以拒绝或修正；同样，某些法律和制度，不管它们如何有效率和有条理，只要它们不正义，就必须加以改造或废除。""在某些制度中，当对基本权利和义务的分配没有在个人之间作出任何任意的区分时，当规范使各种对社会生活利益的冲突要求之间有一恰当的平衡时，这些制度就是正义的。"③ 罗尔斯提出了两个正义原则："第一个原则：每个人对与其他人所拥有的最广泛的基本自由体系相容的类似自由体系都应有一种平等的权利。第二个原则：社会的和经济的不平等应这样安排，使它们被合理地期望适合于每一个人的

---

①　［美］E. 博登海默：《法理学——法律哲学与法律方法》，邓正来译，中国政法大学出版社 2017 年版，第 268—269 页。

②　［英］伦纳德·霍布豪斯：《社会正义要素》，孙兆政译，吉林人民出版社 2006 年版，第 3 页。

③　［美］约翰·罗尔斯：《正义论》，何怀宏、何包钢、廖申白译，中国社会科学出版社 2003 年版，第 3—5 页。

利益；并且依系与地位和职务向所有人开放。……一般来说，如我所述，这些原则主要适用于社会的基本结构。它们要支配权利与义务的分派，调节社会和经济利益的分配。正如这些原则的公式所暗示的，这些原则预先假定了社会结构能够划分为两个大致明确的部分，第一个原则用于第一个部分，第二个原则用于第二个部分。它们区别于社会体系中这样两个方面：一是确定与保障公民的平等自由的方面，一是指定与建立社会及经济不平等的方面。大致来说，公民的基本自由有政治上的自由（选举和被选举担任公职的权利）以及言论和集会自由；良心的自由和思想的自由；个人的自由和保障个人财产的权利；依法不受任意逮捕和剥夺财产的自由。按照第一个原则，这些自由都要求是一律平等的，因为一个正义社会中的公民拥有同样的基本权利。第二个原则大致适用于收入和财富的分配，以及对那些利用权力、责任方面的不相等或权力链条上的差距的组织机构的设计。虽然财富和收入的分配无法做到平等，但它必须合乎每个人的利益，同时，权力地位和领导性职务也必须是所有人都能进入的。人们通过坚持地位开放而运用第二个原则，同时又在这一条件的约束下，来安排社会的与经济的不平等，以便使每个人都获益。这两个原则是按照先后次序安排的，第一个原则优先于第二个原则。这一次序意味着：对第一个原则所要求的平等自由制度的违反不可能因较大的社会经济利益而得到辩护或补偿。财富和收入的分配及权力的等级制，必须同时符合平等公民的自由和机会的自由。"①

哈耶克主张交换正义而否认分配正义。他认为："正义是人之行为的一种属性……严格地说，惟有人之行为才能被称为正义的或不正义的。如果我们把正义与不正义这两个术语适用于一种事态，那么也只有当我们认为某人应当对促成这一事态或允许这一事态发生负有责任的时候，这些术语才会有意义。一个纯粹的事实，或者一种任何人都无力改变的事态，有可能是好的

---

① ［美］约翰·罗尔斯：《正义论》，何怀宏、何包钢、廖申白译，中国社会科学出版社2003年版，第60—62页。

或坏的，但却不是正义的或不正义的。……'正义的'这个术语所预设的不仅是那些被认为有责任促成那种事态的人能够切实地做到这一点，而且还包括他们如此行事时所凭借的手段也是正义的或合乎道德的。……只要社会秩序还保有自生自发秩序的性质，那么该社会进程中所产生的特定结果就不可能是正义的或不正义的。这意味着，政府向个人提出的要求是否正义的问题，必须根据正当行为规则来判定，而不能根据这些规则被适用于某一个别情势所产生的特定结果来判定。"①"正义或公平是一些人对人们生活中所作的一种有目的的决定，亦即使人们的生活状态受制于公平与正义的控制。就我们期望个人努力能受其自己对前途和机遇的看法的指导而言，个人努力的结果必定是不可预见的，从而关于那种因预见而形成的收入分配是否公平或正义的问题就失去了意义。""分配正义的原则，一旦被采用，那么，只有当整个社会都据此原则加以组织的时候，才会实现，这就会产生一种在各方面都与自由社会相反对的社会——在这个社会中，权力机构将决定个人所应当做的事情以及个人在这种事情上所应当采取的方式。"②"'社会正义'这个说法根本就是空洞无义的，这一点可以见之于下述事实：第一，人们对社会正义在特定情势中所要求的东西根本就无法达成任何共识；第二，如果人们在这些问题上发生了分歧，那么可供人们据以判定谁是正确的一致标准也是根本不存在的；第三，在一个由自由人组成的社会中——亦即个人有权运用自己的知识去追求自己目的的社会中，人们绝不可能在事先就有效地制定出一种分配方案。实际上，个人对其行为所承担的道德责任乃是与实现任何这种刻意的整体分配模式不相容的。"③

诺齐克用"持有"一词来代替"分配"，提出了他的持有正义理论。诺

---

①　[英] 弗里德利希·冯·哈耶克：《法律、立法与自由》第二、三卷，邓正来、张守东、李静冰译，中国大百科全书出版社 2000 年版，第 49—51 页。

②　[英] 弗里德里希·冯·哈耶克：《自由秩序原理》上卷，邓正来译，生活·读书·新知三联书店 1997 年版，第 121—122 页。

③　[英] 冯·哈耶克：《民主向何处去——哈耶克政治学、法学论文集》，邓正来译，首都经济贸易大学出版社 2014 年版，第 266 页。

齐克认为："持有正义的主题由三个论点组成：第一点是持有的最初获得，或对无主物的获取。这包括下列问题：无主物如何可能变成被持有的？它们通过哪个或哪些过程可以变成被持有的；哪些可以由这些过程变成被持有的事物，它们是在什么范围内由一个特殊过程变成被持有的，等等。我们将把围绕这一点的复杂真理称作获取的正义原则。……第二点涉及从一个人到另一个人的持有的转让。一个人可以通过什么过程把自己的持有转让给别人呢？一个人怎么能从持有者那里获得一种持有呢？……有关这一点的复杂真理，我们将称之为转让的正义原则。……并非所有的实际持有状态都符合两个持有的正义原则，即符合获取的正义原则和转让的正义原则。……持有中的正义是历史的，它依赖于实际发生的事实……。有些人并没有按获取的正义原则核准的手段获得其持有。过去的不正义的存在（对前面两个正义原则的先前侵犯），提出了持有正义的第三个主要论点：对持有中的不正义的矫正。"[1] 一个人对无主物的所有权的"关键之点是对一个无主物的占有是否使他人的状况变坏。"[2] "一个人的占有使另外一个人的处境变坏有两种方式：第一，使他失去通过任何一种特殊的占有来改善自己处境的机会；第二，使他不再能够自由使用（若无占有）他以前能够使用的东西。"[3] "一种规定不使别人状况变坏的严格要求，将不仅禁止第二种方式的占有，也禁止第一种方式的占有，只要没有别的什么能抵消机会减少带来的损失。而一个较弱的要求则只禁止第二种方式的占有，但不禁止第一种方式的占有。"[4] "前一种要求可称为'强洛克条件'，后一种要求可称为'弱洛克条

---

① ［美］罗伯特·诺齐克：《无政府、国家与乌托邦》，何怀宏译，中国社会科学出版社1991年版，第156—158页。

② ［美］罗伯特·诺齐克：《无政府、国家与乌托邦》，何怀宏译，中国社会科学出版社1991年版，第180页。

③ ［美］罗伯特·诺齐克：《无政府、国家与乌托邦》，姚大志译，中国社会科学出版社2008年版，第210—211页。

④ ［美］罗伯特·诺齐克：《无政府、国家与乌托邦》，何怀宏译，中国社会科学出版社1991年版，第181页。

件'。……获取的正义原则所强调的是：对无主物的占有必须满足'弱洛克条件'的要求。满足这一条件要求的占有是符合获取的正义原则的占有，其占有者的所有权是应当得到承认的。"① 对于有物主持有而言，"如果一种分配是通过合法手段来自另一个公正的分配，那么它也是公正的。从一种分配转到另一种分配的合法手段是由转让的正义原则规定的。"② 诺齐克认为："持有正义理论的一般纲要是：一个人按其获取或转让的正义原则，或按修正不正义原则（这种不正义是由前两个原则确认的）对其持有是有权利的，那么他的持有就是正义的。如果每个人的持有都是正义的，那么持有的总体（分配）就是正义的。"③ "如果世界整体说来是正义的，那么下面的归纳定义将完全涵括持有正义的主题。（1）一个人依据获取的正义原则获取了一个持有物，这个人对这个持有物是有资格的。（2）一个人依据转让的正义原则从另外一个有资格拥有该持有物的人那里获取了一个持有物，这个人对这个持有物是有资格的。（3）除非通过 1 与 2 的（重复）应用，否则任何人对一个持有物都是没有资格的。"④

以上各位学者对公平或者正义的界定不尽相同，但可以看出一个共同点是：公平或者正义理念因涉及对"应得"内涵的定义而成为一个历史范畴，其"应得"是依据所处的社会制度及环境而定义的，是变化的而不是永恒的，在一个具体的社会阶段，公平与正义中"应得"的价值内涵是借助当时的法律制度予以定义的。⑤ 正如博登海默所言，"……我们也许可以达致这样的看法，即古往今来的哲学家和法律思想家不过是提出了种种令人颇感混

---

① 赵苑达：《西方主要公平与正义理论研究》，经济管理出版社 2010 年版，第 163 页。

② ［美］罗伯特·诺齐克：《无政府、国家与乌托邦》，何怀宏译，中国社会科学出版社 1991 年版，第 157 页。

③ ［美］罗伯特·诺齐克：《无政府、国家与乌托邦》，何怀宏译，中国社会科学出版社 1991 年版，第 159 页。

④ ［美］罗伯特·诺齐克：《无政府、国家与乌托邦》，姚大志译，中国社会科学出版社 2008 年版，第 181 页。

⑤ 段丁强：《医疗保健公平：价值理念选择与实现路径》，《中国卫生经济》2010 年第 2 期。

乱的正义理论。当我们从那些论者的蓝图与思辨转向政治行动和社会行动的历史舞台时，那种混乱状况的强度也不可能有所减小。对不同国家、不同时期的社会建构曾产生过影响的种种正义理念，也具有令人迷惑的多相性。"①

　　社会保障权利公平是社会保障制度运行过程中等利害的交换行为，是权利与义务相交换的根本公正，是社会行为主体的公正，属于社会根本公正。社会保障权利是权力所保障的利益，是被社会管理者所保护的社会保障权利主体即被保障者必当从义务主体那里得到的利益。社会保障义务便是权力所保障的任务，是被社会管理者所保护的社会保障义务主体必须且应该付给权利主体的利益。社会保障体系包括多个保障项目。有些项目（如社会救助）以及有些项目的部分社会保障待遇（如中国基本养老金项目中基础养老金部分）是用来保障人们生存所必要的、起码的、最低的权利，因而属于参保人的基本社会保障权利，参保人应该平等地享有，如最低生活保障的对象应该实现全覆盖，最低生活保障待遇享有应该完全平等。有些保障项目（如社会福利）以及有些项目的部分社会保障待遇（如中国基本养老金项目中个人账户养老金部分）是在参保人最低生存需求满足的前提下用来保障参保人在经济方面相对比较高级需要的权利，因而属于参保人的非基本社会保障权利，参保人应该比例平等地享有，比如劳动贡献较大者缴费较多，其个人账户养老金的待遇应该相对较多。穆怀中、沈毅将社会保障领域中参保人这两种不同的权利享有概括为生存公平与劳动公平。② 与之对应，用来保障参保者生存权所对应的社会保障义务便属于基本社会保障义务，是人们因享有这部分社会保障权利而人人都应同样履行其作为社会一个分子的义务；用来保障参保者非基本社会保障权利所对应的社会保障义务便属于非基本社会保障义务，是人们因享有这部分社会保障权利而不应同样履行的义务，如劳动贡献

---

① ［美］E. 博登海默：《法理学——法律哲学与法律方法》，邓正来译，中国政法大学出版社 2017 年版，第 272 页。
② 穆怀中、沈毅：《中国农村养老保险体系框架与适度水平》，社会科学文献出版社 2015年版，第 1—7 页。

大、收入较高者应该多缴纳社会保障费用。参保者的社会保障权利必然是除参保者自身之外其他主体的义务，具体来说主要是国家、用人单位、家庭成员等主体的义务。参保者享有的社会保障权利与其自身应该承担的社会保障义务相等。就基本社会保障权利而言，参保者积极地成为参与社会构建的一个成员就是实现了社会保障权利与社会保障义务相等；就非基本社会保障权利而言，参保者缴纳的社会保障费与享有的社会保障待遇应该在同一时点的现值相等就算实现了社会保障权利与社会保障义务相等。以社会公正原则来解决社会保障权利与义务的分配就是要坚持对于基本社会保障权利按需要分配，对于非基本社会保障权利按贡献分配。基本社会保障权利的分配优先于非基本社会保障权利的分配，当二者发生冲突时，应以牺牲非基本社会保障权利来保全基本社会保障权利。换言之，以社会公正原则来解决社会保障权利与义务的分配就是首先要实施那些有助于保障人们生存权的社会保障项目，在此基础上再实施其他的社会保障项目，先解决"吃饱"问题，再解决"吃好"问题。享有基本社会保障权利和非基本社会保障权利的机会均属于全社会每个人的人权，应该人人完全平等。在社会保障领域，公平与效率是完全一致而成正相关变化。就基本社会保障权利的完全平等、非基本社会保障权利的比例平等来说，则平等与效率具有正相关的同长同消的并存关系：越是平等便越有效率，越是不平等便越无效率。就非基本社会保障权利的结果平等来说，则平等与效率具有负相关的、此长彼消的交替关系：越是平等便越无效率、要平等便无效率、要效率便无平等。

研究流动人口社会保障制度协调机制的直接原因就是要保障流动人口的社会保障权利，让全体公民公平地享有社会保障权利。社会保障权利公平理论把社会保障权利分为基本社会保障权利和非基本社会保障权利，要求基本社会保障权利完全平等，非基本社会保障权利比例平等，坚持享有社会保障权利机会的完全平等，这为构建流动人口社会保障制度协调机制的基本理念、保障项目选择、覆盖范围、给付水平、责任主体、社会保障权利对接等提供了理论依据。

第三节　机制设计理论

　　机制设计理论是由利奥尼德·赫维茨（Leonid Hurwicz）、罗杰·迈尔森（Roger B. Myerson）、埃里克·马斯金（Eric S. Maskin）三位经济学家在 20 世纪六七十年代创立的。这三位经济学家由于其在机制设计理论方面做出的奠基性贡献获得了 2007 年诺贝尔经济学奖。利奥尼德·赫维茨、斯坦利·瑞特指出："机制设计问题就是从各种可能的机制中选择出一种机制。一个机制就是一个取值范围为各种可能机制的变量值。机制运行使用的资源不同于生产和其他经济活动所使用的资源，机制需要的信息数据（information task）就是经济运行需要使用的现实资源成本，从而出现评价各种机制优劣的愿望。"[1]

　　利奥尼德·赫维茨在 1960 年发表论文《资源配置过程中的最优化与信息效率》（Optimality and informational efficiency in resource allocation processes）通过对信息问题的研究开启了对于经济机制和机制设计的规范性探讨。在这篇文章中，赫维茨把机制看作一个信息交流体系，参与者相互发送信息或者将信息发送给一个信息中心，由一个预定的规则针对每一种信息情况分配一个结果，[2] 但是赫维茨认为这个信息交流系统会碰到计算和信息传递这两个难题，必须设计一种可以把复杂的经济问题分解成小问题进行计算，同时又能使所需信息传递最小化的机制。[3] 赫维茨 1960 年的这篇论文重点讨论了机制的信息效率问题，对于经济参与者在拥有私人信息逐利的情况下的激励问

---

　　[1]　[美] 利奥尼德·赫维茨、斯坦利·瑞特：《经济机制设计》，格致出版社、上海三联书店、上海人民出版社 2014 年版，第 1—2 页。

　　[2]　焦巍巍、李猛：《机制设计理论及其在中国的应用——2007 年诺贝尔经济学奖得主的主要学术贡献评述》，《世界经济情况》2008 年第 7 期。

　　[3]　郭其友、李宝良：《机制设计理论：资源最优配置机制性质的解释与应用——2007 年度诺贝尔经济学奖得主的主要经济学理论贡献述评》，《外国经济与管理》2007 年第 11 期。

题并没有讨论。于是，赫维茨在 1972 年发表论文《论信息分散化的体系》（On informationally decentralized systems）再次规范地讨论了机制设计理论。这篇论文认识到分散在经济人之间的私人信息可能导致激励问题，通过引入机制的博弈型及机制激励相容的概念，赫维茨系统地分析阐述了激励问题。赫维茨在这篇论文中证明了真实显示偏好不可能定理，证明了即使对于纯私人商品的经济社会，只要这个经济社会中的成员个数是有限的，在参与性约束条件下（导致的配置应是个人理性的），就不可能存在任何分散化经济机制（包括竞争市场机制）能够在新古典经济环境下导致帕累托最优配置并且使每个人有激励去真实报告自己的经济特征，[①] 因此，激励相容是机制设计必须考虑的重要问题。赫维茨于 1973 年发表论文《资源配置的机制设计》（The design of mechanisms for resource allocation），认为机制设计的关键问题是如何有效整合私人信息与激励问题，[②] 正式奠定了机制设计理论的基本框架。

赫维茨在确定机制设计的基本框架后，机制设计理论还有诸多技术问题没有得到解决。比如，如果考虑更广泛的机制集，和（或）使用比占优策略均衡更松的均衡概念，能否实现帕累托最优？如果还不能，此时应选取何种效率标准去衡量机制的优劣？更一般地，不管结果是否有效，何种机制能最大化既定目标？等等。[③] 显示原理的发现及证明推动了上述问题的解决，大大简化了机制设计的复杂性。Gibbard 首先证明了在隐藏信息（逆向选择）条件下占优策略均衡的直接显示原理。[④] Aumann 给出了在隐藏行动（道德

---

① 朱慧：《机制设计理论——2007 年诺贝尔经济学奖得主理论评介》，《浙江社会科学》2007 年第 6 期。

② Hurwicz, L., The design of mechanisms for resource allocation. *American Economic Review*, 63 (2)，1973, pp. 1-30.

③ 方燕、张昕竹：《机制设计理论综述》，《当代财经》2012 年第 7 期。

④ Gibbard, A., Manipulation of voting schemes：A general result. *Econometrica*, 41 (4)，1973, pp. 587-601.

风险）条件下的显示原理。① Myerson 给出了在贝叶斯均衡下的显示原理。②
此后，Myerson 同时把隐藏信息和隐藏行动统一纳入贝叶斯博弈模型下证明
了在一般贝叶斯博弈情况下的显示原理，进而扩展到更广义的多阶段动态贝
叶斯博弈情形，拓宽了显示原理的使用范围。③④ 显示原理是机制设计理论
中的基本原理，它表明如果一个社会选择函数可以被任意一个机制
（arbitrary mechanism）所实施（也就是说如果该机制有一个符合社会选择函
数结果的均衡结果），那么社会选择函数可以被一个激励相容的直接机制
（也就是说，在直接机制下博弈者真实报告自己的类型）以相同的均衡结果
（支付）来实施。在机制设计理论中，显示原理在帮助寻求最终机制方面具
有至关重要性。研究者仅仅需要考察具有激励相容特征的均衡集合。也就是
说，如果机制设计者想要实施一些结果，他可以把机制的搜寻范围局限在代
理人愿意给机制设计者显示其私人信息这种机制。如果没有这种直接的和真
实的机制存在，那么就没有机制能够实施社会选择函数结果。显示原理把复
杂的社会选择问题转化为博弈论可以处理的不完全信息博弈，通过缩小对机
制的搜寻范围，让寻找最优机制的问题变得相对容易了。显示原理是机制设
计中的一个基本结果，它表明直接机制与间接机制在本质上是等价的。间接
机制合意而且有用，因为它们向我们说明了社会选择函数是如何在现实中实
施的。这意味着机制理论学家只需要研究直接机制即可：换句话说，学者们
可将现实世界中的机制（主要是间接机制）留给机制设计者和参与者完成。

　　博弈通常会产生多重均衡。显示原理虽然简化了机制设计问题，但是并

---

① Aumann, R. J., Subjectivity and correlation in randomized strategies. *Journal of Mathematical Economics*, 1 (1), 1974, pp. 67-96.

② Myerson, R. B., Incentive compatibility and the bargaining problem. *Econometrica*, 47 (1), 1979, pp. 61-73.

③ Myerson, R. B., Optimal coordination mechanisms in generalized principal-agent problems. *Journal of Mathematical Economics*, 10 (1), 1982, pp. 67-81.

④ Myerson, R. B., Multistage games with communication. *Discussion Papers*, 54 (2), 1986, pp. 323-358.

没有解决多重均衡问题，可能存在着次优均衡。Maskin 在 1977 年完成的、并在 1999 年发表的《纳什均衡与福利最优化》（Nash equilibrium and welfare optimality）这篇论文首先给出了设计者能否设计机制使得所有均衡都是最优的这个问题的一般解。Maskin 指出：在社会确定了一个选择规则后（在个人选择偏好的基础上确定最优社会偏好的选择），社会计划者仍旧面临着如何实施这一规则的难题。特别地，社会计划者在不知道个人偏好的情况下可能会企图诱导出个人的偏好，但这并不是一件容易的事情。如果个人知道社会计划者是通过个人如实报告其偏好来选择社会偏好这一规则后，个人会倾向于报告虚假信息。[1] 文章的主要结论是如果一个社会规则同时满足单调性（monotonicity）和无否决权（no veto power）这两个性质，那么这个社会规则就可以通过博弈形式来实施。单调性要求，如果某一方案 a 在原有环境下是最优的社会选择，在变化后的新环境中，根据每一个个人的偏好顺序，如果方案 a 的地位并没有低于其他任何备选方案，那么在新的环境下方案 a 依然应该成为最优的社会选择。无否决权意味着，根据个人的偏好顺序，一个方案是 n-1 个人所喜欢的，那么剩下的那 1 个人不能阻止该方案成为最优的社会选择。马斯金证明了在有三个或者三个以上参与者的完全信息博弈中，一种机制是纳什完美可实施的充分条件是该机制满足单调性和无否决权特性。马斯金的研究结论已被扩展到信息不完全情形下的贝叶斯均衡执行、完全信息动态情形下的子博弈完美均衡执行等多个方面。[2]

田国强教授在其《高级微观经济学》（下册）中对经济机制设计理论进行了概括性阐述。"当信息不对称时，如何通过恰当的制度设计，诱导个体真实显示他们的经济特征及行动，使得他们即使主观上为了自己，而客观上达到了社会、集体、改革者、上级或者设计者所想达到的目标呢？如能达到，个体利益和社会利益是否形成了激励相容？这正是经济机制设计理论所

---

① Maskin, E., Nash equilibrium and welfare optimality. *Review of Economic Studies*, 66 (1), 1999, pp. 23-38.

② 方燕、张昕竹：《机制设计理论综述》，《当代财经》2012 年第 7 期。

讨论的主要内容。……这些问题的提出最初也是由 20 世纪 30 年代关于市场社会主义经济机制可行性的大论战引发的，争论的内容恰恰与当前中国改革所遇到的问题类似：是让非国有经济，特别是民营经济发挥主导作用，让市场发挥基础和决定性的作用，还是让国有企业和政府起主导作用和决定性作用。20 世纪二三十年代有一场非常著名的论战，称为社会主义大论战。一批反对社会主义的经济学家试图证明社会主义在理论上是行不通的。他们的主要代表人物是路德维希·冯·米塞斯和弗里德里希·奥古斯特·哈耶克。他们批评社会主义，不是针对社会主义理想是否合理，而是认为社会主义不可能获得维持经济有效运转的信息。……论战另一方面的主要代表人物是兰格和勒纳。……而以兰格和勒纳为代表的另一批人认为可以通过边际成本定价的方式来解决信息成本巨大的问题。……（兰格等人提倡的——引者注）分散化的社会主义经济或者是市场社会主义经济（在理论上或许能导致有效的资源配置）并没有解决激励问题，因此哈耶克等人认为兰格的设想仍然是不可行的。这场论战澄清了很多问题，达成了很多共识，在很大程度上刺激了机制设计理论的产生。……利奥尼德·赫维茨是第一个将这场论战中最本质的问题规范抽象出来的，一个是经济制度中有关信息的问题，另一个是经济制度中有关激励的问题，并建立了严谨的数学模型。……机制设计理论能系统地比较各种经济制度的优劣及研究不同的经济制度是如何影响人们的相互行为和资源配置结果的，从而机制设计的研究是规范性研究，试图描述何种制度应当被设计出来，这种制度具有哪些信息和激励上的优势。……这个理论框架可用来研究和探讨各种经济问题，特别是在不完全信息情况下探讨和设计各种激励机制，以执行（implement）所要达到的社会或某个既定目标。概括地说，经济设计理论所讨论的问题是：对于任意一个想要达到的既定目标，在自由选择、自愿交换的分散化决策条件下，能否并且怎样设计一个经济机制（制定什么样的方式、法则、政策条令、资源配置等规则）使得经济活动参与者的个人利益和设计者既定的目标一致，即每个人在追求个人利益时，同时也达到了机制设计者既定的目标？如果可能，是否具有较小的信息运行成本？研究的对象大到对整个经济社会制度的一般均衡设计，其目标是社会目标，小到对某个部门的微观管理、契约设计，甚至是只有两个参与者的委托—代理等具体经济活动的激励机制设计。……这样，机制设计属于规范经济学范畴，这和博弈论有重大差别。博弈论属于实证经济学的范畴，其重要性是它描述了给定游戏规则，游戏者将如何游戏，而机制设计却往前进了一步：给定设计者所面临的实际环境约束，应该设计什么样的规则，使得目标能够被实现或执行？在所有可行的机制中，什么样的机制在某种意义上是最优的？在机制设计中，人们要考虑激励约束。"①

　　流动人口社会保障制度实施有多个参与主体，主要包括中央政府、各级地方政府、用人单位、流动人口。这些主体之间的利益诉求不完全一致，同时它们又各自拥有私人信息和偏好，从而使当前中国流动人口社会保障制度协调性较差，主要表现在流动人口社会保障参保率偏低、社会保障关系转移接续难、社会保障待遇水平不高这三个方面。究其原因，中央政府与地方政府委托—代理关系中地方政府存在道德风险，不同地方政府之间存在着博弈的囚犯困境，地方政府与当地用人单位之间存在合谋现象，流动人口在与用人单位的博弈中处于劣势。机制设计理论启示我们，研究中国流动人口社会保障制度协调机制应该与任何一般机制设计问题一样，需要同时考虑流动人口社会保障制度各参与主体之间的信息不对称和不同参与主体之间的激励相容问题，在尽可能实现信息成本较低的情况下，实现各参与主体利益和保障流动人口社会保障权利这一社会选择目标的一致性。

---

① 　田国强：《高级微观经济学》下册，中国人民大学出版社 2016 年版，第 714—719 页。

第二章 中国流动人口社会保障制度不协调的表现及原因

　　流动人口社会保障制度协调性要求是为了更好地适应人口的流动性，从而实现通过人口流动来努力提高劳动力的边际生产率以及保障流动人口的社会保障权益。近年来中国在流动人口社会保障制度转移接续方面颁布了一些相关文件，城乡、区域间社会保障制度整合的力度也在逐步加大，但是流动人口社会保障制度不协调的状况依然比较突出。为了深入分析中国流动人口社会保障制度不协调的表现和原因，本书对我国6个省（直辖市），即北京、上海、河南、湖南、陕西、四川的18个地级市（区）"中国流动人口社会保障制度协调机制"进行了多阶段抽样问卷调查（具体调查方案和调查问卷见附录），共收回有效问卷558份，后文关于中国流动人口社会保障制度不协调的证据和判断主要来自对于该问卷调查结果的分析。参保率不高、转移接续难、保障水平偏低是中国流动人口社会保障制度不协调的集中表现。可以从流动人口社会保障制度实施的多个主体之间的利益关系以及制度变迁的路径依赖性等多个方面来探讨流动人口社会保障制度不协调的原因。

第一节　流动人口社会保障制度不协调的表现

一、社会保障制度参保率不高

流动人口社会保障制度整体参保率不高。本书对 6 省（直辖市）18 个地级市（区）的调查数据发现，流动人口对于社会救助、住房公积金以及社会保险项目的参保率均不高。

就社会救助制度参保率而言，对调研数据进行多重响应分析，流动人口"没有参加任何社会救助项目"的选择次数为 462 次，响应百分比为 76.9%，个案百分比为 82.8%。流动人口参保城镇医疗救助的个案百分比最高，为8.8%，具体情况如表 4 所示。

表 4　流动人口社会救助项目参保频率

		响　应		个案百分比
		N	响应百分比	
社会救助项目[a]	城市居民最低生活保障	8	1.3%	1.4%
	农村居民最低生活保障	10	1.7%	1.8%
	灾害救助	9	1.5%	1.6%
	城市生活无着的流浪乞讨人员救助[b]	0	0.0%	0.0%
	农村五保供养	6	1.0%	1.1%
	廉租住房	22	3.7%	3.9%
	教育救助	8	1.3%	1.4%
	城镇医疗救助	49	8.2%	8.8%
	农村医疗救助	27	4.5%	4.8%
	没有参加任何社会救助项目	462	76.9%	82.8%
总计		601	100.0%	107.7%

注：a. 值为 1 时制表的二分组。b. 因为该表的结果值为 1 时制表的二分组，城市生活无着的流浪乞讨人员救助的值均为 0，在软件输出时自动删除了，这里对应的数值为手动添加。

流动人口对社会救助项目参保频率偏低具有双重含义。一方面，这说明多数流动人口的生活状况高于社会救助项目的救助标准，从而使流动人口没有资格接受社会救助项目的救助。表4的数据显示，流动人口参加城市居民最低生活保障、农村居民最低生活保障、灾害救助、城市生活无着的流浪乞讨人员救助、农村五保供养这五项社会救助制度的响应百分比和个案百分比明显低于参加廉租住房、教育救助、城镇医疗救助、农村医疗救助这四项社会救助项目的响应百分比和个案百分比就是明证。调查数据显示，0.0%的流动人口的月工资在"1500元及以下"，只有2.1%的流动人口的月工资在"1501—3000元"之间。97.9%的流动人口月平均工资在3000元以上，69.8%的流动人口月工资在3001—8000元之间，其中30.9%的流动人口月工资在"3001—5000元"之间，38.9%的流动人口月工资在"5001—8000元"之间。可见，大多数流动人口的月工资高于城市居民最低生活保障、农村居民最低生活保障、灾害救助、城市生活无着的流浪乞讨人员救助的标准，因而其参保的响应百分比和个案百分比偏低。相比较而言，通常住房、教育和医疗开支数额较大，廉租住房、教育救助、城镇医疗救助、农村医疗救助这四项社会救助项目对接受救助者收入上限的限制明显要高于城市居民最低生活保障、农村居民最低生活保障、灾害救助、城市生活无着的流浪乞讨人员救助这五项社会救助项目对接受救助者收入上限的限制。因此，流动人口对廉租住房、教育救助、城镇医疗救助、农村医疗救助这四项社会救助项目参保的响应百分比和个案百分比比城市居民最低生活保障、农村居民最低生活保障、灾害救助、城市生活无着的流浪乞讨人员救助这五项社会救助项目参保的响应百分比和个案百分比略高。另一方面，这也说明可能存在部分应该接受社会救助的流动人口没能够接受应有的社会救助。以参保廉租住房制度的个案百分比为例，北京、上海、广州、深圳的住房费用昂贵，该地区接受廉租住房救助的流动人口比例应该较高。但是调查数据显示，北京、上海、广州、深圳接受廉租住房救助的流动人口比例分别为1.96%、6.59%、0.0%、0.0%，除了北、上、广、深之外的东部地区（天津、河北、辽宁、江苏、浙江、福建、海南、山东）、中部地区（吉林、黑龙江、山西、河南、安徽、湖北、湖南、江西）、西部地区（内蒙古、广西、重庆、四川、贵州、云南、西藏、陕西、甘肃、青海、宁夏、新疆）接受廉租住房救助的流动人口比例分别为 7.14%、3.68%、4.23%，除了上海之外，北京、广州、深圳接受廉租住房救助的流动人口比例明显低于除了北、上、广、深之外的东部地区、中部地区和西部地区〔用非参数检验的两个独立样本检验（2 Independent Sample）中的 Mann-Whiney U 检验法进行检验，近似法计算的 P 值小于 0.05，说明两组数据样本均值存在显著差别，具体检验结果见表 5。〕北京、上海、广州、深圳的住房—收入负担比远大于除了北、上、广、深之外的东部地区、中部地区以及西部地区的住房—收入负担比，但是流入北京、广州、深圳的流动人口接受廉租住房救助的比例却明显相对偏低，这客观上反映了北京、广州、深圳这三地有相当一部分流动人口应该接受廉租住房救助而没有能够接受廉租住房救助，尽管不能排除流入上海，除了北、上、广、深之外的东部地区、中部地区以及西部地区的流动人口也可能存在部分应该接受廉租住房救助且已经接受了廉租住房救助的情况存在。

表5　北京、广州、深圳，除了北、上、广、深之外的东部地区、中部地区和西部地区接受廉租住房救助的流动人口比例 Mann-Whitney U 检验

	接受廉租住房救助的流动人口比例
Mann-Whitney U 统计量	.000
Wilcoxon W 统计量	6.000
Z 值	−1.993
近似法计算的 P 值	.046
确切概率法计算的 P 值	.100

就住房公积金制度参保率而言，调研数据显示 42.7% 的流动人口没有参加住房公积金制度，具体情况如表 6 所示。

表6　流动人口住房公积金参保频率

		频　率	百分比	有效百分比	累积百分比
有效	参加	320	57.3%	57.3%	57.3%
	没有参加	238	42.7%	42.7%	100.0%
	合计	558	100.0%	100.0%	

　　流动人口参加住房公积金制度呈现出明显的城乡差别，农村户口流动人口参加住房公积金制度的比率相对较低。调查数据显示，55.6%的流动人口户口所在地是城镇（市），也就是说有55.6%的人口流动是城—城人口流动，城—城人口流动已经占到人口流动的半边江山。如表7所示，城镇（市）户口的流动人口参加住房公积金制度的比例为62.3%，农村户口的流动人口参加住房公积金制度的比例为51.2%，城镇（市）户口的流动人口参加住房公积金制度的比例要比农村户口的流动人口参加住房公积金制度的比例高11.1%，似然比卡方双侧近似概率（Asymp. Sig. 2-sided）为 P = 0.009,① 小于0.05，城乡户口流动人口是否参加住房公积金制度差别显著。

表7　流动人口户口所在地与是否参加住房公积金交叉表及卡方检验

			住房公积金		合　计
			参　加	没有参加	
户口所在地	农村	计数	127	121	248
		户口中的（%）	51.2	48.8	100.0
	城镇（市）	计数	193	117	310
		户口中的（%）	62.3	37.7	100.0
	合计	计数	320	238	558
		户口中的（%）	57.3	42.7	100.0

---

　　① 在 Pearson 卡方、似然比卡方和 Fisher 精确检验卡方中，似然比卡方是最为准确的，即使在小样本中也是如此，所以本书卡方分析的显著性检验主要考察似然比卡方的结果。

续表

卡方检验					
	检验统计量 （Value）	自由度 （df）	双侧近似概率 （Asymp. Sig. 2–sided）	双侧精确概率 （Exact. Sig. 2–sided）	单侧精确概率 （Exact. Sig. 1–sided）
Pearson 卡方	6.876[a]	1	.009		
连续校正卡方[b]	6.431	1	.011		
似然比卡方	6.875	1	.009		
Fisher 精确检验卡方				.010	.006
线性相关卡方	6.863	1	.009		
有效记录数	558				

a. 0 单元格（0.0%）的期望计数少于 5。最小期望计数为 105.78。

b. 仅对 2×2 表计算。

流动人口工作（单位）的性质不同，其参加住房公积金制度也有明显差别，在一些公共部门工作的流动人口参加住房公积金的比例相对较高，在私有部门工作的流动人口以及流动人口中的自由职业者参加住房公积金制度的比率相对较低。如表 8 所示，工作（单位）的性质是"党政机关"的流动人口 100.0%参加了住房公积金制度，工作（单位）的性质是"事业单位"的流动人口有 87.7%参加了住房公积金制度。相比之下，工作（单位）的性质是"私营企业"的流动人口只有 48.3%参加了住房公积金制度，工作（单位）的性质是"自由职业者"的流动人口只有 14.3%参加了住房公积金制度。表 8 卡方检验结果表明，似然比卡方双侧近似概率（Asymp. Sig. 2-sided）为 P=0.000，小于 0.05，流动人口工作（单位）的性质与是否参加住房公积金制度差别显著。

表8 流动人口工作（单位）的性质与是否参加住房公积金交叉表及卡方检验

			住房公积金		合　计
			参　加	没有参加	
工作（单位）的性质	党政机关	计数	3	0	3
		工作（单位）的性质中的（%）	100.0	0.0	100.0
	事业单位	计数	50	7	57
		工作（单位）的性质中的（%）	87.7	12.3	100.0
	国有企业	计数	90	32	122
		工作（单位）的性质中的（%）	73.8	26.2	100.0
	外企	计数	30	12	42
		工作（单位）的性质中的（%）	71.4	28.6	100.0
	私营企业	计数	143	153	296
		工作（单位）的性质中的（%）	48.3	51.7	100.0
	自由职业者	计数	1	6	7
		工作（单位）的性质中的（%）	14.3	85.7	100.0
合　计		计数	317	210	527
		工作（单位）的性质中的（%）	60.2	39.8	100.0

卡方检验			
	检验统计量（Value）	自由度（df）	双侧近似概率（Asymp. Sig. 2-sided）
Pearson 卡方	55.186[a]	5	.000
似然比卡方	59.828	5	.000
线性相关卡方	52.081	1	.000
有效记录数	527		

a. 4 单元格（33.3%）的期望计数少于5。最小期望计数为1.20。

流动人口就业的行业不同，其参加住房公积金制度也有明显差别。在一些正规部门行业就业的流动人口参加住房公积金制度的比例相对较高，在一些非正规部门行业就业的流动人口参加住房公积金的比例相对较低，就业行业正规性程度与流动人口参加住房公积金制度的比例之间呈现正相关关系。如表9所示，流动人口就业的行业是"采矿业""水利、环境和公共设施管理业""公共管理、社会保障和社会组织"，这三个行业的正规性程度相对较高，在这三个行业就业的流动人口其参加住房公积金制度的比例也相对较高，分别为100.0%、90.9%和87.5%。相比之下，流动人口就业的行业是"批发和零售业""居民服务、修理和其他服务业""住宿和餐饮业"，这三个行业的正规性程度相对较低，在这三个行业就业的流动人口其参加住房公积金制度的比例也相对较低，分别为39.5%、25.0%和21.2%。表9卡方检验结果表明，似然比卡方双侧近似概率（Asymp. Sig. 2-sided）为 P=0.000，小于0.05，流动人口就业的行业与是否参加住房公积金制度差别显著。

表9 流动人口就业的行业与是否参加住房公积金交叉表及卡方检验

			住房公积金		合 计
			参 加	没有参加	
就业的行业	农、林、牧、副、渔业	计数	8	2	10
		就业的行业中的（%）	80.0	20.0	100.0
	采矿业	计数	11	0	11
		就业的行业中的（%）	100.0	0.0	100.0
	制造业	计数	56	55	111
		就业的行业中的（%）	50.5	49.5	100.0
	电力、热力、燃气及水生产和供应业	计数	37	6	43
		就业的行业中的（%）	86.0	14.0	100.0
	建筑业	计数	20	18	38
		就业的行业中的（%）	52.6	47.4	100.0
	批发和零售业	计数	15	23	38
		就业的行业中的（%）	39.5	60.5	100.0
	交通运输、仓储和邮政业	计数	22	9	31
		就业的行业中的（%）	71.0	29.0	100.0

续表

			住房公积金		合 计
			参 加	没有参加	
就业的行业	住宿和餐饮业	计数	7	26	33
		就业的行业中的（%）	21.2	78.8	100.0
	金融业	计数	26	6	32
		就业的行业中的（%）	81.3	18.8	100.0
	信息传输、软件和信息技术服务业	计数	27	15	42
		就业的行业中的（%）	64.3	35.7	100.0
	房地产业	计数	15	13	28
		就业的行业中的（%）	53.6	46.4	100.0
	租赁和商务服务业	计数	15	8	23
		就业的行业中的（%）	65.2	34.8	100.0
	科学研究和技术服务业	计数	15	8	23
		就业的行业中的（%）	65.2	34.8	100.0
	水利、环境和公共设施管理业	计数	10	1	11
		就业的行业中的（%）	90.9	9.1	100.0
	居民服务、修理和其他服务业	计数	2	6	8
		就业的行业中的（%）	25.0	75.0	100.0
	教育	计数	8	6	14
		就业的行业中的（%）	57.1	42.9	100.0
	卫生和社会工作	计数	9	4	13
		就业的行业中的（%）	69.2	30.8	100.0
	文化、体育和娱乐业	计数	7	3	10
		就业的行业中的（%）	70.0	30.0	100.0
	公共管理、社会保障和社会组织	计数	7	1	8
		就业的行业中的（%）	87.5	12.5	100.0
合 计		计数	317	210	527
		就业的行业中的（%）	60.2	39.8	100.0

续表

卡方检验			
	检验统计量 （Value）	自由度 （df）	双侧近似概率 （Asymp. Sig. 2-sided）
Pearson 卡方	74.489ᵃ	18	.000
似然比	82.195	18	.000
线性和线性组合	.841	1	.359
有效案例中的 N	527		

a. 8 单元格（21.1%）的期望计数少于 5。最小期望计数为 3.19。

就社会保险制度参保率而言，对调研数据进行多重响应分析，流动人口"没有参加任何社会保险项目"的选择次数为 41 次，响应百分比为 2.5%，个案百分比为 7.3%。流动人口参保城镇职工基本养老保险的个案百分比最高，为 52.3%，具体情况如表 10 所示。

表 10　流动人口社会保险项目参保频率

		响应		个案 百分比
		N	响应百分比	
社会保险项目ᵃ	参加了城镇职工基本养老保险	292	17.6%	52.3%
	参加了城镇居民社会养老保险	69	4.2%	12.4%
	参加了城镇职工基本医疗保险	267	16.1%	47.8%
	参加了城镇居民基本医疗保险	81	4.9%	14.5%
	参加了新型农村社会养老保险	64	3.9%	11.5%
	参加了新型农村合作医疗	105	6.3%	18.8%
	参加了公费医疗	18	1.1%	3.2%
	参加了工伤保险	283	17.1%	50.7%
	参加了失业保险	248	14.9%	44.4%
	参加了生育保险	191	11.5%	34.2%
	没有参加任何社会保险项目	41	2.5%	7.3%
总计		1659	100.0%	297.3%

注：a. 值为 1 时制表的二分组。

　　总体来看，除了公费医疗外，流动人口参加"城镇职工基本养老保险""城镇职工基本医疗保险""工伤保险""失业保险""生育保险"这些职工类社会保险项目的响应百分比和个案百分比均明显高于参加"城镇居民社会养老保险""城镇居民基本医疗保险""新型农村社会养老保险""新型农村合作医疗"这些非职工类社会保险项目的响应百分比和个案百分比〔用非参数检验中的两个独立样本的检验（2 Independent Sample）中的 Mann-Whiney U 检验法进行检验，近似法和确切概率法计算的 P 值均小于 0.05，说明两组数据样本均值存在显著差别，具体检验结果见表 11〕。① 流动人口参加公费医疗响应百分比和个案百分比偏低，这说明流动人口对公费医疗的参保频率偏低，这可能主要来自两个方面的影响：一方面是在实施公费医疗单位就业的流动人口数量少，比例低，从而表现出流动人口对公费医疗的参保频率低。目前中国实施公费医疗的单位主要是部分党政机关和事业单位。调查数据表明，只有 0.6% 的流动人口在党政机关工作，10.2% 的流动人口在事业单位工作。另一方面是部分实施公费医疗的就业单位的数量呈现减少趋势，从而使部分即使在党政机关和事业单位工作的流动人口可能也没有参加公费医疗保险，进而表现出流动人口对公费医疗的参保频率低。调查数据显示，共有 10.8% 的流动人口在党政机关和事业单位工作，但是只有 3.2% 的流动人口参加了公费医疗。部分实施公费医疗的就业单位数量呈现减少趋势的原因在于近年来国家逐步实施了公费医疗制度逐步向城镇职工基本医疗保险制度的并轨，有相当一部分实施公费医疗的党政机关和事业单位已经完成了这一并轨。完成并轨的党政机关和事业单位工作人员在参加城镇职工基本医疗保险制度的基础上绝大部分实施了公务员医疗补助制度。目前大约有 56.1% 的机关事业单位工作人员参加了公务员医疗补助，② 可见超过一半的机关事业单位就业人员已经完成了由参加公费医疗制度向参加城镇职工基本医疗保

---

　　① 分别对流动人口参加社会保险项目的响应百分比和个案百分比进行 Mann-Whiney U 检验，其检验结果完全一样，所以把结果列在同一个表格中。
　　② 贾洪波：《中国补充医疗保险制度发展论纲》，吉林大学出版社 2016 年版，第 121 页。

险制度的转变，实施公费医疗的党政机关数量和参保人员数量均在下降。

表 11　流动人口对职工类和非职工类社会保险项目参保频率的 Mann-Whitney U 检验

	流动人口参加社会保险项目的响应百分比或者个案百分比
Mann-Whitney U 统计量	.000
Wilcoxon W 统计量	10.000
Z 值	−2.449
近似法计算的 P 值	.014
确切概率法计算的 P 值	.016

　　城乡户口的流动人口参加社会保险表现出多重特征。城乡户口流动人口和其参加社会保险的多重响应分析结果见表12。由表12的结果可知：第一，农村户口流动人口参加城镇职工基本养老保险的比例最高，为45.2%，其次是工伤保险，为43.5%；城镇户口流动人口也是参加城镇职工基本养老保险的比例最高，为58.1%，其次是工伤保险，为56.5%。第二，主要针对城镇人口的社会保险项目城镇户口流动人口参保频率普遍高于农村户口流动人口参保频率，比如城镇职工基本养老保险、城镇居民社会养老保险、城镇职工基本医疗保险、城镇居民基本医疗保险、公费医疗。主要针对农村人口的社会保险项目农村户口流动人口参保频率普遍高于城镇户口流动人口参保频率，比如新型农村社会养老保险、新型农村合作医疗。第三，对城乡户口限制较宽松且同时针对城乡人口的社会保险项目城镇户口流动人口参保频率普遍高于农村户口流动人口参保频率，比如工伤保险、失业保险、生育保险。第四，城乡社会保险统筹在流动人口参保方面有了初步体现。几乎所有的社会保险项目都出现了城乡流动人口互相参保的情况。也就是说，部分农村户口的流动人口参加了主要针对城镇人口的社会保险项目，部分城镇户口的流动人口参加了主要针对农村人口的社会保险项目，但是农村户口流动人口参加主要针对城镇人口的社会保险项目的比例要高于城镇户口流动人口参加主

要针对农村人口的社会保险项目的比例。第五，城乡户口流动人口参加社会保险制度在总体上没有明显差别。用 2 Independent Sample 中的 Mann-Whiney U 检验法对城乡户口流动人口对不同社会保险项目的参保频率进行检验，近似法和确切概率法计算的 P 值均大于 0.05，这说明两组数据样本均值不存在显著差别，具体检验结果见表 13。

表 12　城乡户口流动人口和其参加社会保险的多重响应分析交叉表

			社会保险参保[a]											总计
			参加了城镇职工基本养老保险	参加了城镇居民社会养老保险	参加了城镇职工基本医疗保险	参加了城镇居民基本医疗保险	参加了新型农村社会养老保险	参加了新型农村合作医疗	参加了公费医疗	参加了工伤保险	参加了失业保险	参加了生育保险	没有参加任何社会保险项目	
户口所在地	农村	计数	112	24	95	32	51	68	7	108	99	78	23	248
		户口所在地内的（%）	45.2	9.7	38.3	12.9	20.6	27.4	2.8	43.5	39.9	31.5	9.3	
	城镇（市）	计数	180	45	172	49	13	37	11	175	149	113	18	310
		户口所在地内的（%）	58.1	14.5	55.5	15.8	4.2	11.9	3.5	56.5	48.1	36.5	5.8	
总计		计数	292	69	267	81	64	105	18	283	248	191	41	558

注：百分比和总计以响应者为基础。a. 值为 1 时制表的二分组。

表 13　城乡户口流动人口参加社会保险的 Mann-Whitney U 检验

	城乡户口流动人口参加社会保险的比例
Mann-Whitney U 统计量	56.000
Wilcoxon W 统计量	122.000
Z 值	−.295
近似法计算的 P 值	.768
确切概率法计算的 P 值	.797

　　流动人口就业的行业不同，其参加社会保险项目也有明显差别。在一些正规部门行业就业的流动人口参加城镇职工类社会保险项目的比例相对较高，在一些非正规部门行业就业的流动人口参加城镇居民类社会保险项目和农村居民类社会保险项目的比例相对较高。在不同行业就业的流动人口参加不同社会保险项目的具体情况如表14所示。表15卡方检验结果表明，运用非参数检验中的多样本比较秩和检验，似然比卡方双侧近似概率（Asymp. Sig. 2-sided）为 P = 0.048，小于 0.05，这说明流动人口就业的行业与其参加社会保险项目的比例差别显著。

表14　流动人口就业的行业和其参加社会保险的多重响应分析交叉表

			社会保险参保[a]										
			参加了城镇职工基本养老保险	参加了城镇居民社会养老保险	参加了城镇职工基本医疗保险	参加了城镇居民基本医疗保险	参加了新型农村社会养老保险	参加了新型农村合作医疗	参加了公费医疗	参加了工伤保险	参加了失业保险	参加了生育保险	没有参加任何社会保险项目	总计
就业的行业	A	计数	5	2	2	3	2	1	1	6	3	3	1	10
		就业的行业内的（%）	50.0	20.0	20.0	30.0	20.0	10.0	10.0	60.0	30.0	30.0	10.0	
	B	计数	5	0	6	1	1	1	0	7	6	3	3	11
		就业的行业内的（%）	45.5	0.0	54.5	9.1	9.1	9.1	0.0	63.6	54.5	27.3	27.3	
	C	计数	75	7	58	9	9	17	2	57	50	42	7	111
		就业的行业内的（%）	67.6	6.3	52.3	8.1	8.1	15.3	1.8	51.4	45.0	37.8	6.3	
	D	计数	29	4	25	7	5	7	1	25	22	15	3	43
		就业的行业内的（%）	67.4	9.3	58.1	16.3	11.6	16.3	2.3	58.1	51.2	34.9	7.0	
	E	计数	20	4	20	4	2	5	2	22	17	12	6	38
		就业的行业内的（%）	52.6	10.5	52.6	10.5	5.3	13.2	5.3	57.9	44.7	31.6	15.8	
	F	计数	13	11	7	4	2	14	2	15	16	12	6	38
		就业的行业内的（%）	34.2	28.9	18.4	10.5	5.3	36.8	5.3	39.5	42.1	31.6	15.8	

续表

			社会保险参保[a]											总计
			参加了城镇职工基本养老保险	参加了城镇居民社会养老保险	参加了城镇职工基本医疗保险	参加了城镇居民基本医疗保险	参加了新型农村社会养老保险	参加了新型农村合作医疗	参加了公费医疗	参加了工伤保险	参加了失业保险	参加了生育保险	没有参加任何社会保险项目	
就业的行业	G	计数	16	6	18	6	7	5	1	15	15	12	0	31
		就业的行业内的 (%)	51.6	19.4	58.1	19.4	22.6	16.1	3.2	48.4	48.4	38.7	0.0	
	H	计数	11	3	7	9	5	11	1	12	9	8	2	33
		就业的行业内的 (%)	33.3	9.1	21.2	27.3	15.2	33.3	3.0	36.4	27.3	24.2	6.1	
	I	计数	19	1	21	5	5	2	1	20	17	16	0	32
		就业的行业内的 (%)	59.4	3.1	65.6	15.6	15.6	6.3	3.1	62.5	53.1	50.0	0.0	
	J	计数	19	5	21	7	6	7	0	23	21	16	4	42
		就业的行业内的 (%)	45.2	11.9	50.0	16.7	14.3	16.7	0.0	54.8	50.0	38.1	9.5	
	K	计数	16	5	15	5	2	4	1	16	10	11	1	28
		就业的行业内的 (%)	57.1	17.9	53.6	17.9	7.1	14.3	3.6	57.1	35.7	39.3	3.6	
	L	计数	12	4	9	6	2	3	1	16	11	8	1	23
		就业的行业内的 (%)	52.2	17.4	39.1	26.1	8.7	13.0	4.3	69.6	47.8	34.8	4.3	
	M	计数	14	5	17	4	3	0	0	12	13	5	0	23
		就业的行业内的 (%)	60.9	21.7	73.9	17.4	13.0	0.0	0.0	52.2	56.5	21.7	0.0	
	N	计数	9	1	8	1	1	2	1	10	9	9	0	11
		就业的行业内的 (%)	81.8	9.1	72.7	9.1	9.1	18.2	9.1	90.9	81.8	81.8	0.0	
	O	计数	3	1	2	2	0	0	0	2	1	1	3	8
		就业的行业内的 (%)	37.5	12.5	25.0	25.0	0.0	0.0	0.0	25.0	12.5	12.5	37.5	
	P	计数	5	3	10	1	1	1	0	7	7	5	1	14
		就业的行业内的 (%)	35.7	21.4	71.4	7.1	7.1	7.1	0.0	50.0	50.0	35.7	7.1	
	Q	计数	10	2	8	2	0	0	1	9	9	8	0	13
		就业的行业内的 (%)	76.9	15.4	61.5	15.4	0.0	0.0	7.7	69.2	69.2	61.5	0.0	

续表

		社会保险参保[a]											总计
		参加了城镇职工基本养老保险	参加了城镇居民社会养老保险	参加了城镇职工基本医疗保险	参加了城镇居民基本医疗保险	参加了新型农村社会养老保险	参加了新型农村合作医疗	参加了公费医疗	参加了工伤保险	参加了失业保险	参加了生育保险	没有参加任何社会保险项目	
就业的行业 R	计数	5	1	7	0	2	2	1	3	4	3	1	10
	就业的行业内的（%）	50.0	10.0	70.0	0.0	20.0	20.0	10.0	30.0	40.0	30.0	10.0	
就业的行业 S	计数	4	2	3	1	1	2	2	5	7	1	0	8
	就业的行业内的（%）	50.0	25.0	37.5	12.5	12.5	25.0	25.0	62.5	87.5	12.5	0.0	
总计	计数	290	67	264	77	56	84	18	282	247	190	39	527

注：百分比和总计以响应者为基础。a. 值为 1 时制表的二分组。

为了制表方便，表格中用大写字母代表流动人口就业的行业，与问卷中的第 16 题相对应，从 A 到 S 依次分别为：农、林、牧、副、渔业，采矿业，制造业，电力、热力、燃气及水生产和供应业，建筑业，批发和零售业，交通运输、仓储和邮政业，住宿和餐饮业，金融业，信息传输、软件和信息技术服务业，房地产业，租赁和商务服务业，科学研究和技术服务业，水利、环境和公共设施管理业，居民服务、修理和其他服务业，教育，卫生和社会工作，文化、体育和娱乐业，公共管理、社会保障和社会组织。问卷中的第 16 题列举了 20 个行业，由于没有流动人口在国际组织中就业，所以该表输出结果只显示了 19 个就业行业。

表 15　不同行业就业的流动人口参加社会保险比例的 Kruskal Wallis 检验

	不同行业就业的流动人口参加社会保险的比例
卡方	30.274
df	19
近似法计算的 P 值	.048

流动人口工作（单位）的性质不同，其参保不同类别社会保险项目的倾向不同。对于主要针对城镇人口的社会保险项目（如城镇职工基本养老保

险、城镇居民社会养老保险、城镇职工基本医疗保险、城镇居民基本医疗保险、公费医疗)以及同时针对城乡人口的社会保险项目(如工伤保险、失业保险、生育保险),在公共部门工作的流动人口参加的比例高于在私有部门工作的流动人口的参保比率。对于主要针对农村人口的社会保险项目(如新型农村社会养老保险、新型农村合作医疗),在私有部门工作的流动人口参加的比例高于在公共部门工作的流动人口的参保比率,具体情况如表16所示。就所有社会保险项目而言,表17卡方检验结果表明,运用非参数检验中的多样本比较秩和检验,似然比卡方双侧近似概率(Asymp. Sig. 2-sided)为 P=0.901,大于0.05,流动人口工作(单位)的性质与其参加社会保险项目的比例没有显著差别。

表 16　流动人口工作(单位)性质和其参加社会保险的多重响应分析交叉表

			社会保险参保[a]											总计
			参加了城镇职工基本养老保险	参加了城镇居民社会养老保险	参加了城镇职工基本医疗保险	参加了城镇居民基本医疗保险	参加了新型农村社会养老保险	参加了新型农村合作医疗	参加了公费医疗	参加了工伤保险	参加了失业保险	参加了生育保险	没有参加任何社会保险项目	
工作(单位)的性质	A	计数	2	1	0	2	0	0	1	2	2	1	0	3
		工作(单位)的性质内(%)	66.7	33.3	0.0	66.7	0.0	0.0	33.3	66.7	66.7	33.3	0.0	
	B	计数	31	8	34	8	6	5	8	36	33	29	1	57
		工作(单位)的性质内(%)	54.4	14.0	59.6	14.0	10.5	8.8	14.0	63.2	57.9	50.9	1.8	
	C	计数	78	13	73	17	15	15	2	70	62	46	9	122
		工作(单位)的性质内(%)	63.9	10.7	59.8	13.9	12.3	12.3	1.6	57.4	50.8	37.7	7.4	
	D	计数	25	3	27	4	4	6	0	25	25	18	2	42
		工作(单位)的性质内(%)	59.5	7.1	64.3	9.5	9.5	14.3	0.0	59.5	59.5	42.9	4.8	

续表

			社会保险参保ª											总计
			参加了城镇职工基本养老保险	参加了城镇居民社会养老保险	参加了城镇职工基本医疗保险	参加了城镇居民基本医疗保险	参加了新型农村社会养老保险	参加了新型农村合作医疗	参加了公费医疗	参加了工伤保险	参加了失业保险	参加了生育保险	没有参加任何社会保险项目	
工作（单位）的性质	E	计数	152	39	128	45	31	55	7	148	124	96	26	296
		工作（单位）的性质内(%)	51.4	13.2	43.2	15.2	10.5	18.6	2.4	50.0	41.9	32.4	8.8	
	F	计数	2	3	2	1	0	3	0	1	1	0	1	7
		工作（单位）的性质内(%)	28.6	42.9	28.6	14.3	0.0	42.9	0.0	14.3	14.3	0.0	14.3	
总计		计数	290	67	264	77	56	84	18	282	247	190	39	527

注：百分比和总计以响应者为基础。a. 值为 1 时制表的二分组。

为了制表方便，表格中用大写字母代表流动人口工作（单位）的性质，与问卷中的第 17 题相对应，从 A 到 F 依次分别为：党政机关、事业单位、国有企业、外企、私营企业、自由职业者。

表 17　不同性质工作（单位）就业的流动人口
参加社会保险比例的 Kruskal Wallis 检验

	不同性质工作（单位）就业的流动人口参加社会保险的比例
卡方	1.601
df	5
近似法计算的 P 值	.901

二、社会保障关系转移接续困难

流动人口社会保障关系转移接续实际中并不涉及社会救助关系的转移接续，实际中主要是指住房公积金和社会保险关系的转移接续。本书对 6 省（直辖市）18 市（区）的调查数据发现，流动人口住房公积金以及社会保险关系转移接续不畅。

就住房公积金关系转移接续而言，流动人口对住房公积金关系转移接续的比率不高。调查数据显示，参加住房公积金制度的流动人口只有27.2%对住房公积金关系实施了转移，其中有26.4%城镇户口的流动人口对住房公积金关系实施了转移，有28.3%农村户口的流动人口对住房公积金关系实施了转移，具体情况见表18。表18卡方检验结果表明，似然比卡方双侧近似概率（Asymp. Sig. 2-sided）为P=0.706，大于0.05，城乡户口流动人口是否对住房公积金关系实施了转移没有显著差别。

表18　流动人口户口所在地与是否转移住房公积金关系交叉表及卡方检验

			转移过住房公积金关系		合　计
			是	否	
户口所在地	农村	计数	36	91	127
		户口中的（%）	28.3	71.7	100.0
	城镇（市）	计数	51	142	193
		户口中的（%）	26.4	73.6	100.0
合计		计数	87	233	320
		户口中的（%）	27.2	72.8	100.0

卡方检验				
	检验统计量（Value）	自由度（df）	双侧近似概率（Asymp. Sig. 2-sided）	双侧精确概率（Exact. Sig. 2-sided）	单侧精确概率（Exact. Sig. 1-sided）
Pearson 卡方	.143[a]	1	.705		
连续校正卡方[b]	.062	1	.803		
似然比卡方	.142	1	.706		
Fisher 精确检验卡方				.702	.400
线性相关卡方	.142	1	.706		
有效记录数	320				

a. 0 单元格（0.0%）的期望计数少于5。最小期望计数为34.53。b. 仅对2×2表计算。

就社会保险关系转移接续而言，多方面证据显示流动人口对社会保险关系转移接续面临困难。

第一，流动人口对社会保险关系转移接续政策的知晓率不高。调查数据显示，只有2.3%的流动人口"完全了解"社会保险关系转移接续政策，21.2%的流动人口"完全不了解"社会保险关系转移接续政策，大部分即62.1%的流动人口只"了解一些"社会保险关系转移接续政策（如表19所示）。

表19　流动人口对社会保险关系转移接续政策的知晓频率

		频　率	百分比（%）	有效百分比（%）	累积百分比（%）
有效	完全不了解	109	19.5	21.1	21.1
	了解一些	321	57.5	62.1	83.2
	了解大部分	75	13.4	14.5	97.7
	完全了解	12	2.2	2.3	100.0
	合计	517	92.7	100.0	
缺失	系统	41	7.3		
合计		558	100.0		

第二，流动人口实际对社会保险关系转移接续的比例偏低。调查数据显示，对所有被调查的流动人口而言，只有9.1%的流动人口转移过失业保险关系，有11.2%的流动人口转移过工伤保险关系，有8.1%的流动人口转移过生育保险关系，75.6%的流动人口没有转移过养老保险关系，75.2%的流动人口没有转移过医疗保险关系，具体情况如表20所示。当然，这与社会保险参保率不高有一定直接关系，因为流动人口对社会保险参保率低，从而使其在流动过程中没有社会保险关系可供转移。进一步分析参加了某项社会保险的流动人口对社会保险关系的转移接续情况，调查数据也表明其实际转移接续比例不高。如表21所示，参加某项社会保险的流动人口对社会保险关系转移比例要高于全体被调查流动人口对社会保险关系转移的比例，这证

明了前文所说的流动人口对社会保险参保率低是造成流动人口难以转移社会保险关系的一个直接原因。表 21 的结果也表明，大体来看，居民类社会保险（除了新型农村合作医疗）关系的转移比例略高于职工类社会保险关系的转移比例，这是一个悖论。通常的看法是职工类社会保险实施时间长，做法相对成熟和完善，流动人口参保的社会保险关系转移的比例应该更高，但是调查结果表现出相反的情况。这其中的可能原因是缴费主体构成及财务模式不同影响了不同类别社会保险关系的转移。职工类社会保险的缴费主体是用人单位和职工，实施部分积累制，需要同时转移社会统筹与个人账户的基金权益，职工类社会保险关系在转移的过程中由于流出地用人单位缴费形成的基金权益难以有效转入流入地而掣肘了社会保险关系转移。居民类社会保险的缴费主体是各级政府和参保居民。居民类社会养老保险也实施部分积累制，政府的缴费责任体现在要么是发放基础性养老金，要么是其缴费直接进入个人账户。居民类社会养老保险关系的转移实际上主要只涉及个人账户权益的转移。由于居民类基本医疗保险没有个人账户，实施现收现付制财务模式，居民类基本医疗保险政府的缴费责任体现在其缴费直接进入社会统筹基金，所以居民类基本医疗保险关系的转移实际上更看重参保年限记录，实质性的、由缴费所形成的基金权益转移权重较低。可见，居民类社会保险关系转移比职工类社会保险关系转移相对简单，从而出现了居民类社会保险关系转移比例高于职工类社会保险关系转移的现象。

表 20　全体被调查流动人口对社会保险关系转移情况 　　（单位:%）

社会保险项目	转移社会保险关系	没有转移社会保险关系
失业保险	9.1	90.9
工伤保险	11.2	88.8
生育保险	8.1	91.9
养老保险	24.4	75.6
医疗保险	24.8	75.2

表 21　参加某项社会保险的流动人口对社会保险关系转移情况

（单位:%）

参加的社会保险项目	转移社会保险关系	没有转移社会保险关系
城镇职工基本养老保险	22.9	77.1
城镇居民社会养老保险	46.4	53.6
城镇职工基本医疗保险	28.1	71.9
城镇居民基本医疗保险	40.7	59.3
新型农村社会养老保险	42.2	57.8
新型农村合作医疗	18.1	81.9
工伤保险	17.7	82.3
失业保险	14.5	85.5
生育保险	22.0	78.0

第三，流动人口实际对社会保险关系转移接续的效果不高。以养老保险关系和医疗保险关系转移接续为例，可以从转移接续时对过去缴费年限的处理方式、对个人账户资金的处理办法、对社会统筹账户资金的处理办法、办理转接养老保险关系时花费的时间、转移接续过程中待遇空档期（待遇中断）的时间这五个维度来衡量流动人口对养老保险和医疗保险关系转移接续的效果。调查数据显示，大部分流动人口在养老保险和医疗保险关系转移接续时对过去缴费年限进行了累计，对个人账户资金进行了转移，对社会统筹账户资金进行了全额转移，办理转接养老保险关系时花费的时间在1—3个月，转移接续过程中待遇空档期（待遇中断）的时间在3个月以内。相当一部分（大约30%—40%不等）流动人口在转移接续养老保险和医疗保险的过程中没有对过去缴费年限进行累计，没有对个人账户资金进行转移，没有对社会统筹账户资金进行全额转移，办理转接养老保险关系时花费的时间、转移接续过程中待遇空档期（待遇中断）的时间在3个月以上。具体情况如表22所示。

表 22 流动人口实际对社会养老保险和医疗保险关系转移接续的效果 （单位:%）

维　　度		养老保险	医疗保险
对过去缴费年限的处理方式	清零（不认可）	.8	7.0
	折算	27.0	21.9
	累计	63.5	57.0
	不知道	8.7	14.1
对个人账户资金的处理办法	清退	4.0	3.1
	转移	69.8	68.0
	封存	19.0	18.8
	不知道	7.1	10.2
对社会统筹账户资金的处理办法	不转移	3.2	4.7
	部分转移	27.8	28.9
	全额转移	60.3	54.7
	不知道	8.7	11.7
办理转接关系时花费的时间	1 个月以下	9.5	12.5
	1 个月	24.6	30.5
	2 个月	19.8	14.8
	3 个月	19.0	17.2
	4 个月	8.7	10.9
	5 个月	8.7	7.0
	6 个月及以上	10.6	7.1
转移接续过程中待遇空档期（待遇中断）的时间	没有中断	24.6	26.2
	1 个月以下	10.3	11.1
	1 个月	16.7	17.5
	2 个月	10.3	11.1
	3 个月	14.3	12.7
	4 个月	8.7	7.9
	5 个月	8.7	7.9
	6 个月及以上	6.4	3.2

　　第四，流动人口实际对社会保险关系转移接续类型多样。比如，养老保险关系转接类型至少有 6 种，医疗保险关系转接类型至少有 10 种，这客观上增加了转移接续的难度。在流动人口养老保险关系转移接续类型中，城镇职工基本养老保险之间转移接续、城镇职工基本养老保险与新型农村社会养老保险之间转移接续、城镇职工基本养老保险与城镇居民社会养老保险之间转移接续所占比例较高，而新型农村社会养老保险之间转移接续、城镇居民社会养老保险与新型农村社会养老保险之间转移接续、城镇居民社会养老保险之间转移接续所占比例相对较低，具体情况见表 23。由于被调查流动人口 94.4% 是就业人口，所以表 23 显示的养老保险关系转移接续的类型可以推断为主要由居民类养老保险向职工类养老保险的转移接续以及职工类养老保险关系的转移接续，居民类养老保险关系转移接续类型较少。2014 年 2 月，国务院印发了《关于建立统一的城乡居民基本养老保险制度的意见》，提出到"十二五"末，在全国基本实现新型农村社会养老保险和城镇居民社会养老保险制度合并实施，并与职工基本养老保险制度相衔接，表 23 的数据表明流动人口城乡居民养老保险制度的整合滞后于国家的规划。在流动人口医疗保险关系转移接续类型中，城镇职工基本医疗保险之间关系转移接续、城镇居民基本医疗保险之间关系转移接续、城镇居民基本医疗保险与新型农村合作医疗之间关系转移接续所占比例较高，其他医疗保险之间关系转移接续所占比例相对较低，具体情况见表 24。表 24 数据表明，流动人口医疗保险关系转移接续的类型与养老保险关系转移接续的类型有所不同，医疗保险关系转移接续是同类型的医疗保险关系之间转移接续类型占主导，跨类转移接续居于次要地位。2016 年 1 月，国务院颁布了《关于整合城乡居民基本医疗保险制度的意见》，提出整合城镇居民基本医疗保险和新型农村合作医疗两项制度，建立统一的城乡居民基本医疗保险制度。流动人口城镇居民基本医疗保险与新型农村合作医疗之间关系转移接续类型所占比例较高说明城乡居民基本医疗保险制度的整合要好于城乡居民基本养老保险制度的整合。

表 23 流动人口养老保险关系转移接续类型频率

		响应		个案百分比
		N	百分比	
类型a	城镇职工基本养老保险之间关系转移接续	45	27.1%	35.7%
	城镇职工基本养老保险与新型农村社会养老保险之间关系转移接续	31	18.7%	24.6%
	新型农村社会养老保险之间关系转移接续	16	9.6%	12.7%
	城镇职工基本养老保险与城镇居民社会养老保险之间关系转移接续	33	19.9%	26.2%
	城镇居民社会养老保险与新型农村社会养老保险之间关系转移接续	18	10.8%	14.3%
	城镇居民社会养老保险之间关系转移接续	23	13.9%	18.3%
总计		166	100.0%	131.7%

a. 值为1时制表的二分组。

表 24 流动人口医疗保险关系转移接续类型频率

		响应		个案百分比
		N	百分比	
类型a	城镇职工基本医疗保险之间关系转移接续	49	31.8%	38.3%
	城镇居民基本医疗保险之间关系转移接续	18	11.7%	14.1%
	新型农村合作医疗之间关系转移接续	12	7.8%	9.4%
	公费医疗之间关系转移接续	6	3.9%	4.7%
	城镇职工基本医疗保险与城镇居民基本医疗保险之间关系转移接续	17	11.0%	13.3%
	城镇职工基本医疗保险与新型农村合作医疗之间关系转移接续	11	7.1%	8.6%
	城镇职工基本医疗保险与公费医疗之间关系转移接续	11	7.1%	8.6%
	城镇居民基本医疗保险与新型农村合作医疗之间关系转移接续	21	13.6%	16.4%
	城镇居民基本医疗保险与公费医疗之间关系转移接续	5	3.2%	3.9%
	新型农村合作医疗与公费医疗之间关系转移接续	4	2.6%	3.1%
总计		154	100.0%	120.3%

a. 值为1时制表的二分组。

第五，流动人口实际对社会保险关系转移接续时面临着低统筹层次带来的挑战。也就是说，社会保险统筹层次较低客观上增加了流动人口转移接续社会保险关系的难度。这是因为，人口流动很容易突破社会保险低统筹层次的空间范围，造成流动人口需要转接社会保险关系的事实，而高统筹层次至少使部分在统筹层次空间范围内流动的人口不需要再转接社会保险关系。仍然以流动人口养老保险和医疗保险关系转移接续为例来说明问题。如表25和表26的多重响应交叉分析结果所示，养老保险和医疗保险的统筹层次偏低，依然存在着某些养老保险关系和医疗保险关系需要跨乡镇转移接续的现象，这说明还存在着某些养老保险和医疗保险以乡镇为统筹层次的情况。对同类养老保险关系转移接续调研数据分析显示，53.3%的城镇职工基本养老保险之间转移接续实现了跨省（自治区、直辖市），比例最高，可以推断城镇职工基本养老保险省级统筹大概达到了50%，还有大约50%的统筹层次在省级以下。同理，可以推断新型农村社会养老保险省级统筹大概达到了38.9%，还有大约62%的统筹层次在省级以下，城镇居民社会养老保险省级统筹大概达到了26.1%，还有大约74%的统筹层次在省级以下。对同类医疗保险关系转移接续调研数据分析显示，50%的城镇职工基本医疗保险之间转移接续以及新型农村合作医疗之间关系转移接续实现了跨省（自治区、直辖市），比例最高，可以推断城镇职工基本医疗保险以及新型农村合作医疗省级统筹大概达到了50%，还有大约50%的统筹层次在省级以下。同理，可以推断城镇居民基本医疗保险省级统筹大概达到了13%（整体统筹层次低于新型农村合作医疗部分原因可能是其实施时间较晚），还有大约87%的统筹层次在省级以下，公费医疗省级统筹大概达到了27%，还有大约73%的统筹层次在省级以下。总之，低统筹层次相对提高了流动人口需要转移接续社会保险关系的频率，这客观上增加了社会保险关系转移接续的难度。

表 25 流动人口养老保险关系转移接续类型与跨度区域多重响应交叉表

			跨度区域				总　计
			跨乡（镇）	跨区（县）	跨地级市	跨省（自治区、直辖市）	
类型a	城镇职工基本养老保险之间关系转移接续	计数	1	11	9	24	45
		$ old 内的（%）	2.2	24.4	20.0	53.3	
	城镇职工基本养老保险与新型农村社会养老保险之间关系转移接续	计数	1	16	10	4	31
		$ old 内的（%）	3.2	51.6	32.3	12.9	
	新型农村社会养老保险之间关系转移接续	计数	0	5	5	6	16
		$ old 内的（%）	0.0	31.3	31.3	37.5	
	城镇职工基本养老保险与城镇居民社会养老保险之间关系转移接续	计数	0	12	12	9	33
		$ old 内的（%）	0.0	36.4	36.4	27.3	
	城镇居民社会养老保险与新型农村社会养老保险之间关系转移接续	计数	2	4	5	7	18
		$ old 内的（%）	11.1	22.2	27.8	38.9	
	城镇居民社会养老保险之间关系转移接续	计数	0	5	12	6	23
		$ old 内的（%）	0.0	21.7	52.2	26.1	
总计		计数	4	33	36	53	126

百分比和总计以响应者为基础。$ old 为多重响应分析定义的流动人口养老保险关系转移接续类型变量集。a. 值为 1 时制表的二分组。

表 26　流动人口医疗保险关系转移接续类型与跨度区域多重响应交叉表

| | | 跨度区域 | | | | 总计 |
		跨乡（镇）	跨区（县）	跨地级市	跨省（自治区、直辖市）	
类型[a]	城镇职工基本医疗保险之间关系转移接续	计数	1	9	11	21	42
		$medical 内的/%	2.4	21.4	26.2	50.0	
	城镇居民基本医疗保险之间关系转移接续	计数	0	4	9	4	17
		$medical 内的/%	0.0	23.5	52.9	23.5	
	新型农村合作医疗之间关系转移接续	计数	0	3	1	4	8
		$medical 内的/%	0.0	37.5	12.5	50.0	
	公费医疗之间关系转移接续	计数	0	1	1	1	3
		$medical 内的/%	0.0	33.3	33.3	33.3	
	城镇职工基本医疗保险与城镇居民基本医疗保险之间关系转移接续	计数	1	5	3	4	13
		$medical 内的/%	7.7	38.5	23.1	30.8	
	城镇职工基本医疗保险与新型农村合作医疗之间关系转移接续	计数	0	1	3	4	8
		$medical 内的/%	0.0	12.5	37.5	50.0	
	城镇职工基本医疗保险与公费医疗之间关系转移接续	计数	0	4	4	2	10
		$medical 内的/%	0.0	40.0	40.0	20.0	
	城镇居民基本医疗保险与新型农村合作医疗之间关系转移接续	计数	0	2	7	6	15
		$medical 内的/%	0.0	13.3	46.7	40.0	
	城镇居民基本医疗保险与公费医疗之间关系转移接续	计数	0	1	2	2	5
		$medical 内的/%	0.0	20.0	40.0	40.0	
	新型农村合作医疗与公费医疗之间关系转移接续	计数	0	1	2	0	3
		$medical 内的/%	0.0	33.3	66.7	0.0	
总计		计数	2	25	30	44	101

百分比和总计以响应者为基础。$ medical 为多重响应分析定义的流动人口医疗保险关系转移接续类型变量集。a. 值为 1 时制表的二分组。

第六，流动人口对社会保险关系转移接续的满意度不高。① 前述的关于流动人口社会保险关系转移接续面临的诸多客观困难使流动人口对社会保险关系转移接续的满意度不高。如表27所示，2.7%的流动人口对社会保险关系转移接续"很不满意"，6.2%的流动人口对社会保险关系转移接续"不满意"，30.8%的流动人口对社会保险关系转移接续的满意度为"一般"，三者的累计百分比占到了大约40%。也就是说，大约有40%的流动人口对社会保险关系转移接续没有达到满意的程度。

表 27　流动人口对社会保险关系转移接续的满意度频率

		频　率	百分比 （%）	有效百分比 （%）	累积百分比 （%）
有效	很不满意	14	2.5	2.7	2.7
	不满意	32	5.7	6.2	8.9
	一般	159	28.5	30.8	39.7
	满意	198	35.5	38.3	77.9
	很满意	63	11.3	12.2	90.1
	不知道	51	9.1	9.9	100.0
	合计	517	92.7	100.0	
缺失	系统	41	7.3		
合计		558	100.0		

---

① 流动人口对社会保险关系转移接续满意度的分析是针对所有被调研的流动人口而非仅仅针对转移接续过社会保险关系的流动人口。因为有些流动人口虽然没有转移接续过社会保险关系，可能是由于多种困难导致没有成功转移接续社会保险关系，这并不妨碍其对社会保险关系转移接续的满意度给出评价。还有，即使那些从来没有试图去转移接续社会保险关系的流动人口同样可以对社会保险关系转移接续的满意度给出评价，因为他（她）可能是由于了解社会保险关系转移接续困难而主动放弃了社会保险关系转移接续。再则，即使那些不需要转移接续任何社会保险关系的流动人口了解到社会保险关系转移接续的现状也可以对社会保险关系转移接续的满意度给出评价。

三、少部分流动人口社会保障待遇偏低

流动人口社会保障待遇可以从两方面来横向比较。一方面，流动人口社会保障待遇可以与其流出地即户籍所在地人员的社会保障待遇相比较；另一方面，流动人口社会保障待遇可以与其流入地即工作和生活所在地人员的社会保障待遇相比较。调查数据显示，大部分流动人口社会保障待遇与其户籍所在地以及工作地和生活所在地的社会保障待遇差不多，但是由于人口流动过程中的地域转移、户籍变动以及社会保障关系转移接续等因素的影响，少部分流动人口的社会保障待遇既低于其户籍所在地人员的社会保障待遇，又低于其工作和生活所在地人员的社会保障待遇。流动人口不同社会保障项目的待遇比较结果如表28所示。该表数据显示，小于20%的流动人口社会保障待遇既低于其户籍所在地人员的社会保障待遇，又低于其工作和生活所在地人员的社会保障待遇。

表28 流动人口社会保障待遇频率 （单位:%）

项 目	比较维度	比较结果			
		低	差不多	高	不知道
社会救助	流出地	17.7	44.8	29.2	8.3
	流入地	12.5	58.3	22.9	6.3
住房公积金	流出地	9.4	54.7	29.4	6.6
	流入地	6.6	70.6	18.1	4.7
养老保险	流出地	11.4	53.6	22.4	12.6
	流入地	13.2	62.1	14.7	10.1
医疗保险	流出地	10.6	53.0	23.0	13.3
	流入地	11.8	63.8	14.3	10.1

续表

项　目	比较维度	比较结果			
		低	差不多	高	不知道
工伤保险	流出地	8.7	46.8	24.2	20.3
	流入地	11.2	55.9	16.4	16.4
失业保险	流出地	10.6	45.6	24.4	19.3
	流入地	9.3	60.2	14.3	16.2
生育保险	流出地	10.4	42.4	20.3	26.9
	流入地	8.1	55.5	12.8	23.6

　　流动人口受教育程度不同，其社会保障待遇具有显著的差异。如表29所示，从基于流出地和流入地比较视角的社会救助到生育保险这7个社会保障项目待遇与流动人口受教育程度的交叉分析卡方值可知，似然比卡方双侧近似概率（Asymp. Sig. 2-sided）P值均小于0.05，流动人口受教育程度不同，其社会保障待遇具有显著差异。通过对交叉表格数据的分析可知，[①] 流动人口社会保障待遇无论与其流出地即户籍所在地还是与其流入地即工作和生活所在地人员的社会保障待遇相比均表现出的共同特征是：受教育程度较高的流动人口社会保障待遇高于流出地和流入地人员的社会保障待遇所占的比例较大，受教育程度较低的流动人口社会保障待遇低于流出地和流入地人员的社会保障待遇所占的比例较大。也就是说，随着受教育程度从高向低的过渡，流动人口社会保障待遇降低的可能性在逐步增强。反之，随着受教育程度从低向高的过渡，流动人口社会保障待遇提高的可能性在逐步增强。可以推断，从受教育程度方面考察，少部分流动人口社会保障待遇偏低主要是指受教育程度较低的流动人口社会保障待遇偏低。因此，提高流动人口社会保障待遇应该要重点考虑如何提高受教育程度较低这部分流动人口的社会保

---

　　① 由于共有14个交叉表，所占篇幅太大，所以这里只给出了卡方检验结果而没有给出交叉表格数据。后文类似的情况不再做专门说明。

障待遇。

表29　流动人口受教育程度与其社会保障待遇交叉分析卡方检验

项　目	比较维度	Pearson 卡方	似然比卡方	线性相关卡方
社会救助	流出地	0.004	0.007	0.076
	流入地	0.000	0.000	0.000
住房公积金	流出地	0.004	0.007	0.168
	流入地	0.001	0.006	0.005
养老保险	流出地	0.000	0.000	0.160
	流入地	0.000	0.000	0.942
医疗保险	流出地	0.000	0.001	0.253
	流入地	0.000	0.000	0.111
工伤保险	流出地	0.000	0.000	0.007
	流入地	0.000	0.000	0.039
失业保险	流出地	0.000	0.000	0.001
	流入地	0.000	0.000	0.004
生育保险	流出地	0.000	0.000	0.407
	流入地	0.000	0.000	0.103

　　流动人口工作（单位）的性质不同，其社会保障待遇具有显著的差异。如表30所示，从基于流出地和流入地比较视角的社会救助到生育保险这7个社会保障项目待遇与流动人口工作（单位）性质的交叉分析卡方值可知，似然比卡方双侧近似概率（Asymp. Sig. 2-sided）P值均小于0.05，流动人口工作（单位）的性质不同，其社会保障待遇具有显著差异。通过对交叉表格数据的分析可知，流动人口社会保障待遇无论与其流出地即户籍所在地还是与其流入地即工作和生活所在地人员的社会保障待遇相比均表现出的共同特征是：在公共部门工作的流动人口社会保障待遇高于流出地和流入地人员的社会保障待遇所占的比例较大，在私人部门工作的流动人口社会保障待遇低

于流出地和流入地人员的社会保障待遇所占的比例较大。也就是说，随着工作（单位）的性质从公共部门向私人部门过渡，流动人口社会保障待遇降低的可能性在逐步增强。反之，随着工作（单位）的性质从私人部门向公共部门过渡，流动人口社会保障待遇提高的可能性在逐步增强。可以推断，从工作（单位）的性质方面考察，少部分流动人口社会保障待遇偏低主要是指在私人部门就业的流动人口社会保障待遇偏低。因此，提高流动人口社会保障待遇应该要重点考虑如何提高在私人部门如外企、私营企业就业以及自由职业者这部分流动人口的社会保障待遇。

表 30　流动人口工作（单位）的性质与其社会保障待遇交叉分析卡方检验

项　目	比较维度	Pearson 卡方	似然比卡方	线性相关卡方
社会救助	流出地	0.049	0.023	0.015
	流入地	0.085	0.026	0.044
住房公积金	流出地	0.077	0.069	0.010
	流入地	0.006	0.006	0.012
养老保险	流出地	0.001	0.001	0.105
	流入地	0.000	0.000	0.041
医疗保险	流出地	0.003	0.009	0.491
	流入地	0.000	0.000	0.271
工伤保险	流出地	0.000	0.000	0.472
	流入地	0.000	0.000	0.440
失业保险	流出地	0.001	0.000	0.075
	流入地	0.000	0.000	0.051
生育保险	流出地	0.000	0.001	0.618
	流入地	0.000	0.000	0.825

流动人口过去三年中在户口所在地之外居住时间最长的地区不同，其社会保障待遇具有显著的差异。如表 31 所示，从基于流出地和流入地比较视

角的社会救助到生育保险这 7 个社会保障项目待遇与流动人口过去三年中在户口所在地之外居住时间最长地区的交叉分析卡方值可知，似然比卡方双侧近似概率（Asymp. Sig. 2-sided）P 值均小于 0.05，流动人口过去三年中在户口所在地之外居住时间最长的地区不同，其社会保障待遇具有显著差异。通过对交叉表格数据的分析可知，流动人口社会保障待遇无论与其流出地即户籍所在地还是与其流入地即工作和生活所在地人员的社会保障待遇相比均表现出的共同特征是：过去三年中在户口所在地之外居住时间最长的地区是北京、上海、广州、深圳，以及除北、上、广、深之外的东部地区（天津、河北、辽宁、江苏、浙江、福建、海南、山东）的流动人口社会保障待遇分别高于流出地和流入地人员的社会保障待遇所占的比例较大，比流动人口过去三年中在户口所在地之外居住时间最长的地区是中部地区（吉林、黑龙江、山西、河南、安徽、湖北、湖南、江西）、西部地区（内蒙古、广西、重庆、四川、贵州、云南、西藏、陕西、甘肃、青海、宁夏、新疆）相应的比例要大；同时，过去三年中在户口所在地之外居住时间最长的地区是北京、上海、广州、深圳，以及除北、上、广、深之外的东部地区的流动人口社会保障待遇分别低于流出地和流入地人员的社会保障待遇所占的比例也较大，比流动人口过去三年中在户口所在地之外居住时间最长的地区是中部地区、西部地区相应的比例要大。可见，流入地是相对发达地区与流入地是相对落后地区流动人口的社会保障待遇相比，流入发达地区流动人口的社会保障待遇存在着两极分化现象。无论对流出地还是对流入地而言，同样的现象是流入发达地区流动人口的社会保障待遇低于流出地和流入地人员社会保障待遇的比例大于流入落后地区流动人口社会保障待遇低于流出地和流入地人员社会保障待遇的比例，流入发达地区流动人口的社会保障待遇高于流出地和流入地人员社会保障待遇的比例也大于流入落后地区流动人口社会保障待遇高于流入地和流入地人员社会保障待遇的比例。可以推断，从流入地方面考察，少部分流动人口社会保障待遇偏低主要是指流入发达地区的少部分流动人口社会保障待遇偏低。因此，提高流动人口社会保障待遇应该要重点考虑如何提高流入发达地区的少部分流动人口社会保障待遇。

表 31 流动人口过去三年中在户口所在地之外居住时间
最长的地区与其社会保障待遇交叉分析卡方检验

项　　目	比较维度	Pearson 卡方	似然比卡方	线性相关卡方
社会救助	流出地	0.021	0.014	0.219
	流入地	0.021	0.013	0.799
住房公积金	流出地	0.004	0.004	0.043
	流入地	0.013	0.024	0.203
养老保险	流出地	0.002	0.000	0.043
	流入地	0.007	0.003	0.500
医疗保险	流出地	0.002	0.000	0.001
	流入地	0.001	0.000	0.056
工伤保险	流出地	0.005	0.001	0.000
	流入地	0.004	0.003	0.014
失业保险	流出地	0.000	0.000	0.002
	流入地	0.000	0.000	0.074
生育保险	流出地	0.000	0.000	0.063
	流入地	0.000	0.000	0.476

流动人口月工资不同，其社会保险待遇具有显著的差异。[①] 社会保险是与收入关联的缴费型社会保障项目，从理论上判断收入的高低与社会保险待遇应该有密切关系，实际调研数据也证明了这一点。如表 32 所示，从基于流出地和流入地比较视角的养老保险到生育保险这 5 个社会保险项目待遇与流动人口每月工资的交叉分析卡方值可知，似然比卡方双侧近似概率（Asymp. Sig. 2-sided）P 值均小于 0.05，流动人口月工资不同，其社会保险

――――――――

① 对原始数据的分析表明，流动人口社会救助待遇以及住房公积金待遇并没有随流动人口月工资不同而呈现出显著差异。

待遇具有显著差异。通过对交叉表格数据的分析可知，流动人口社会保险待遇无论与其流出地即户籍所在地还是与其流入地即工作和生活所在地人员的社会保险待遇相比均表现出的共同特征是：月工资越高的流动人口社会保险待遇高于流出地和流入地人员的社会保险待遇所占的比例较大，月工资越低的流动人口社会保险待遇低于流出地和流入地人员的社会保险待遇所占的比例较大。也就是说，随着月工资从高工资向低工资过渡，流动人口社会保险待遇降低的可能性在逐步增强。反之，随着月工资从低工资向高工资过渡，流动人口社会保险待遇提高的可能性在逐步增强。可以推断，从月工资方面考察，少部分流动人口社会保障待遇偏低主要是指月工资较低的流动人口社会保险待遇偏低。因此，提高流动人口社会保险待遇应该重点考虑如何提高月工资较低这部分流动人口的社会保险待遇。

表32 流动人口月工资与其社会保险待遇交叉分析卡方检验

项　　目	比较维度	Pearson 卡方	似然比卡方	线性相关卡方
养老保险	流出地	0.000	0.000	0.859
	流入地	0.000	0.000	0.371
医疗保险	流出地	0.000	0.000	0.525
	流入地	0.000	0.000	0.847
工伤保险	流出地	0.001	0.000	0.137
	流入地	0.002	0.002	0.863
失业保险	流出地	0.001	0.000	0.023
	流入地	0.020	0.016	0.189
生育保险	流出地	0.000	0.000	0.669
	流入地	0.000	0.000	1.000

第二节　流动人口社会保障制度不协调的原因

一、中央政府与地方政府委托—代理关系中地方政府存在道德风险

当一个委托人向一个代理人委派任务时，委托—代理关系就出现了。而代理制的出现则是由于存在劳动分工带来报酬递增的可能性，或是由于委托人没有时间或没有能力独自完成任务，或是由于委托人在面临复杂问题时受到了各种形式的有限理性约束。① 然而，从代理制存在的事实我们可以推知代理人有可能得到委托人无法获得的信息，代理人在拥有私人信息的情况下，可能会直接影响自己的工作表现，从而使委托—代理关系中存在着道德风险。构成委托—代理理论模型有以下三个要件：信息的非对称、契约关系、利益相互冲突。② 这三个要件实质上也是委托—代理关系中产生道德风险的要件。委托人和代理人之间存在契约关系意味着委托—代理模型要满足参与约束条件，满足参与约束是委托—代理关系中产生道德风险的基本前提。如果不满足参与约束条件，委托人和代理人之间就不会形成委托—代理关系，也就无从谈起后续可能产生的道德风险。委托人和代理人之间存在信息不对称是委托—代理关系中产生道德风险的外在条件，因为信息不对称是客观存在的现实世界运行的常态，在这种状态下，无论是提供契约的委托人还是强制执行契约的法律机关一般都无法控制这些不可观测的行为，从而为委托—代理关系中产生道德风险提供了可能性。委托人和代理人之间存在利益相互冲突意味着委托人和代理人目标函数不同，委托—代理模型不满足激

---

① ［法］让-雅克·拉丰、大卫·马赫蒂摩：《激励理论：委托—代理模型》，中国人民大学出版社 2002 年版，第 17 页。

② 高兴民：《人口流动与社会保障制度困境》，中国经济出版社 2012 年版，第 147 页。

励相容的约束条件，不满足激励相容约束条件为委托—代理关系中代理人产生道德风险以追求自身利益最大化提供了动力。

在流动人口社会保障制度协调事宜上，中央政府与地方政府之间委托—代理关系具备了一般委托—代理关系中代理人产生道德风险的全部要件。

首先，在流动人口社会保障制度协调事宜上，中央政府和地方政府之间存在契约关系。于行政主体而言，行政契约既是契约，也是行政行为，行政契约的成立要件应当包括缔约当事人是否存在要约和承诺的意思表示，以及意思表示是否达成一致。① 我国行政体制的组织结构形式属于直线职能制，中央政府是最高的行政机构，地方政府属于中央政府的派出机构，代表中央政府实施行政管理和提供公共服务。在流动人口社会保障制度协调事宜上，中央政府通常会向地方政府发出做好流动人口社会保障制度协调事宜的要约，地方政府作为派出机构也会承诺中央政府做好流动人口社会保障制度协调事宜，这一行政行为同时也通常涉及中央政府和地方政府之间相关事权和财权的划分和调整。这完全满足行政契约成立的要件，中央政府和地方政府之间形成事实的行政契约关系，这种契约关系要么以显性契约关系存在，要么以隐性契约关系存在。一句话，地方政府作为中央政府的代理机构，在中央政府要求其做好流动人口社会保障制度协调时，地方政府可以响应中央政府号召，满足中央政府与地方政府之间委托—代理关系中参与约束条件。

其次，在流动人口社会保障制度协调事宜上，中央政府和地方政府之间存在信息不对称。"私有信息"的存在导致"信息的不对称性"：一些人了解的情况比其他人的要多，有时候我们用"隐藏信息"或"隐蔽信息"这些术语来代替"私有信息"，以不对称信息泛称信息的不对称。② 信息不对称是社会生活的常态，人们对其行动处于一定的无知状态。"人们常为其知识的增长而自豪。然而，人们创造活动的结果却是，明确知识的局限性越来

---

① 施建辉：《论行政契约的生效要件》，《东南大学学报》（哲学社会科学版）2010 年第4 期。

② 王晓刚、王则柯：《信息经济学》，湖北人民出版社 2002 年版，第 15 页。

越大，因此会制约人们有意识行为的无知的范围也在不断扩大。……我们自然知识的增长，不断开拓着无知的新领域；而知识的增长使得我们创造的文明也日趋复杂，这也就为我们认知周围的世界设置了新的障碍。人类知道的愈多，人们掌握的知识在全部知识中所占的比例就愈小。文明程度愈高，个人对文明程度运作的认识程度便相应地愈低。正是人类知识中的这个部分使个人对其中大部分知识一无所知的状况有所加重。"① 在流动人口社会保障制度协调事宜上，中央政府负责制定有关流动人口社会保障制度协调的政策，地方政府负责实施有关流动人口社会保障制度协调的政策，中央政府作为委托人拥有的信息量较少，地方政府作为代理人对地方事务比中央政府更熟悉，从而拥有的信息量较多。中央政府在该事件中处于信息劣势，而地方政府在该事件中处于信息优势，二者之间存在着明显的信息不对称。

最后，在流动人口社会保障制度协调事宜上，中央政府和地方政府之间存在利益冲突。在经济政策的制定和执行过程中，中央政府与地方政府有着不同的利益，利益关系成为中央与地方关系的核心问题。② 中央政府通常从追求全国社会福利最大化的角度出发来制定流动人口社会保障制度协调的政策，而地方政府通常从追求地方福利最大化的角度出发来落实中央制定的流动人口社会保障制度协调政策。相应地，中央政府和地方政府在事关流动人口社会保障制度协调方面的政策目标差异最终会体现为中央政府和地方政府在财权和事权分配方面的利益差异。地方政府要利用地方财力来完成流动人口社会保障制度协调，而人口流动的多向性和地域范围已经超越了单个地方政府的行政管辖范围，地方政府没有动力用本地财力来实施对外地流动人口的社会保障。一言以蔽之，地方政府作为中央政府的代理机构，在中央政府要求其做好流动人口社会保障制度协调时，地方政府没有动力完全按照中央

① ［英］弗里德里希·奥古斯特·哈耶克：《自由宪章》，杨玉生、冯兴元、陈茅译，中国社会科学出版社 2012 年版，第 49—50 页。
② 欧阳日辉、吴春红：《基于利益关系的中央政府与地方政府关系》，《经济经纬》2008 年第 5 期。

政府要求行事，不满足中央政府与地方政府委托—代理关系中激励相容约束条件。

在流动人口社会保障制度协调事宜上，中央政府与地方政府委托—代理关系中地方政府实际产生了道德风险。当代理人的行动不可证实时，或者当合约关系启动后代理人得到了私人信息时，道德风险问题就存在了。① 中央政府从保障全体流动人口社会保障权益的角度出发制定全国性、原则性、指导性的流动人口社会保障政策，在考虑不同地区发展差异较大的情况下，授权地方政府制定适合于本地实际情况的具有区域性、具体性、可操作性的流动人口社会保障政策。在政策制定过程中，中央政府与地方政府委托—代理关系中激励相容约束条件不满足使地方政府有了诸多追求自身利益最大化的动力，这主要表现在地方政府在制定政策时对中央政府关于流动人口社会保障政策的变通上。比如，在城镇企业职工基本养老保险关系转移接续方面，国家于 2009 年颁布了《城镇企业职工基本养老保险关系转移接续暂行办法》（国办发［2009］66 号），规定参保缴费年限合并计算，统筹基金（单位缴费）按 12% 的总和转移，个人账户基金全额转移。但是在城镇企业职工基本养老保险关系转接中，一些地方政府制定的城镇企业职工基本养老保险转移接续政策通常不鼓励转出流动人口基本养老保险的个人账户基金和社会统筹基金，鼓励转入流动人口基本养老保险的个人账户基金和社会统筹基金，也尽量折算而不是合并计算转入流动人口基本养老保险缴费年限。还比如，在基本医疗保障关系转移接续中，人力资源和社会保障部于 2009 年颁布了《流动就业人员基本医疗保障关系转移接续暂行办法》（人社部发［2009］191 号），对流动就业人员基本医疗保障关系转移接续进行了若干规定："各地不得以户籍等原因设置参加障碍……建立个人账户的，个人账户原则上随其医疗保险关系转移划转，个人账户余额（包括个人缴费部分和单位缴费划

---

① ［西］因内思·马可-思达德勒、J. 大卫·佩雷斯-卡斯特里罗：《信息经济学引论：激励与合约》，中国人民大学出版社 2004 年版，第 5—6 页。

入部分）通过社会（医疗）保险经办机构转移。……参保（合）人员跨制度或跨统筹地区转移基本医疗保障关系的，原户籍所在地或原就业地社会（医疗）保险或新型农村合作医疗经办机构应在其办理中止参保（合）手续时为其出具参保（合）凭证，并保留其参保（合）信息，以备核查。"地方政府以人保部文件为蓝本纷纷出台了本地区的流动就业人员基本医疗保障关系转移接续的政策，对中央政府政策进行了变通。比如，南京市在流动人员基本医疗保障关系转移接续具体做法中仅有职工基本医疗保险制度的跨统筹区域转移接续，没有制度间的衔接，在个人账户方面不接收、不转出；福州市转入人员缴费 10 年后退休方可享受退休人员医疗保险待遇，设立"断保"等待期。[1] 地方政府制定以本地利益为导向的政策也就是没有很好地执行中央政府的政策。地方政府执行中央制度规定时过分的机会主义行为，显然违背了公共政策的精神实质和制定意图，也严重损害了中央政府所集中代表和体现的国家整体利益和社会普遍利益。[2] 本书的调查数据也证实了这一理论性的原因分析。通过对调查数据的多重响应分析，响应百分比为 11.1% 的受访者认为流动人口社会保障没有做得足够好的原因在于地方政府没有很好贯彻中央政府的政策。

二、不同地方政府之间的博弈存在囚犯困境

囚犯困境博弈是 1950 年图克（Tucker）提出的，是解释众多经济现象和经济效率问题的基本模型和范式。政府生态治理过程中地方政府核心行动者的意愿与行为将直接影响政府生态治理的政策走向与政策效能。[3] 中国地

---

① 仇雨临：《基本医疗保险关系转移接续路径研究——基于典型地区试点运行的实证调查》，中国经济出版社 2016 年版，第 52—58 页。

② 高兴民：《人口流动与社会保障制度困境》，中国经济出版社 2012 年版，第 152 页。

③ 金太军、沈承诚：《政府生态治理、地方政府核心行动者与政治锦标赛》，《南京社会科学》2012 年第 6 期。

方政府核心行动者之间以政治锦标赛的形式展开竞争,①② 是否有利于官员的晋升是地方政府核心行动者竞争的首要考虑。经济绩效、辖区民意等是决定一个官员晋升的主要因素,③ 当前的现实情况是经济绩效所占的权重更大,辖区民意所占的权重相对较小。流动人口社会保障制度建设仅仅是正向影响辖区民意的一个权重较小的指标,但同时由于负向影响经济绩效,而经济绩效通常又容易被观察到,所以地方政府间合作博弈难以实现,地方政府陷入不会主动实施关于流动人口社会保障制度协调机制的囚犯困境。

　　这里用一个简单的两个地方政府之间的竞争模型来说明地方政府关于流动人口社会保障制度建设博弈的囚犯困境。设有两个地方政府,一个是地方政府1,另一个是地方政府2,它们起初都实施流动人口社会保障制度。如果这两个地方政府的核心行动者都想更有效地实现晋升,那么就都有可能通过不实施流动人口社会保障制度建设以积淀更多的经济绩效。但是需要注意的是,当其中一个地方政府弱化流动人口社会保障制度建设引起另一个地方政府的报复时,这种目的就不一定能够达到。假设两个地方政府在原来"实施"流动人口社会保障制度的情况下,各自可以获得100亿元的经济绩效(经济绩效和晋升成正比);如果某个地方政府单独"不实施"流动人口社会保障制度,那么这个地方政府可以获得150亿元的经济绩效;此时另外一个地方政府因为实施了流动人口社会保障制度,多付出了经济利益,其经济绩效将下降到20亿元;如果另外一个地方政府也不实施流动人口社会保障制度,这两个地方政府都将只能得到70亿元的经济绩效。这个博弈问题可以用图1的得益矩阵来表示。

---

① 杨宝剑:《基于政治锦标赛制的地方官员竞争行为分析》,《经济与管理研究》2011年第9期。

② 曾凡军:《政治锦标赛体制下基层政府政策选择性执行及整体性治理救治》,《湖北行政学院学报》2013年第3期。

③ 刘剑雄:《中国的政治锦标赛竞争研究》,《公共管理学报》2008年第3期。

<table>
<tr><td></td><td colspan="2" align="center">地方政府2</td></tr>
<tr><td></td><td align="center">实施</td><td align="center">不实施</td></tr>
<tr><td rowspan="2">地方政府1   实施

不实施</td></tr>
</table>

	地方政府2	
	实施	不实施
实施	100, 100	20, 150
不实施	150, 20	70, 70

图1　两个地方政府之间博弈的囚犯困境

根据上述得益矩阵可以看出，两个地方政府不实施流动人口社会保障制度的竞争存在着博弈的囚犯困境。假设地方政府2采用"实施"流动人口社会保障制度的策略，那么地方政府1采用"实施"流动人口社会保障制度的策略后得到的经济绩效为100亿元，采用"不实施"流动人口社会保障制度的策略得到的经济绩效为150亿元，150亿元大于100亿元，地方政府1应该采用"不实施"流动人口社会保障制度的策略。假设地方政府2采用"不实施"流动人口社会保障制度的策略，那么地方政府1采用"实施"流动人口社会保障制度的策略后得到的经济绩效为20亿元，采用"不实施"流动人口社会保障制度的策略后得到的经济绩效为70亿元，70亿元大于20亿元，因此地方政府1也应该采用"不实施"流动人口社会保障制度的策略。用同样的方法分析地方政府2的情况，也可以知道不管地方政府1的策略是什么，地方政府2都应该采用"不实施"流动人口社会保障制度的策略。因此，这个博弈的最终结果一定是两个地方政府都采用"不实施"流动人口社会保障制度的策略，各得到70亿元的经济绩效。

由于本博弈是一个非合作博弈的问题，且博弈双方均肯定对方会按照个体行为理性原则决策，因此虽然双方采用"不实施"流动人口社会保障制度策略的均衡对两个博弈方来说都不是理想的结果，但因为博弈双方都无法信任对方，都必须防备对方利用自己的信任（如果有的话）谋取利益，所以博弈双方都会坚持采用"不实施"流动人口社会保障制度的策略，各自得到70亿元的经济绩效，各自得到100亿元经济绩效的结果是无法实现的。即使地方政府1和地方政府2的核心行动者都完全清楚上述利害关系和相应的效率意义也无法改变这种结局。因此不同地方政府是否实施流动人口社会保障制度博弈确实是一种囚犯困境式的博弈关系。囚犯困境博弈关系的存在在一定程度上否定了传统的经济理论关于市场经济"看不见的手"总会把个人的利己行为引致为对集体和社会有利行为的论断。不同地方政府在是否实施流动人口社会保障制度这个问题博弈中存在囚犯困境也表明，中央政府有必要对地方政府实施流动人口社会保障制度进行协调，对地方政府是否实施流动人口社会保障制度放任自流并不是导致全社会最大福利的有效政策。本书的调查数据也证实了这一理论性的原因分析。通过对调查数据的多重响应分析，响应百分比为13.1%的受访者认为流动人口社会保障没有做得足够好的原因在于不同地方政府之间互相推诿责任。

三、地方政府和当地用人单位间存在共谋

在存在多个博弈主体的多方博弈中，如果部分博弈方通过某种形式的共谋形成小团体，就有可能得到比在不共谋时更大的利益，那么这些博弈方就有很强的相互共谋的动机。纳什均衡在分析这样的博弈时通常会遇到问题，具有稳定性的策略组合也不是一般意义上的纳什均衡。

在关于流动人口社会保障制度建设博弈中把博弈主体简化为三个，分别是中央政府、地方政府和当地用人单位。在该博弈中，地方政府的核心行动者主要通过追求经济绩效来实现晋升最大化；当地用人单位主要通过尽可能少地使流动人口参保来控制成本进而实现利润最大化；中央政府通过考察地方政府的核心行动者来追求社会福利最大化。在该博弈中，中央政府有对地方政府核心行动者实施"晋升"或者"不晋升"两种策略选择，地方政府有对当地用人单位实施流动人口社会保障制度"监督"或者"不监督"两种策略选择，当地用人单位有"实施"或者"不实施"流动人口社会保障制度两种策略选择。相对于中央政府而言，地方政府和当地用人单位在关于流动社会保障制度建设问题方面存在共谋的共同利益。一方面，当地用人单

位通过尽量不实施或者少实施流动人口社会保障制度来减少成本，这样可以增加用人单位的利润；另一方面，不实施或者少实施流动人口社会保障制度有利于增加地方政府的财政收入，同时也减轻地方政府对于社会保障基金兜底的财政压力。我们通过图2这两个得益矩阵来说明这三方对流动人口社会保障制度建设的博弈情况。

当地用人单位

		实施	不实施
地方政府	监督	0，0，10	−5，−5，0
	不监督	−5，−5，0	1，1，−5

（中央政府—晋升）

当地用人单位

		实施	不实施
地方政府	监督	−2，−2，0	−5，−5，0
	不监督	−5，−5，0	−1，−1，5

（中央政府—不晋升）

图2 三方博弈中的共谋

在图2的两个得益矩阵表示的博弈中，不难发现，地方政府、当地用人单位和中央政府三方对流动人口社会保障制度建设的博弈有两个纯策略纳什均衡（监督、实施、晋升）和（不监督、不实施、不晋升），且前者帕累托优于后者，而且在风险上策的意义上前者也优于后者。如果博弈方各自独立决策和采取行动，不应该考虑部分博弈方存在串通一致行动的可能性，那么该博弈的结果应该是（监督、实施、晋升）。但是，如果我们考虑博弈方之间存在共谋的可能性，那么（监督、实施、晋升）的策略组合就并不一定是博弈的最终结果。因为如果中央政府选择"晋升"策略，则只要地方政府和当地用人单位达成一致行动的默契，分别采用"不监督"策略和"不实施"策略，地方政府和当地用人单位就可以获得 1 单位得益，大于（监督、实施、晋升）策略组合时得到的 0 单位得益。这意味着在流动人口社会保障制度建设这个博弈中，纳什均衡、帕累托上策均衡和风险上策均衡均不能解决这个问题，有必要用防共谋均衡的概念来分析这个问题。博弈论通常把防共谋均衡定义为：没有任何单个博弈方的"串谋"会改变博弈的结果，即单独改变策略无利可图；给定选择偏离的博弈方有再次偏离的自由时，没有任何两个博弈方的串通会改变博弈的结果；依次类推，直到所有博弈方都参加串通也不会改变博弈的结果。[①] 可见，防共谋均衡是指在非合作博弈环境中博弈方可以自由地讨论他们的策略但是不能够有效地约束承诺。它强调对于自我实施偏离的免疫性。当纳什均衡中的最优反应特性对于自我实施必要时，如果博弈方可以联合起来偏离纳什均衡且共同获益时，这一最优反应特性并不是充分的。

在引入防共谋均衡概念后，就很容易得知地方政府、当地用人单位、中央政府在流动人口社会保障制度建设博弈中采取的（监督、实施、晋升）策略组合不是防共谋均衡，因为这个策略组合在受到地方政府和当地用人单位二者串通行为的威胁时是不稳定的。与此相反，虽然地方政府、当地用人单位、中央政府在流动人口社会保障制度建设博弈中采取的（不监督、不实施、不晋升）策略组合与（监督、实施、晋升）策略组合相比不是帕累托上策均衡，但它却是防共谋均衡。因为在给定偏离者还可以继续偏离的约束条件时，无论是地方政府、当地用人单位、中央政府这三方中的任何一方偏离，还是地方政府、当地用人单位、中央政府这三方中的任何两方联合偏离，或者是地方政府、当地用人单位、中央政府这三方的联合偏离，都不能增加他们的得益。因此，在不能排除串通可能性的情况下，地方政府、当地用人单位、中央政府在流动人口社会保障制度建设博弈中采取的（不监督、

[①]　谢识予：《经济博弈论》，复旦大学出版社 2002 年版，第 118—119 页。

不实施、不晋升）策略组合比（监督、实施、晋升）策略组合更稳定，更可能是博弈的结果。由于（不监督、不实施、不晋升）策略组合在帕累托效率意义上明显比（监督、实施、晋升）策略组合差，因此地方政府、当地用人单位、中央政府在流动人口社会保障制度建设博弈中面临着更复杂的囚犯困境问题。本书的调查数据也证实了这一理论性的原因分析。通过对调查数据的多重响应分析，响应百分比为 14.6% 的受访者认为流动人口社会保障没有做得足够好的原因在于某些用人单位和地方政府关系好，地方政府对某些没有对员工依法提供社保的用人单位督促、监督不够。

四、用人单位与流动人口博弈中流动人口处于劣势

中国对于就业人口社会保障制度实施单位制。用人单位不仅需要对就业人口缴纳相关社会保障费，同时是就业人口参加相关社会保障的最基本平台，就业人口自身缴纳社会保障相关费用通过用人单位直接扣缴。因此，用人单位和流动就业人口是流动人口社会保障制度建设中最重要的两个参与主体，是流动人口社会保障制度建设最重要的两个博弈方。企业家群体属于强势利益集团，而流动人口则属于弱势利益集团。① 由于流动人口势单力薄，单个或者少数流动人口通常难以与用人单位这样一个组织进行有效性对抗，流动人口常常在社会保障维权过程中处于劣势地位，用人单位处于强势地位，相当一部分用人单位往往选择不对流动人口实施社会保障制度。这种现象可以用不对称懦夫博弈（Chicken Game，有人把懦夫博弈称为斗鸡博弈）模型进行解释。

首先来分析懦夫博弈为对称博弈时的情况。用人单位的目标是利润最大化，在实施流动人口社会保障制度博弈中有两种策略选择，即"强硬"或者"软弱"；流动人口出于自身利益最大化的考量，也有两种策略选择，即根据用人单位实施流动人口社会保障制度的策略选择"强硬"或者"软弱"。对

---

① 高兴民：《人口流动与社会保障制度困境》，中国经济出版社 2012 年版，第 162 页。

用人单位来说，"强硬"策略意味着不实施或者尽量少实施流动人口社会保障制度，即使在流动人口采取各种"强硬"策略比如申请调解、仲裁、提起上诉、静坐、请愿、集体上访等情况下也在所不惜；"软弱"则意味着在流动人口采取各种"强硬"策略的情况下不得已选择尽量多实施或者全面实施流动人口社会保障制度。对流动人口来说，"强硬"策略意味着通过多种手段不惜一切代价争取让用人单位实施流动人口社会保障制度，"软弱"策略意味着流动人口仅仅对用人单位"强硬"策略听之任之，采取忍受或者默认的行为。我们可以用图3的得益矩阵来说明用人单位和流动人口之间关于社会保障制度的博弈情况。

流动人口

		软弱	强硬
用人单位	软弱	2，2	1，3
	强硬	3，1	0，0

图3　用人单位与流动人口之间的对称懦夫博弈

如图3所示，在这一懦夫博弈中存在两个纳什均衡，一个纳什均衡是用人单位和流动人口分别选择（强硬、软弱）策略组合，其对应的收益是（3，1）；另外一个纳什均衡是用人单位和流动人口分别选择（软弱、强硬）策略组合，其对应的收益是（1，3）。由于存在两个纳什均衡，那么现实中究竟由谁来选择强硬策略，谁来选择软弱策略呢？通常是大胆地不太顾忌利益得失的博弈方选择强硬策略，而胆小且对利益得失有所顾忌的博弈方选择软弱策略。因为当一方大胆地不太顾忌利益得失选择强硬策略时，另一方发现同样大胆地不太顾忌利益得失选择强硬策略会使收益为0。狭路相逢勇者胜，这是对称性懦夫博弈的本质。那么，用人单位或者流动人口都有可能采取强硬策略从而迫使对方实施软弱策略。但现实情况是流动人口通常没有能够采取强硬策略迫使用人单位对流动人口的社会保障实施软弱策略。可见对称性懦夫博弈不能很好地解释用人单位和流动人口博弈中流动人口社会保障制度

中国流动人口社会保障制度协调机制研究

发展状况较差的现实。

需要用不对称懦夫博弈模型对用人单位和流动人口博弈中流动人口社会保障制度发展较差的现实情况进行更好的解释。博弈双方的实力如果不对称，则对称性懦夫博弈的得益矩阵也会发生相应的改变，从而会使博弈的结果发生改变。我们用图 4 的得益矩阵来说明用人单位和流动人口之间关于社会保障制度的不对称懦夫博弈情况。一如前述，由于用人单位强势而流动人口弱势，如果用人单位和流动人口在有关流动人口社会保障制度博弈中均选择"强硬"策略，则处于弱势的流动人口损失较大，收益是 0，而处于强势的用人单位损失较小，收益为 1.5，大于 0。这改变了得益矩阵，使得用人单位选择"强硬"策略，而流动人口选择"软弱"策略成为唯一的纳什均衡，其对应的收益是（3，1）。

流动人口

		软弱	强硬
	软弱	2, 2	1, 3
用人单位	强硬	3, 1	1.5, 0

图 4　用人单位与流动人口之间的不对称懦夫博弈

可见，相对于对称懦夫博弈而言，这种实力不对称的懦夫博弈引起了两个方面的改变：第一，流动人口实施强硬策略的可信度下降，其实施强硬策略无法对博弈结果产生真正影响。第二，用人单位与流动人口博弈中的实力不对称改变了双方的收益，从而改变了博弈结果。如前文所述，在关于流动人口社会保障制度建设问题上，地方政府和当地用人单位间存在共谋应该是造成这种不对称懦夫博弈纳什均衡的最主要原因。本书的调查数据也证实了这一理论性的原因分析。调查数据显示，受访的流动人口中有 6.6% 的流动人口没有签订劳动合同。流动人口处于劣势至少是导致其没有与用人单位签订劳动合同的一个原因，没有签订劳动合同继而又使流动人口与用人单位在关于社会保障的博弈中处于劣势。调查数据显示，"没有签订劳动合同"的流动人口有97.1%没有参加住房公积金制度，20%没有参加任何社会保险项目，没有参保的比例远远高于与用人单位签订了劳动合同的流动人口没有参加相应社会保障项目的比例。通过对调查数据的多重响应分析，响应百分比为17.0%的受访者认为流动人口社会保障没有做得足够好的原因在于流动人口力量势单力薄，没有足够的对抗性力量让用人单位依法提供社保。

五、低效率制度均衡陷阱的路径依赖

美国经济史学家David首先提出了路径依赖的概念，[①] 指出由于递增报酬和偶然事件的影响，没有效率的技术可能流行。Arthur指出技术的市场份额依赖递增报酬所导致锁定的历史事件而非对技术的偏好和技术的可能性。[②] North首次把技术领域的路径依赖引入了制度变迁研究。[③] 路径依赖理论强调时间和历史在分析社会经济演化过程方面的重要作用，认为经济系统敏感地依赖初始条件。[④] 道格拉斯·C. 诺思指出："路径依赖（path dependence）——一些微小事件的结果以及机会环境能决定结局，并且，结局一旦出现，便会产生一条特定的路径。……路径依赖在概念上缩小了选择的范围，并且将不同时期的决策联结在一起。这并不是一个结局前定的故事——在其中，过去总是准确地预测着未来。……路径依赖意味着历史是重要的。不去追溯制度的渐进性演化过程，我们就无法理解今日的选择（以及

---

①　David, P. A., Clio and the economics of QWERTY. *American Economic Review*, 75（2），1985，pp. 332-337.

②　Arthur, W. B., Competing technologies, increasing returns, and lock-in by historical e-vents. *Economic Journal*, 99（3），1989，pp. 116-131.

③　[美] 道格拉斯·C. 诺思：《制度、制度变迁与经济绩效》，杭行译，格致出版社、上海三联书店、上海人民出版社2014年版，第87—97页。

④　尹贻梅、刘志高、刘卫东：《路径依赖理论研究进展评析》，《外国经济与管理》2011年第8期。

界定其在解释经济绩效的模型中的地位）。"① 路径依赖理论也强调心智模式对低绩效制度长期驻存的影响。道格拉斯·C. 诺思指出："在一个制度报酬递增的动态世界里，行为人的不完美的或笨拙的努力所反映出来的是：以现有的心智构建（mental constructs）——观念、理论和意识形态——来辨识复杂的环境是多么的困难。"② 诺思的路径依赖说到底是人们的信念在发挥作用，是信念变成制度，然后由这种制度来推动社会其他方面的发展，包括经济的发展。③ 路径依赖理论强调了制度变迁初始条件的重要性。在诺思之后，格雷夫运用子博弈精炼均衡概念解释了文化信仰在实际中决定了制度变迁的路径依赖。格雷夫认为特定制度博弈均衡受到参与者预期的影响，参与者的预期则来源他自身的文化信仰，而参与者的文化信仰又是在以往的制度博弈过程中逐渐形成的，受到历史、社会和政治因素的影响，文化信仰就这样在不同历史阶段上的制度博弈和均衡之间建立了内在的联系。④ 总之，路径依赖理论强调了初始条件、历史积淀、文化观念在制度变迁中起着关键作用。

中国流动人口社会保障制度低效率均衡陷阱的路径依赖同样可以从初始条件、历史积累以及文化信仰这三个方面找主要原因。也就是说，可以从这三个方面找寻流动人口社会保障制度低效率均衡的锁定状态。

首先，流动人口社会保障制度缺乏高效运行的初始条件。中国现行的社会保障制度改革起始于20世纪90年代，其基本框架初步形成于2011年。在这一过程中，国家逐步建立了住房公积金制度、城镇企业职工基本养老保险制度、城镇职工基本医疗保险制度、失业保险制度、城市居民最低生活保障制度、农村居民最低生活保障制度、新型农村合作医疗制度、城镇居民基本医疗保险制度、新型农村社会养老保险制度、城镇居民社会养老保险制度。

---

① ［美］道格拉斯·C. 诺思：《制度、制度变迁与经济绩效》，杭行译，格致出版社、上海三联书店、上海人民出版社 2014 年版，第 111—118 页。

② ［美］道格拉斯·C. 诺思：《制度、制度变迁与经济绩效》，杭行译，格致出版社、上海三联书店、上海人民出版社 2014 年版，第 113 页。

③ 刘旺：《诺思制度变迁的路径依赖理论新发展》，《经济评论》2006 年第 2 期。

④ 赵祥：《新制度主义路径依赖理论的发展》，《人文杂志》2004 年第 6 期。

可见，在中国现行的社会保障制度改革初期，社会保障制度建设主要聚焦于如何对在正规部门就业的职工实施新型社会保障项目，如何尽快搭建适应社会主义市场经济体制的新型社会保障体系，如何尽快地扩大社会保障项目的覆盖面，基本上没有认真考虑流动人口社会保障制度建设，即使在这一时期出台的专门社会保障项目也没有考虑如何适应人口流动日益强化的趋势。初始条件忽视流动人口社会保障制度建设使社会保障制度在后续变迁过程中通过自我强化机制锁定在原有路径上。本书的调查数据也证实了这一理论性的原因分析。通过对调查数据的多重响应分析，响应百分比为16.1%的受访者认为，流动人口社会保障没有做得足够好的原因在于，社会保障制度整体效率不高，自身漏洞较多。

其次，流动人口社会保障制度缺乏高效运行的历史积淀。最近几年我国相继出台了一些有助于推进流动人口社会保障制度协调的文件。比如，2009年国务院颁布了《城镇企业职工基本养老保险关系转移接续暂行办法》，2010年人力资源和社会保障部颁布了《关于印发城镇企业职工基本养老保险关系转移接续若干具体问题意见的通知》，2016年人力资源和社会保障部颁布了《关于城镇企业职工基本养老保险关系转移接续若干问题的通知》，2009年人力资源和社会保障部联合财政部下发了《流动就业人员基本医疗保障关系转移接续暂行办法》，2014年人力资源和社会保障部、财政部、国家卫生计生委联合发布《关于进一步做好基本医疗保险异地就医医疗费用结算工作的指导意见》，2017年人力资源和社会保障部联合财政部下发了《关于规范跨省异地就医住院费用直接结算有关事项的通知》，2014年颁布了《国务院关于建立统一的城乡居民基本养老保险制度的意见》，2016年颁布了《国务院关于整合城乡居民基本医疗保险制度的意见》。但是，不利于流动人口社会保障制度协调的历史因素众多。比如，长久以来，我国地方政府核心行动者在晋升过程中更看重经济绩效而轻视包括流动人口在内的弱势群体的利益、区域之间经济发展不平衡导致流动人口流入地过于聚集、工业社会线性就业思维模式迟滞了流动人口社会保障制度供给。这些历史因素客观上增加了流动人口社会保障制度协调的成本，使流动人口社会保障制度协调表现出历史的路径依赖。本书的调查数据也证实了这一理论性的原因分析。比如，通过对调查数据的多重响应分析，响应百分比为 12.2% 的受访者认为流动人口社会保障没有做得足够好的原因是由于地区经济发展不均衡。

最后，流动人口社会保障制度缺乏高效运行的文化观念。儒家文化在中国传统文化中占据主导地位，对中国人的文化观念有长期而深远的影响，而儒家文化有着强烈的等级观念，轻视底层百姓。比如，《论语·子路》中记载："樊迟请学稼。子曰：'吾不如老农。'请学为圃。子曰：'吾不如老圃。'樊迟出。子曰：'小人哉，樊迟也！'"《论语·泰伯》中记载："子曰：'民可使由之，不可使知之。'"流动人口相对处于弱势地位。受传统文化等级观念的影响，制度供给主体和需求主体没有成为积极寻求流动人口社会保障制度变迁和协调的初级行动团体和次级行动团体，从而使流动人口社会保障制度变迁和协调出现低效率均衡的路径依赖。本书的调查数据也证实了这一理论性的原因分析。通过对调查数据的多重响应分析，响应百分比为 15.9% 的受访者认为流动人口社会保障没有做得足够好的原因是由于流动人口社保意识淡薄。

第三章　中国流动人口社会保障制度
不协调的社会经济影响

前文分析表明，中央政府与地方政府委托—代理关系中地方政府存在道德风险、不同地方政府之间的博弈存在囚犯困境、地方政府和当地用人单位间存在共谋、用人单位和流动人口博弈中流动人口处于劣势、低效率制度均衡陷阱的路径依赖这些原因共同造成了流动人口社会保障制度参保率不高、转移接续难、保障水平偏低这些不协调问题。流动人口社会保障制度不协调将会对诸如流动人口社会保障权益、劳动力自由流动、以人为核心的城镇化进程、社会危机管理产生负面影响。全面分析流动人口社会保障制度不协调对这些方面的负面影响有助于更好地认识推进流动人口社会保障制度协调机制建设的重要性和迫切性。

第一节　对流动人口社会保障权益的影响

一、 流动人口社会保障制度不协调威胁流动人口生存权的实现

生存权是首要的、最基本的人权。"所谓生存权，简单地说，就是生命

安全和生存条件获得保障的权利。也就是说，依法享有生命不得非法剥夺和侵害的权利，以及享有生命得以正常延续的生活条件的权利。一般来说，生存权包含两方面的内容：一是生命权，以及相关的人身安全权；二是生命延续权，人们正常生存应当具备的基本生存条件和物质保障。"①《世界人权宣言》《经济、社会及文化权利国际公约》《公民权利和政治权利国际公约》被称作国际人权宪章，是国际人权领域最重要的文书。这三个文书中均有明确的关于生存权的条款。比如，1948 年 12 月 10 日，联合国大会通过的《世界人权宣言》第 3 条规定："人人有权享有生命、自由和人身安全。"其第 25 条第 1 款规定："人人有权享受为维持他本人和家属的健康和福利所需的生活水准，包括食物、衣着、住房、医疗和必要的社会服务；在遭到失业、疾病、残废、守寡、衰老或在其他不能控制的情况下丧失谋生能力时，有权享受保障。"1966 年 12 月 16 日联合国大会通过的《经济、社会及文化权利国际公约》第 11 条第 1 款规定："本公约缔约各国承认人人有权为他自己和家庭获得相当的生活水准，包括足够的食物、衣着和住房，并能不断改进生活条件。"1966 年 12 月 16 日联合国大会通过的《公民权利和政治权利国际公约》第 6 条第 1 款规定："人人有固有的生命权。这个权利应受法律保护。不得任意剥夺任何人的生命。"中国政府在 1991 年发布的《中国的人权状况》白皮书中首次提出了"生存权是中国人民长期争取的首要人权"，并且在此后许多年份发布的《中国的人权状况》白皮书中依然坚持这一基本论断。生存权成为首要的和最基本人权的原因在于生存权是其他一切权利的基础。没有生存权，其他一切权利就丧失了赖以存在的基础，其他公民权利、政治权利以及社会权利均无从谈起。

社会保障是维护国民基本生存权的重要手段。社会保障权所体现的社会内容（社会关系）与个人的生存、发展、地位直接相关，不可剥夺、转让、规避。②

---

① 陆德生：《简论生存权和发展权是首要的基本人权》，《安徽行政学院学报》2013 年第 2 期。
② 张姝：《从应然权利到现实权利：社会保障权实现机制》，《人文杂志》2013 年第 6 期。

实际上，社会保障制度正是发端于维护人们生存权的贫困救济事业。民间慈善、宗教慈善、社会互助以及官办济贫这四种早期社会保障形式均以贫困救济或者减轻贫困为最主要目标。民间慈善以贫困救济为最主要目标。例如，在1657年，美国波士顿就出现了民间的苏格兰人慈善协会，由居住在波士顿市的27位苏格兰人组成，开展多种济贫活动。[①] 比如，在中国唐代，"魏州饥荒，父子相食。张万福不忍乡间蒙此灾厄，便与兄长商议，'将米百车馕之'"[②]。宗教慈善以贫困救济为最主要目标。在欧洲历史上，慈善曾是社会保障的代名词，而宗教则是慈善之母。[③] 比如，作为对穷人的救助行为，慈善居于基督教思想的核心，[④] 专业社会工作的核心原则、系统方法与分析问题理路直接形成于基督教公益慈善过程。[⑤] 还比如，在中国宋朝以后，佛教慈善事业涵盖了包括养老院、孤儿院、养病院，以及救灾、济贫、收容难民等慈善组织。古代山西佛教界人士旱时祈雨，灾时布施，难时禳福，积极参与开展各种慈善活动。[⑥] 社会互助以贫困救济为最主要目标。比如，十八九世纪英国"友谊会"对其成员提供广泛价廉质高的社会救助与福利服务，[⑦] 最大限度地减轻人生过程中因贫困、疾病、年老、死亡等原因带来的生存威胁。[⑧] 中国清朝漕运水手结成青帮以共济谋生，患难与共，帮丧助婚，济贫扶危。[⑨] 官办济贫以贫困救济为最主要目标。英国最早的官办济贫事业

① 贾洪波：《社会保障概论》，南开大学出版社2014年版，第18页。

② 周秋光、曾桂林：《中国慈善简史》，人民出版社2006年版，第91—92页。

③ 郑功成：《当代社会保障发展的历史观与全球视野》，《经济学动态》2011年第12期。

④ 毕素华：《论基督教的慈善观》，《南京社会科学》2006年第12期。

⑤ 卢成仁：《社会工作的源起与基督教公益慈善——以方法和视角的形成为中心》，《华东理工大学学报》（社会科学版）2013年第1期。

⑥ 史政坤：《古代山西佛教慈善状况及其基本特征》，《山西社会主义学院学报》2013第4期。

⑦ 闵凡祥：《互助的政治意义：英国现代社会福利制度建构过程中的友谊会》，《求是学刊》2016年第1期。

⑧ 闵凡祥：《18—19世纪英国"友谊会"运动述论》，《史学月刊》2006年第8期。

⑨ 闵凡祥、周慧：《国家政策差异与民间互助组织命运——以中国清帮和英国友谊会为例》，《经济社会史评论》2011年第1期。

可以追溯到1601年英国颁布的《伊丽莎白济贫法》。《伊丽莎白济贫法》规定："父母有义务抚养子女，晚辈也有责任赡养他们贫穷的长辈，政府有责任对没有工作能力的贫困者提供帮助，保障穷人的最低生活水平，政府也有义务帮助贫穷的孩子去做学徒，并给身体健全者提供工作。法令还规定，用于向贫民提供救济的基金以每户固定缴纳的税款为主，那些不依法缴纳济贫税者将遭受牢狱之灾。"① 中国早期的官方济贫制度也有很大发展。中国的灾害救助已经存在了三千多年，现金援助、实物援助与以工代赈是历代统治者一直奉行的三大救灾方略。中国的优抚制度在周武王伐纣时就产生了，供养孤寡老幼的福利性措施亦源远流长，历史上应对灾荒的仓储后备更是具有积极意义的社会保障措施。例如，中国在春秋时期就形成了救济灾民的一系列措施，如赈济、调粟、放贷（国家放贷支持恢复生产）、养恤（施粥、居养）、蠲缓（减轻灾民的租赋和力役），历经数千年，直至清代，不断发展完善。再如，在汉代，就出现了由政府建立的"常平仓"，进行平粜赈济灾民，从此确立了古代仓廪制度。北齐时开始出现义仓，到隋朝建立起一套义仓粮入库、储蓄、管理和赈济制度。到了唐宋时期，义仓和常平仓的仓廪制度有了较大发展，宋代还设惠民仓。在清代，州、县设常平仓，市、镇设义仓，乡村设社仓，而且还根据各地人口数量、繁荣程度等确定粮食储备数量，地方政府必须按照规定足额储备粮食。② "此外，在中国，历朝历代封建政府都采取了一些对老弱贫病群体救济与养护的措施。春秋战国时期就有了使鳏寡孤独废疾者皆有所养的仁政。之后，从唐代的悲田养病坊，南北朝时期的六疾馆和孤独园，到宋朝的福田院、居养院、安济坊、举子仓和慈幼局，再到明清时期的养济院（堂），都是政府举办的救济收养贫困、鳏寡孤独、病残者的济贫机构，为贫苦无依者提供基本生活保障。"③ 现代社会保障制度也通过各种形式的社会保障制度来化解社会成员面临的生存风险，从

---

① 丁建定：《西方国家社会保障制度史》，高等教育出版社2010年版，第122页。
② 周秋光、曾桂林：《中国慈善简史》，人民出版社2006年版，第140—192页。
③ 高灵芝：《社会保障概论》，山东人民出版社2011年版，第40—41页。

而起到减轻贫困的作用。总之，贫困救济即实现任何人或者家庭的生活水平高于最低生活标准是福利国家的目标之一。① 一如前述，有些项目（如社会救助）以及有些项目的部分社会保障待遇（如中国基本养老金项目中基础养老金部分）是用来保障人们生存所必要的、起码的、最低的权利，因而直接起到了缓解贫困的作用，成为维护国民基本生存权的重要手段。

流动人口社会保障制度不协调威胁到流动人口生存权的实现。部分流动人口本来生活质量不高，社会保障制度不协调使其生活更加窘迫，面临着较高的贫困发生率。比如，尹海洁、黄文岩研究表明，哈尔滨市流动人口贫困层的贫困程度较城市贫困人口更加严重，是绝对贫困和生存性贫困。对流动人口生存权影响最大、最直接的是住房保障和医疗保障项目。城镇住房救助制度有很高的户籍壁垒，同时还受到收入状况、居住年限等条件限制，这使相当一部分乡—城流动人口难以申请到城镇住房救助制度。② 国家人口计生委流动人口服务管理司调查数据显示，超过半数流动人口家庭人均居住面积在 10 平方米及以下，21.3%的流动人口家庭人均居住面积在 5 平方米及以下，37.6%的农业流动人口居住在平房。③ 程福财调查显示，上海 0—3 岁流动儿童中有 19.7%的家庭居住面积不到 10 平方米，43.3%的家庭居住面积在 10—20 平方米之间，有将近 10%的流动儿童家庭选择与人合租一套，甚或一间房子居住，住房条件非常简陋，42.9%的流动儿童家庭没有独立的卫生设施。医疗保障制度实施属地化管理，户籍制度同样会影响流动人口医疗保障权益的兑现。④ 流动人口医疗保障制度不协调极大地危及部分流动人口

---

① ［英］尼古拉斯·巴尔：《福利国家经济学》，郑秉文、穆怀中等译，中国劳动社会保障出版社 2003 年版，第 8 页。

② 尹海洁、黄文岩：《城市流动人口的生存状况及贫困特征》，《哈尔滨工业大学学报》（社会科学版）2010 年第 1 期。

③ 国家人口计生委流动人口服务管理司：《中国流动人口生存发展状况报告——基于重点地区流动人口监测试点调查》，《人口研究》2010 年第 1 期。

④ 程福财：《最年幼的流动人口：对上海 0—3 岁流动儿童生存状况的调查》，《当代青年研究》2011 年第 9 期。

的基本医药费用支出安全。张亚辉、杨圣敏、汤文霞对在京维吾尔族流动人口的生存状况进行个案调查时引用受访者的话语："看病很困难，两年前我有个 2 岁的孩子在北京生病了，去医院检查是肺结核。因没钱看病带孩子回老家，没过多久孩子就没了。"① 因为灾难性医药卫生费用支出而陷入贫困的流动人口更不在少数。社会保障的目的是化解被保障对象所面临的各种社会风险以保障其基本经济生活安全。流动人口社会保障制度参保率不高、转移接续难、保障水平偏低这些不协调问题弱化了社会保障化解社会风险的能力，尤其使部分流动人口游离于社会救助制度之外，从而违背了社会保障制度的目的，直接或者间接地威胁到了流动人口生存权的实现。

二、流动人口社会保障制度不协调阻碍流动人口发展权的实现

发展权也是首要的、最基本的人权。人的最高需求是自我价值实现，而自我价值实现以人获得充分的发展为前提。人权的作用和目的不仅在于使人获得权利，而且在于使人明确自我实现的目标和获得自我实现的手段。"只有'通过社会生产，不仅可能保证一切社会成员有富足的和一天比一天充裕的物质生活，而且还可能保证他们的体力和智力获得充分的自由的发展和运用'，只有从那时起，人们才能真正享有充分而广泛的人权。"② 发展权是一项普遍的、不可剥夺的基本人权，它是指个体和集体基于持续而全面的发展需要而获取的发展机会均等和发展利益共享的权利，它包括经济权利、社会权利、文化权利与公民权利和政治权利，其目的是在全体人民和所有个人积极、自由和有意义地参与发展及其带来的利益公平分配的基础上，不断改善全体人民和所有个人的福利。③ 坚持发展权是首要的、最基本人权的观点其实与人们面临的多重风险有密切关系。现代社会人们面临着外部风险

---

① 张亚辉、杨圣敏、汤文霞：《在京维吾尔族流动人口生存状况的调查与思考》，《中央民族大学学报》（哲学社会科学版）2016 年第 4 期。

② 熊万鹏：《人权的哲学基础》，商务印书馆 2013 年版，第 224 页。

③ 曹绪红：《发展权视角下的农民工社会保障》，《农村经济》2009 年第 12 期。

（external risk）和人为风险（manufactured risk）的双重挑战。外部风险是"来自外部的，因为传统或自然的不确定性和固定性所带来的风险"①。人为风险指"我们在以一种反思的方式组织起来的行动框架中要积极面对的风险"，② 是"由我们不断发展的知识对这个世界的影响所产生的风险，是指我们在没有多少历史经验的情况下所产生的风险"③。现代性的后果使人为风险大大增加，诸如高风险意义上风险的全球化、突发事件不断增长意义上的风险的全球化、来自人工化环境或社会化自然的风险、影响着千百万人生活机会的制度化风险环境的发展、风险意识本身作为风险、分布趋于均匀的风险意识、对专业知识局限性的意识这些被人造出来的新型风险真的会令人生畏，④ 同时现代性外部风险依然存在。双重风险同时存在对人类社会的发展带来了全方位挑战，这至少从风险管理理论的视角解释了发展权是首要的、最基本人权的原因。全球化使中国的发展离不开世界，世界的发展需要中国，中国国民发展权也面临着双重风险的挑战。中国仍处于并将长期处于社会主义初级阶段的基本国情没有变，是世界最大发展中国家的国际地位没有变，人民日益增长的美好生活需要和不平衡不充分的发展之间的矛盾是社会的主要矛盾。根据中国处于社会主义初级发展阶段的现实，中国政府提出，将生存权和发展权置于人权事业发展的首要位置，⑤ 这是中国特色社会主义人权原则的根本出发点。⑥《国家人权行动计划（2016—2020）》指出："坚持以人民为中心的发展思想，把保障人民的生存权和发展权放在首位，

① ［英］安东尼·吉登斯：《失控的世界：全球化如何塑造我们的生活》，周红云译，江西人民出版社2001年版，第22页。
② ［英］安东尼·吉登斯：《超越左右——激进政治的未来》，李惠斌、杨雪冬译，社会科学文献出版社2003年版，第157页。
③ ［英］安东尼·吉登斯：《失控的世界：全球化如何塑造我们的生活》，周红云译，江西人民出版社2001年版，第22页。
④ ［英］安东尼·吉登斯：《现代性的后果》，田禾译，译林出版社2011年版，第109—110页。
⑤ 常健：《当代中国人权保障》，中国人民大学出版社2013年版，第2页。
⑥ 鲜开林：《中国特色社会主义人权理论体系研究》，人民出版社2014年版，第158页。

将增进人民福祉、促进人的全面发展作为人权事业发展的出发点和落脚点，维护社会公平正义，在实现中华民族伟大复兴中国梦的征程中，使全体人民的各项权利得到更高水平的保障。"

社会保障是维护国民基本发展权的重要手段。社会保障属于公民的社会权利，是公民身份的有机组成部分，是公民身份中最重要的权利部分。[①]"自主性、福利和自由它们可以被认为构成了最高层次的人权的一个三元组合。……与流行概念相反，福利权并不是 20 世纪的发明，而是在人们所要求的第一批权利中就出现了。……既然单纯的生存（让身体和灵魂保持在一起）过于单薄，不足以确保规范能动性，难道人权不也应该保证作为规范行动者也需要的闲暇、教育以及了解其他人的思想的渠道吗？……某些形式的福利从经验的角度来看是自主性和自由的必要条件，但也有一些形式的福利是逻辑上必要的：当我们说一个人具有自由和自主性的权利时，我们也是在说，他至少享有那些形式的福利。"[②] 一个人的自由和自主性权利实质上就是一个人的发展权。作为福利的社会保障通过保护国民的自由和自主性而成为维护国民基本发展权的重要手段。首先，社会保障通过直接保护参保者的权益来维护参保者的基本发展权。生存是发展的基础。部分社会保障项目保护了被保障对象的生存权，为这些被保障对象进一步发展奠定了基础和提供了可能。从这种逻辑上讲，社会保障维护国民的生存权就是在维护国民的发展权。除了这些用于维护国民生存的保障内容外，社会保障还包括诸多促进国民发展的保障项目，这在现代社会保障制度中尤其明显。现代社会保障制度以社会保险为核心，而社会保险通常是一种收入关联型社会保障制度，对于有一定缴费能力的人群实施，这超越了以维护生存为目标的社会救助项目，其主要目的在于通过分散风险来维护参保者的基本发展权。比如，养老

---

① ［英］T. H. 马歇尔、安东尼·吉登斯：《公民身份与社会阶级》，郭忠华、刘训练译，凤凰出版传媒集团、江苏人民出版社 2008 年版，第 3—60 页。

② ［英］詹姆斯·格里芬：《论人权》，徐向东、刘明译，译林出版社 2015 年版，第179—217 页。

保险制度有助于解除人们对于老年收入下降的担忧而更专心地投入工作；医疗保险制度有助于促进国民健康水平的改善；失业保险有助于减轻人们对于失业的担心，从而有助于促进人力资源优化配置，提高人力资源边际效率；工伤保险有助于预防职业病和促进工伤事故受害者及时康复；生育保险有助于帮助产妇及时康复和提高人口再生产的质量；住房公积金制度一定程度上降低了购房者的经济负担，改善了国民的居住条件。发展是前进的、上升的运动过程。更专心投入工作、改善健康水平、提高人力资源边际效率、预防职业病和及时康复、提高人口再生产质量、改善居住条件这些要素本身就是国民发展的必要组成部分和具体体现，社会保险制度实现了促进参保者发展和维护参保者发展权的统一。其次，社会保障通过间接保护市场经济体制平稳运行而维护国民的基本发展权。人类社会发展是不平衡与平衡之间交替进行的一个动态运动过程。在这一过程中，市场经济体制是动力机制，社会保障体制是稳定机制。社会保障与市场经济之间存在着紧密的联系，社会保障是促进市场经济发展的重要因素，而市场经济对社会保障发展具有推动作用，①② 这两大机制之间相互作用来促进人类社会的进步。市场经济体制下经济发展的周期性和波动性对国民生活带来了不稳定性，这需要社会保障体制化解这种不稳定性，帮助国民在经济状况下行时渡过难关。由此，市场经济体制中的价格机制、竞争机制和供求机制才可以更充分地发挥作用，从而创造更多的国民财富。国民财富是国民发展的基础，更多的国民财富有助于国民更好的发展。社会保障制度通过为市场经济体制保驾护航促进国民发展。

流动人口社会保障制度不协调威胁到了流动人口发展权的实现。流动人口社会保障制度不协调威胁到了流动人口生存权的实现。生存权是发展权的基础，按照这种逻辑，流动人口社会保障制度不协调必然会通过威胁流动人

---

① 王冰、马勇：《社会保障与市场经济的关系》，《经济评论》2001 年第 2 期。

② 傅畅梅：《论社会保障与市场经济的辩证关系》，《辽宁大学学报》（哲学社会科学版）2003 年第 5 期。

口生存权并进而威胁发展权的实现，前文已经有论据表明了这一点。现代社会保险制度通过分散社会风险所追求的老有所养、病有所医、住有所居、学有所教等目标均是国民获得更好发展的基本前提。实践证明，流动人口社会保障制度不协调使流动人口没有得到充足的社会保险制度保护，通过社会保险制度为其发展提供的支撑大打折扣。比如，流动人口养老保险制度、生育保险制度和医疗保险制度不协调影响流动人口对基本医药卫生服务的可及性，进而影响着流动人口的健康。通过对国家卫生计生委流动人口服务中心2017年7月出版的《中国流动人口空间分布数据集（2015）》中相关数据的计算表明：2015年东部、中部、西部、东北地区老年流动人口经济来源离退休金/养老金的人口比例分别为40.1%、18.2%、32.3%、37.8%，东部、中部、西部、东北地区老年流动人口经济来源最低生活保障金的人口比例分别为1.8%、4.1%、2.7%、1.9%，绝大部分老年流动人口的主要经济来源劳动收入和家庭其他成员；2015年东部、中部、西部、东北地区流动人口在家分娩的比例分别为11.7%、12.9%、18.7%、15.8%；2015年老年流动人口未住院原因中，东部、中部、西部、东北地区分别有6.5%、17.9%、8.6%、25%的老年流动人口由于报销不便未住院，东部、中部、西部、东北地区分别有16.3%、10.7%、24.8%、32.5%的老年流动人口由于经济困难未住院。① 此外，流动人口社会保障制度不协调增加了市场经济体制运行的风险，从而客观上隐形地掣肘了市场经济体制发挥最大效能的可能性，使实际国民收入小于潜在国民收入，这会影响整个社会的发展和进步，流动人口的发展当然也会受到影响。

---

① 国家卫生计生委流动人口服务中心：《中国流动人口空间分布数据集（2015年）》，中国人口出版社2017年版，第205，254，257页。

第二节　对劳动力自由流动的影响

一、 劳动力自由流动是市场经济体制的基本要求

劳动力自由流动是指劳动力所有者在一定的法律关系下，按照自己的意愿，自由地选择职业、工作地点和工作方式而发生的就业性人口流动。[①]"自由历来是指人们按照自己的决定和计划去行动的可能性，与此相反的一种状态是某人不得不屈从于他人的意志，在他人专断的强制下被迫以特定方式去行动或放弃行动。因此，对自由的传统解释是：'不受他人武断意志的支配。'……一般而言，实现自由应该具备四项权利，……第一，'一个受保护的社会成员的法律地位'；第二，'免于随意的逮捕'；第三，'自行选择工作的权利'；第四，'自行选择迁徙的权利'。"[②] "我们唯一的主张是：保障一切劳动者的自由，保障使人类创造出最高劳动效率的劳动制度。自由主义的这一主张符合地球上所有居民的利益。"[③] 市场经济体制是供求机制、竞争机制和价格机制构成的复合体。市场经济体制发挥作用的基本前提是生产资料的自由流动。劳动力是生产力中最革命、最活跃的要素，劳动力的自由流动是市场经济体制下推动社会生产发展的最基本要求。劳动力自主产权和自由选择主要是通过市场化流动来完成，劳动力市场公平竞争就成为最富有市场经济特征的重要发展机制，也是各种资源得以优化配置的决定力量。[④]不难想象，不用任何资本，只用简单的工具，劳动就可以创造出资本。[⑤]

---

① 王先庆、杨国兴：《略论劳动力自由流动与劳动力市场的形成》，《求索》1989 年第5 期。
② ［英］弗里德里希·奥古斯特·哈耶克：《自由宪章》，杨玉生、冯兴元、陈茅译，中国社会科学出版社 2012 年版，第 30、41 页。
③ ［奥］路德维希·冯·米瑟斯：《自由与繁荣的国度》，韩光明译，中国社会科学出版社 1995 年版，第 62 页。
④ 俞宪忠：《劳动力自由流动的主体权利诉求》，《天津社会科学》2010 年第 5 期。
⑤ ［美］阿瑟·刘易斯：《二元经济论》，施炜译，北京经济学院出版社 1989 年版，第20 页。

　　自由流动是劳动力市场供求机制发挥作用的前提。劳动力市场供求不均衡是常态，均衡是非常态。在劳动力供过于求的情况下，部分劳动力会选择自由流出，从而使劳动力市场趋于新的均衡；在劳动力供不应求的情况下，部分劳动力会选择自由流入，从而使劳动力市场趋于新的均衡。如果没有劳动力的自由流动，劳动力市场供求的非均衡状态就难以自动趋向均衡状态。自由流动是劳动力市场竞争机制发挥作用的前提。"我建议把竞争视作是发现某些事实的一种过程，因为不诉诸竞争这种过程，这些事实就不会为任何人所知道，或者至少不会为人们所利用。……套用时下的话语来说，这种竞赛并不是一场零和博弈（a zero-sum game），而是这样一种竞赛：通过这种竞赛，参赛者只要在竞赛的时候遵循有关规则，那么供他们分享的公共财富就会得到扩大，尽管它同时也会使个人从这种公共财富当中获得的份额在很大程度上受到机遇的支配。"① 对于雇主来说，劳动力市场竞争是以尽可能低的工资成本竞争性雇佣到尽可能高生产力的雇员。对于雇员来说，劳动力市场竞争是以尽可能低的劳动时间和劳动强度竞争到尽可能高的工资。在市场经济体制下，当劳动力市场出清时，雇员的边际生产力等于其工资成本。如果没有劳动力自由流动，雇主与雇主之间、雇员与雇员之间、雇主与雇员之间在劳动力市场上的竞争就无从谈起或者竞争不充分。自由流动是劳动力市场价格机制发挥作用的前提。价格机制是市场机制最重要的机制，被亚当·斯密称作看不见的手。在劳动力市场上，价格机制主要通过工资、福利等薪酬形式发挥作用。在劳动力自由流动的情况下，雇员倾向于流向高工资、高福利行业就业。"充足的劳动报酬，鼓励普通人民增殖，因而鼓励他们勤勉。劳动工资，是勤勉的奖励。勤勉像人类其他品质一样，越受奖励越发勤奋。……所以，高工资地方的劳动者，总是比低工资地方的劳动者活泼、勤勉和敏捷。"② 基于价格选择的劳动力流动也会使

---

　　① ［英］冯·哈耶克：《作为一种发现过程的竞争——哈耶克经济学、历史学论文集》，邓正来译，首都经济贸易大学出版社2014年版，第35，45页。
　　② ［英］亚当·斯密：《国民财富的性质和原因的研究》上卷，郭大力、王亚南译，商务印书馆2002年版，第75页。

劳动力市场供求机制、竞争机制一并发挥作用。总之，在市场经济体制下，只有通过劳动力的自由流动，劳动力市场的供求机制、竞争机制和价格机制才可能发挥作用。劳动力自由流动均衡时社会总福利大于劳动力没有自由流动均衡时（例如严格的户籍制度下，企业不得雇佣非本地劳动者）社会总福利，也大于劳动力市场有限制条件下均衡时（部分放开劳动力市场）社会总福利。[①]

劳动力的自由流动需要具备两个最基本的前提条件。首先，劳动力必须是自由的理性经济人。这里包括两方面的含义。一方面是指劳动力必须是自由人，即劳动力不存在任何强迫性的人身依附关系，可以自由地支配自己的劳动，这样才可能根据劳动需求自由地选择受雇佣。另一方面是指劳动力必须是理性经济人，即劳动力有一个很好定义的偏好，劳动力在给定的约束条件下最大化自己的偏好。也就是说，劳动力在人身自由的前提下会根据利益最大化的原则来决定其是否流动。正如，Sjaastad 从收益成本理论的视角衡量劳动力流动的决策行为，认为劳动力流动的目标是追求净收益的最大化，其中净收益既包括货币性净收益，也包括非货币性净收益。[②] 假如劳动者没有人身自由，也就不存在劳动力流动的可能；假如新的劳动岗位不比旧的劳动岗位的报酬高，劳动者便没有劳动力流动的动因。[③] 其次，劳动力必须有能力支付由于流动而产生的交易性货币需求。约翰·梅纳德·凯恩斯的流动性偏好理论表明，货币需求是为了满足交易动机、谨慎动机和投机动机，其中交易动机，即由于个人或经营上的现行交易而引起的对现金的需要；谨慎动机，即为了安全起见，把全部资源的一部分以现金的形式保存起来；投机动机，即相信自己对将来会发生什么比市场上一般人有更精确的了解，并从

① 唐钁:《劳动力自由流动原则的经济学基础》,《经济问题》2002 年第 12 期。
② Sjaastad, L. A., The costs and returns of human migration. *Journal of Political Economy*, 70 (5), 1962, pp. 80-93.
③ 李雪萍:《论劳动力自由流动的条件和劳动力市场》,《四川师范大学学报》(哲学社会科学版) 1996 年第 4 期。

中获取利润。① 劳动力流动会产生交通费用、职业搜寻费用、摩擦性失业期间本人及家庭成员生活费用、预防不测事件的费用等，这些费用要求劳动力在流动之前就具备一定数量的储蓄和经济保障能力，在流动的过程中至少具备一定的预防不测事件发生所需费用的经济能力或者可以化解不测事件所带来费用支出压力的风险防范机制。总之，在劳动者有人身自由和有一定经济能力支撑的条件下，如果劳动力流动比不流动具有比较优势，那么劳动力流动才可以实现。

二、流动人口社会保障制度不协调弱化了劳动力自由流动

流动人口社会保障制度不协调造成劳动力自由流动的两个最基本的前提条件难以完全满足，从而弱化了劳动力自由流动。首先，流动人口社会保障制度不协调降低了流动人口自由流动可能直接获得的绝对收入。社会保障制度的目标是通过化解各种风险来保障被保障对象的基本经济生活安全，其具体的实施方式主要是通过对被保障人给予一定的货币性支付（当然不排除实物支付，其实实物支付可以折算成货币）来达到社会保障的目标。因此，社会保障待遇支付直接构成被保障对象绝对收入的组成部分。流动人口社会保障参保率不高、转移接续难、保障水平偏低最直接的后果就是导致流动人口获得来自社会保障项目的货币性收益（包括折算成货币的实物收益）下降。在其他条件不变的情况下，这降低了流动人口流动的预期收入差距和货币性净收益，从而弱化了劳动力自由流动。其次，流动人口社会保障制度不协调增加了流动人口在流入地的相对剥夺感。相对剥夺感是指个体或群体通过与参照群体横向或纵向比较而感知自身处于不利地位，进而体验愤怒和不满等负性情绪的一种主观认知和情绪体验。② 美国社会学家斯托弗于 1949 年首先

---

① ［英］约翰·梅纳德·凯恩斯：《就业、利息和货币通论》，陆梦龙译，中国社会科学出版社 2009 年版，第 132 页。

② 熊猛、叶一舵：《相对剥夺感：概念、测量、影响因素及作用》，《心理科学进展》2016 年第 3 期。

提出了相对剥夺感，后来由社会学家默顿对相对剥夺感进行了系统阐释。①
"相对剥夺理论提出了一个非常不同的假设，即自我评价依赖于人们把自己
的状况与其他被认为可与他们比较的人们的状况所作的比较。因此，这种理
论提出，在特定的情况下，受到严重损失的家庭如果把自身的处境与遭受更
为严重损失的家庭相比，他们的剥夺感可能比损失较小的家庭还要小。……
那么就可以简洁地得出确定结论：当几个人差不多是在同一程度上受到侵害
时，每一个人的痛苦和损失似乎都很大；而当许多人在很不相同的程度上受
到侵害时，与更大的损失相比较，即使是比较大的损失似乎也是小的。进行
比较的可能性取决损失大小的可见度。"② 社会保障权是一项自然权利、社
会权利（或社会经济权利）、具有自由权属性的权利、由宪法和法律确认或
保障的宪法权利，据现代人的观察，社会成员享有社会保障是权利而不是恩
惠已经成为一条定理。③ 流动人口社会保障制度不协调损害了流动人口社会
保障权利，增加了其相对剥夺感。在其他条件不变的情况下，相对剥夺感的
增加减少了劳动力流动非货币净收益，从而弱化了劳动力自由流动。比如，
以农村劳动力向城镇流动为例，蔡昉、都阳、王美艳认为"仍然具有分割性
质的城市劳动力市场，为外来劳动力进入某些行业和岗位设置了制度约束，
使得他们只能在那些城里人不愿意从事的领域，以接受较低的工资和没有相
应的保险为条件找到工作；尚未完成且困难重重的城市福利体制改革，使得
外来劳动力更难以合理的价格获得必要的住房、医疗、子女教育等社会服
务；由于他们仍然被现存的体制作为外地人对待，他们甚至还要面对作为潜
在的犯罪嫌疑人，或社会不安定因素而受到不公正对待的可能"，认为这些
因素增加了农村劳动力流向城镇后的相对剥夺感，从而解释了中部地区向东

①　陈炜、徐绫泽：《"相对剥夺理论"在农村流动人口犯罪防控中的应用》，《法学杂志》
2010 年第 3 期。
②　[美]罗伯特·K. 默顿：《社会理论和社会结构》，唐少杰、齐心译，译林出版社 2002
年版，第 52 页。
③　薛小建：《论社会保障权》，中国法制出版社 2007 年版，第 35—67 页。

部地区的劳动力迁移规模比西部地区大得多、农村家庭和劳动者并非有相同的迁移动机这些社会现象。① 再比如，史献芝认为城市新移民在择业过程中被排挤到缺乏健全的劳动保障和福利制度的次级劳动力市场中去，有强烈的心理孤独感和相对剥夺感。② 王春林研究表明，从落后地区流动到经济发达地区的农民工常选择性地以具有高收入、高消费且享有种种福利待遇的流入地居民为参照群体，目睹了当地居民享有的种种福利待遇，如发放固定工资和浮动奖金，有劳动保护、公费医疗、休假疗养、领取退休金等福利待遇差异，这是造成进城农民工产生相对剥夺感的原因之一。③ 还比如，本书的部分调研结果也间接地证明了流动人口由于考虑相对剥夺感而呈现出来的部分流动特征。本书调研数据显示，有 5.6% 的流动人口居住在户口所在地之外的空间范围是外乡（镇）本县（区），26.3% 的流动人口居住在户口所在地之外的空间范围是外县（区）本地级市，31.4% 的流动人口居住在户口所在地之外的空间范围是外地级市本省（自治区、直辖市），三者累积百分比达到 57.7%，42.3% 的流动人口居住在户口所在地之外的空间范围是外省（自治区、直辖市）。这一调查结果间接地证明了与社会保障统筹层次相关的相对剥夺感是影响人口流动空间分布的因素之一。我们知道有多个因素影响人口流动，在这些因素都不变的情况下，由于中国目前的社会保障统筹层次通常在地级市和县级市，只有部分地区的城镇职工基本养老保险实现了省级统筹，还没有一项社会保障项目实现全国统筹。因此，流动人口在进行流动决策之前会预期到其流动到省外之后与流入地人口相比在社会保障方面遇到的各种损失和剥夺，从而自动地把自己的流动范围选择在以省内流动为主。反之，如果社会保障统筹层次较高，流动人口社会保障制度协调度好，那么在

① 蔡昉、都阳、王美艳：《劳动力流动的政治经济学》，上海三联书店、上海人民出版社 2003 年版，第 88、187 页。
② 史献芝：《城市新移民相对剥夺感的生成机理与克化之道》，《理论探讨》2016 年第 6 期。
③ 王春林：《农民工相对剥夺感产生原因分析》，《安徽农业科学》2011 年第 10 期。

现有省际收入差距大于省内收入差距的情况下，跨省流动人口的比例会进一步增加。再次，流动人口社会保障制度不协调降低了流动人口对流动过程中所产生的交易动机货币需求和谨慎动机货币需求的支付能力。这主要包括两方面的含义：一方面，流动人口社会保障制度不协调导致流动人口的社会保障待遇不高，这降低了流动人口的绝对收入，在其他条件不变的情况下，这弱化了流动人口对流动过程中交易动机货币需求的支付能力。另一方面，流动人口社会保障制度不协调导致流动人口的社会保障参保率不高、转移接续难、保障水平偏低，使社会保障化解社会风险的基本功能弱化或者丧失，从而弱化了流动人口对人口流动过程中谨慎动机货币需求的支付能力。在其他条件不变的情况下，流动人口对交易动机货币需求和谨慎动机货币需求的支付能力弱化必然会降低劳动力流动的经济保障能力。劳动力流动的经济保障能力弱化，满足劳动力自由流动第二个条件的现实可能性下降，掣肘了劳动力的自由流动。有诸多研究表明，社会保障制度不协调是造成中国劳动力市场分割或阻碍劳动力自由流动的原因之一。比如，程贯平、马斌研究表明，产业政策、户籍制度、所有制的政策以及社会保障制度是最主要和直接地导致改革开放以来我国劳动力市场制度性分割的因素。[1] 李芝倩研究表明，劳动力市场分割的减轻、社会保障体系的完善、土地城镇化和土地流转制度的改进是促进农村劳动力流动的重要举措。[2] 田永坡、和川、于月芳研究表明，全国的劳动力市场分割为主要劳动力市场和次要劳动力市场两类，主要劳动力市场的就业者享有社会保障并且社会保障水平较高，而次要劳动力市场的劳动力几乎没有或者是只能享受水平很低的社会保障。[3] 韩秀华、陈雪松研究表明，养老、失业、医疗保险等福利待遇上的厚此薄彼是阻碍农村劳动力

---

① 程贯平、马斌：《改革开放以来我国劳动力市场制度性分割的变迁及其成因》，《理论导刊》2003 年第 7 期。

② 李芝倩：《劳动力市场分割下的中国农村劳动力流动模型》，《南开经济研究》2007 年第 1 期。

③ 田永坡、和川、于月芳：《人力资本投资软环境研究：基于社会保障制度和劳动力市场分割的视角》，《中国人口·资源与环境》2006 年第 5 期。

向城市的转移，使城乡劳动力市场处于分割状态的制度性因素之一。[1] 刘春荣研究表明，社会保障政策是造成乡城流动中的劳动力市场分割的一个宏观政策;[2] 孟凡强、王宋涛、丁海燕研究表明，中国劳动力市场呈现双重二元分割的特征，公费医疗、基本医疗保险、补充医疗保险、基本养老保险、补充养老保险、失业保险、住房或住房补贴、职务晋升这些间接性经济报酬是影响劳动力市场分割的重要因素。[3] 肖严华研究表明，二元化的户籍制度、劳动力市场的多重分割、社会保障制度的多重分割交织在一起，直接阻碍了劳动力的有效流动。[4]

第三节　对以人为核心的城镇化进程的影响

一、以人为核心的城镇化是国民享受现代城市文明的基本要求

城市化是人们从农业部门向非农业部门运动的过程，是人们在时间上所经历的生活方式转变的过程，是人口向城市集中的过程，[5] 实质上是一个以人为中心、受众多因素影响的、极其复杂多变的系统转化过程，包括硬件结构和软件结构两大系统的更替和提升，是从传统社会向现代文明社会全面转型和变迁的过程。[6] 城镇化和城市化二者在国民生活方式变革上均是城市生活方式和城市文明的地域性扩张，均是商品经济的载体，均是"适应性开放

---

① 韩秀华、陈雪松：《论我国劳动力市场分割》，《当代经济科学》2008 年第 4 期。

② 刘春荣：《乡城流动中的劳动力市场分割问题探究》，《现代经济探讨》2014 年第 12 期。

③ 孟凡强、王宋涛、丁海燕：《中国劳动力市场分割的形态验证与特征研究》，《经济问题探索》2017 年第 1 期。

④ 肖严华：《劳动力市场、社会保障制度的多重分割与中国的人口流动》，《学术月刊》2016 年第 11 期。

⑤ 王维锋：《国外城市化理论简介》，《城市问题》1989 年第 1 期。

⑥ 周毅：《城市化理论的发展与演变》，《城市问题》2009 年第 11 期。

功能体"，二者的本质目标具有同一性。① 因此，本书在行文过程中把城镇化和城市化看作同义语。

城镇化或城市化是人类社会经济发展的必然要求。以人类发展的视角来看，城市的兴起和演化均是人类选择的结果，人类在实现自我发展的过程中，城市化成为历史的必然：在前工业化时代，人类需求的变化以及由此引发的社会分工和农业剩余初步推动了城市化；进入工业化时代后，人类需求的提升以及伴随而来的机械化、规模化生产进一步加速了城市化的进程；目前全球很多地区已经进入了后工业化时代，人类需求的进一步提升和需求结构的多样化以及由此导致的产业结构升级使城市化进程达到高潮。② 有诸多经典理论解释了人类行为的选择如何导致工业化和城镇（市）化。比如，Lewis 认为发展中国家存在着二元经济结构，一个是按照传统方法进行生产的劳动生产率低下的农业部门，另一个是以现代方法进行生产的劳动生产率相对较高的工业部门，由于工业部门的工资水平高于农业部门的收入水平，农业劳动力无限供给的情况下，农村劳动力就会向城市流动。③ Ranis & Fei 模型把经济发展过程和农业劳动力的转移过程划分为3个阶段：第一阶段是农业劳动边际生产率等于零，第二阶段是农业劳动边际生产率大于零但小于农业劳动者的平均收入水平，第三阶段是农村剩余劳动力全部转移到工业部门中去了，创造性地发展了刘易斯模型，从而得出农业不仅为工业部门提供劳动力资源，而且也提供农业剩余，农业剩余影响和制约着农业扩张的规模和速度。④ Todaro 模型认为一个农业劳动者是否迁入城市的决策不仅取决于城乡实际收入差异，而且还取决于城市的失业状况，就业概率在迁移决策中

---

① 张鸿雁：《中国新型城镇化理论与实践创新》，《社会学研究》2013 年第 3 期。

② 季曦、刘民权：《以人类发展的视角看城市化的必然性》，《南京大学学报》（哲学·人文科学·社会科学）2010 年第 4 期。

③ Lewis, W. A., Economic development with unlimited supplies of labour. *The Manchester School*, 22（2），1954, pp. 139–191.

④ Ranis, G., & Fei, J. C. H., A theory of economic development. *American Economic Review*, 51（4），1961, pp. 533–565.

发挥着非常重要的作用。[①] Jorgenson 依据新古典主义的分析方法构建模型，认为农业剩余劳动力向非农业部门流动和转移的根本原因在于消费结构的变化，是消费需求拉动的结果。[②] 这种产业和就业结构的转移在空间上聚集形成城市而不是在分散的农村地区发展起来的。工业和服务业的微观基础主要来自三个方面：共享、匹配、学习。不可分商品和设施的共享、来自多样性收益的共享、个人专业化收益的共享、风险共享、提高匹配的质量、提高匹配的机会、减少要挟问题、知识产生、知识扩散、知识累积这些因素揭开了城市形成机制的黑箱。[③]

中国目前处于快速的正向城市化阶段，城市文明普及率还有待进一步提高。美国城市地理学家雷·诺瑟姆（Ray M. Northam）将不同国家和地区人口城市化进程（城市人口占总人口的百分比）的共同规律概括为一条被拉平的"S"型曲线，并将城市化进程分为三个阶段：城市化水平初始阶段、加速阶段、终极阶段。初始阶段城市化率一般在 25%以下，只有一小部分人口生活在城市；加速阶段城市化人口由 25%—30%快速增长到 50%甚至 70%，城市人口所占比重不断增大并逐渐超过农业人口比重；终极阶段城市人口的比重超过 65%或 70%，当城市化水平达到 80%时，增长将变得十分缓慢。[④]正向城市化进程的 S 型曲线运动是由城市文明普及率加速定律决定的。《2018 中国统计年鉴》数据显示，2017 年中国城镇人口比重为 58.52%，名义城市化率略微超过一半。如绪论所述，《国家新型城镇化规划（2014—2020 年）》到 2020 年我国户籍人口城镇化率将达到 45%左右，要实现户籍人口城镇化率达到 75%—80%左右的水平至少需要三四十年的时间。按照诺

---

① Todaro，M. P.，A model of labor migration and urban unemployment in less developed countries. *American Economic Review*，59（1），1969，pp. 138–148.

② Jorgenson,D. W.,Surplus agricultural labour and the development of a dual economy. *Oxford Economic Papers*，19（3），1967，pp. 288–312.

③ ［美］约翰·弗农·亨德森、［比］雅克-弗朗索瓦·蒂斯：《区域和城市经济学手册》第 4 卷，郝寿义、孙兵、殷存毅、白玫译，经济科学出版社 2012 年版，第 3—46 页。

④ 姚成胜、李政通：《发展经济学模型与案例分析》，科学出版社 2017 年版，第 174 页。

瑟姆的城市化发展阶段理论判断，目前中国名义城市化水平和实际的户籍城市化水平均处于加速阶段。正向的、城市化水平的持续提高是未来相当长一段时期我国的基本国情。"经过各方面资料分析推算，在城市人口占总人口10%以前，城市的辐射力很弱，城市文明基本上只限于住在城里的人享受。20%—30%时，辐射力开始增强，城市文明普及率大约在25%—35%之间。当城市人口占总人口30%—40%时，城市文明普及率大约在35%—50%。当城市人口占总人口的50%以上时，城市文明普及率将达到70%左右。当城市人口占总人口70%—80%时，城市文明普及率有可能达到90%，甚至100%。"① 依据城市文明普及率加速定律的这一经验数值进行粗略的直观判断，目前我国城市文明普及率还有相当大的缺口。

盲目的城镇化会带来诸多城市病。城市病是指城镇化过程中出现的种种问题。城市病主要表现为住宅紧张、用地紧张、交通拥挤、环境污染、犯罪率高、城市布局紊乱、失业问题、城市贫困等。②③④ 世界城市发展的一般规律表明，当进入快速城市化和工业化阶段时，很多城市通常都会出现大量典型的"城市病"问题。⑤ 比如，英国工业革命过程中出现大规模的城市失业、城市住宅奇缺、城市卫生状况恶化等城市病非常突出。⑥ 拉丁美洲在城市化过程中出现了贫富差距拉大、住房极度短缺、毒品犯罪、暴力犯罪、道德沦丧等城市病。⑦ 城市病的发生发展通常是与城市化率密切相关的。周加来依据城市化率把城市病的发作概括为隐性（城市化率大致在10%—30%）、

---

① 高珮义：《世界城市化的一般规律与中国的城市化》，《中国社会科学》1990年第5期。
② 刘纯彬：《二元社会结构与城市化（续）——四、城市病与城市规模》，《社会》1990年第4期。
③ 张谦元：《"城市病"与城市犯罪》，《开发研究》1999年第6期。
④ 宋言奇：《城市"时间边疆"开发：基于缓解城市病的思考》，《社会科学家》2004年第5期。
⑤ 何强：《北京的"城市病"根源何在》，《中国统计》2008年第11期。
⑥ 高德步：《英国工业革命时期的"城市病"及其初步治理》，《学术研究》2001年第1期。
⑦ 张家唐：《拉美的城市化与"城市病"》，《河北大学学报》（哲学社会科学版）2003年第3期。

显性（城市化率大致在 30%—50%）、发作（城市化率大致在 50%—70%）、康复（城市化率达到 70% 以上）4 个阶段的倒"U"型升降规律。[①] 杨传开、李陈也认为城市病的发作可划分为初始形成期（城镇化率在 30% 以下）、逐步发作期（城镇化率 30%—50%）、集中爆发期（城镇化率 50%—70%）、稳定恢复期（城镇化率 70% 以上）这 4 个阶段，呈现非对称的倒"U"型曲线。[②] 以户籍人口城镇化率判断，中国已经处于城市病的显性化或者逐步发作期，以城镇常住人口城镇化率判断，中国已经处于城市病的发作期或者集中爆发期。干部选拔机制和政绩考核体系、财税体制、土地制度、规划体制、中央地方关系是我国城市病特有的体制性成因。[③]

以人为核心的城镇化可以让国民更好地享受现代城市文明。以人为核心的城镇化就是在城镇化过程中把人作为目的而不是手段，在城市化进程中避免片面地追求物的城镇化，更加重视人的发展。因此，以人为核心的城镇化不仅包括城镇常住人口和户籍人口占总人口的比重增加，而且还包括人口素质的改善和提高，健康、绿色、可持续、文明的生活方式的养成，基本公共服务体系的全覆盖，稳定的就业，体面的居住。[④] 可见，以人为核心的城镇化在关注城市化率提高这种形式城市化的同时，更注重有助于人格尊严培养和人的全面发展这种实质性的城市化，是对幸福城市终极目标的追求。这与盲目城市化所带来的住宅紧张、用地紧张、交通拥挤、环境污染、犯罪率高、城市布局紊乱、失业问题、城市贫困等城市病是格格不入的。一如前述，城市文明普及率加速定律表明城市化率的提高可以加速扩散城市文明，可以推断这种城市文明应该是以人为核心的、实质性城市化率提高为基础的，否则扩散的不仅不是城市文明，可能扩散的是城市病。

---

① 周加来：《"城市病"的界定、规律与防治》，《中国城市经济》2004 年第 2 期。

② 杨传开、李陈：《新型城镇化背景下的城市病治理》，《经济体制改革》2014 年第 3 期。

③ 林家彬：《我国"城市病"的体制性成因与对策研究》，《城市规划学刊》2012 年第 3 期。

④ 张许颖、黄匡时：《以人为核心的新型城镇化的基本内涵、主要指标和政策框架》，《中国人口·资源与环境》2014 年增刊第 3 期。

二、流动人口社会保障制度不协调迟滞了以人为核心的城镇化进程

前文所述，以人为核心的城镇化不仅包括城市化率提高这种形式性城镇化，而且包括人格尊严培养和人的全面发展这种实质性的城镇化。

首先，流动人口社会保障制度不协调迟滞了以人为核心的形式性城市化进程。与流动人口社会保障制度不协调弱化了劳动力自由流动的逻辑一致，流动人口社会保障制度不协调降低了流动人口定居城市的绝对收益，增加了其定居城市的相对剥夺感，也弱化了其在寻求定居城市过程中的经济保障能力，结果当然是迟滞了形式性城市化进程。中国最近一段时期城镇常住人口城市化率增长较快，但是户籍人口城市化率绝对水平和加速度相对较小就是明证。

其次，流动人口社会保障制度不协调迟滞了以人为核心的实质性城市化进程。这主要表现在：第一，流动人口社会保障制度不协调不利于流动人口素质的改善和提高。人口素质主要是指人的科学文化素质、身体健康素质和思想道德素质。[1] 社会保障参保率不高、转移接续难、保障水平偏低一定程度上剥夺了流动人口的生存权和发展权，流动人口在基本生活、子女教育、自身培训、住房条件、医疗条件、职业病预防与康复等方面面临诸多挑战，在其他条件不变的情况下，这对流动人口的科学文化素质、身体素质和思想道德素质都会产生负面影响。有例为证：苏日娜、王俊敏研究表明，进入城市的蒙古族民工群体的科学文化素质特别是"科技素质"还需要大幅度提高，被调查的蒙古族流动人口中，大部分都有参加职业培训或学习一门适用技术的动机或愿望，但是他们大多并没有获得培训、学习技术或手艺的机会；民工子女没有资格正常进入城市公立学校，包括蒙古族学校，他们要么

---

[1]　梁济民：《论中国人口素质》，《人口研究》2004 年第 1 期。

被拒之门外，要么必须付高额赞助费或借读费。① 吴森富调查研究表明，广东省流动人口文化素质不高，受教育程度总体上以初中文化为主，很多初中、高中学生毕业以后直接进入劳动力市场，没有再接受就业技能、技巧的教育和培训。② 廖艳、周俭、刘会等调查研究表明，北京市流动人口中孕妇对自身和胎儿健康特别重要的畜禽肉类、蛋类、水产品类、奶类、豆类及坚果、动物内脏和血摄入频率不足，尤其是蛋类明显低于户籍孕妇。③ 吕红、吕梅英、蔡友英等对湛江市流动人口婴幼儿营养性缺铁性贫血（IDA）调查研究表明，患有 IDA 的幼儿占比 21.8%，其中轻度贫血幼儿占比 66.2%，中度贫血幼儿占比 26.8%，重度贫血幼儿占比 7.0%。④ 王正平、苏建军研究表明，上海市流动人口道德素质中重人情，践行公德水平低，过于注重金钱而忽视德性、名誉和贡献等价值标志是其道德素质中亟须提高的方面。⑤ 王正平、周治华实证调查结果显示，上海市城市未成年流动人口思想道德状况在城市认同、道德操守和价值取向三个方面呈现出一幅或多或少令人困惑的画面。⑥ 第二，流动人口社会保障制度不协调不利于流动人口健康、绿色、可持续、文明的生活方式的养成。在其他条件不变的情况下，流动人口社会保障制度不协调强化了流动人口的弱势地位，弱化了其在城市化过程中社会身份的认同，增加了其养成文明生活方式的难度。诸多研究表明，目前流动人口生活方式距离健康、绿色、可持续、文明的生活方式的要求还有差距，

---

① 苏日娜、王俊敏：《流动人口素质与城市化和民族现代化——以蒙古族流动人口为例》，《中央民族大学学报》（哲学社会科学版）2004 年第 4 期。

② 吴森富：《广东省流动人口素质结构和年龄结构研究》，《南方经济》2003 年第 3 期。

③ 廖艳、周俭、刘会等：《北京市流动人口中孕妇营养知识、态度和行为的研究》，《现代预防医学》2010 年第 1 期。

④ 吕红、吕梅英、蔡友英等：《湛江市流动人口婴幼儿营养性缺铁性贫血的相关影响因素分析》，《广东医学院学报》2015 年第 1 期。

⑤ 王正平、苏建军：《中国城市流动人口道德状况及其引导对策——以上海为例》，《上海师范大学学报》（哲学社会科学版）2009 年第 6 期。

⑥ 王正平、周治华：《城市未成年流动人口的道德现状及其改善对策——以上海为例》，《华东师范大学学报》（哲学社会科学版）2009 年第 6 期。

流动人口的生活方式还需要进一步改善和优化。汪国华认为，新生代农民工由于受经济与文化的双重影响，并且受限于宏观与微观两种生活方式，形成了有别于市民与农民的第三方群体。① 纪韶、李舒丹以北京为例研究表明，在城市化进程中农民工生活方式在逐步转变，但是封闭的小农文化、由血缘和亲缘形成的家庭网络、愚昧落后的封建习俗、处事中的短期行为对农民生活方式的影响还比较突出。② 陈文龙、史向军研究表明，城市融入中新生代农民工在追求现代化生活方式中存在以金钱为衡量生活水平的唯一标准、入不敷出的畸形消费方式、自我中心的不良交往方式、沉溺娱乐的休闲生活方式这些不良倾向阻碍了其顺利融入城市的进程。③ 吴立志研究表明，农民工独特的生活方式如缺乏城市社会网络使其生活方式单一和封闭、固守乡土思维方式且法律意识相对滞后、注重现实温饱消费和素质提升不够是引起农民工刑事被害的原因之一。④ 第三，流动人口社会保障制度不协调造成流动人口基本公共服务体系残缺。基本公共服务，指建立在一定社会共识基础上，由政府主导提供的，与经济社会发展水平和阶段相适应，旨在保障全体公民生存和发展基本需求的公共服务。享有基本公共服务属于公民的权利，提供基本公共服务是政府的职责。基本公共服务范围，一般包括保障基本民生需求的教育、就业、社会保障、医疗卫生、计划生育、住房保障、文化体育等领域的公共服务，广义上还包括与人民生活环境紧密关联的交通、通信、公用设施、环境保护等领域的公共服务，以及保障安全需要的公共安全、消费安全和国防安全等领域的公共服务。诸多学者研究均认为社会保障是基本公

---

① 汪国华：《第三方群体的出现：新生代农民工生活方式的变异性研究》，《中国青年研究》2011 年第 1 期。

② 纪韶、李舒丹：《城市化进程中农民工生活方式的转变——以北京市为例》，《广东社会科学》2010 年第 2 期。

③ 陈文龙、史向军：《城市融入中新生代农民工生活方式现代化刍议》，《河北工业大学学报》（社会科学版）2015 年第 1 期。

④ 吴立志：《农民工刑事被害的生活方式因素分析》，《山东科技大学学报》（社会科学版）2011 年第 3 期。

共服务的重要组成部分。①②③④⑤ 国家政策也坚持认为社会保障是基本公共服务的重要组成部分。比如，2012 年国务院印发的《国家基本公共服务体系"十二五"规划》，将基本公共服务分为基本公共教育、劳动就业服务、社会保险、基本社会服务、基本医疗卫生、人口和计划生育、基本住房保障、公共文化体育、残疾人基本公共服务共 9 类。2017 年国务院印发的《"十三五"推进基本公共服务均等化规划》，将基本公共服务分为基本公共教育、基本劳动就业创业、基本社会保险、基本医疗卫生、基本社会服务、基本住房保障、基本公共文化体育、残疾人基本公共服务共 8 类，不再包括人口和计划生育。流动人口社会保障制度不协调本身就是基本公共服务体系残缺和不健全的表现。同时，由于流动人口社会保障制度不协调的连锁效应必然会影响流动人口公平地享有其他类别的基本公共服务，这种自我强化机制会导致针对流动人口的基本公共服务体系进一步残缺和低效。第四，流动人口社会保障制度不协调降低了流动人口就业稳定性。在自由流动的前提下相对的就业稳定性是流动人口融入城市、实现以人为核心的城镇化的重要标志。有诸多研究表明，流动人口就业的稳定性不高。比如，张艳华、沈琴琴对北京、广州、大连、西安 4 个城市的调查研究表明，与城市劳动力相比，农民工就业稳定性更差。⑥ 肖红梅研究表明，农民工总量增长率波动明显反映了农民工就业总量的不稳定，农民工就业弹性系数波动较大也反映了农民

---

①　陈海威：《中国基本公共服务体系研究》，《科学社会主义》2007 年第 3 期。

②　刘成奎、王朝才：《城乡基本公共服务均等化指标体系研究》，《财政研究》2011 年第 8 期。

③　王新民、南锐：《基本公共服务均等化水平评价体系构建及应用——基于我国 31 个省域的实证研究》，《软科学》2011 年第 7 期。

④　曾红颖：《我国基本公共服务均等化标准体系及转移支付效果评价》，《经济研究》2012 年第 6 期。

⑤　夏志强、罗旭、张相：《构建城乡基本公共服务均等化的标准体系》，《新视野》2013 年第 3 期。

⑥　张艳华、沈琴琴：《农民工就业稳定性及其影响因素——基于 4 个城市调查基础上的实证研究》，《管理世界》2013 年第 3 期。

工总体的就业稳定性较差。① 谢勇以江苏省为例研究表明，就业稳定性差、流动性强是农民工群体的显著特点之一。② 赵维姗、曹广忠调查研究表明，当前农民工就业总体稳定性不强，且多数为被动离职或迫于工作环境差的主动离职。③ 当然，流动人口就业稳定性差的原因是多方面的，既有体制和政策方面的原因，也有用人单位的原因，还有流动人口个人的原因。流动人口社会保障制度不协调大概可以归类到体制和政策方面的原因中去。在其他条件不变的情况下，流动人口社会保障制度不协调确实降低了流动人口就业的稳定性，或者从反面来讲，流动人口社会保障制度协调性的增加有助于提升流动人口就业的稳定性。社会保障制度协调性影响流动人口就业稳定性的理论逻辑主要可以解释为以下几个方面：流动人口是否参加失业保险制度会影响其在失业后是否可以获得就业促进和培训等失业保险待遇，这会影响流动人口人力资本积累和就业稳定性；流动人口社会保障制度不协调会影响部分流动人口放弃举家迁移决策，从而降低了流动人口就业的稳定性；流动人口社会保障制度不协调会降低企业对雇员人力资本的投入，降低了企业解雇员工的沉淀成本，从而降低了流动人口就业的稳定性；流动人口社会保障制度不协调增加了其在就业地和户籍地之间办理具体社会保障事务的皮靴成本，增加了其中断就业的概率，降低了就业稳定性。有一些研究证明了上述的大部分推论。比如，参加培训是增加农民工就业稳定性的重要因素；④⑤⑥ 家

---

　　① 肖红梅：《宏观视角下的农民工就业稳定性测量》，《北京劳动保障职业学院学报》2014 年第 2 期。

　　② 谢勇：《就业稳定性与新生代农民工的城市融合研究——以江苏省为例》，《农业经济问题》2015 年第 9 期。

　　③ 赵维姗、曹广忠：《农民工就业稳定性特征及职业类型的影响——基于全国 13 省 25 县 100 村调查数据的分析》，《人口与发展》2017 年第 4 期。

　　④ 黄乾：《城市农民工的就业稳定性及其工资效应》，《人口研究》2009 年第 3 期。

　　⑤ 寇恩惠、刘伯惠：《城镇化进程中农民工就业稳定性及工资差距——基于分位数回归的分析》，《数量经济技术经济研究》2013 年第 7 期。

　　⑥ 陈技伟、江金启、张广胜：《农民工就业稳定性的收入效应及其性别差异》，《人口与发展》2016 年第 3 期。

庭化流动对男性流动人口的就业稳定性有显著促进和提升作用；① 医疗卫生支出、教育支出、社会保障和就业支出、一般公共服务支出构成的人力资源保障因子对江西省农民工就业稳定性有积极影响；② 参加养老保险（医疗保险）能够对就业稳定性产生积极的促进作用；③ 参加社会保险的农民工就业稳定性较高；④⑤ 城乡分割的户籍制度和社会保障制度是目前影响新生代农民工就业稳定性的主要因素；⑥ 二元体制造成的住房、社会保障、医疗、子女教育等公共福利的缺失使大量新生代农民工常常往返于城市与乡村之间，就业稳定性大大降低。⑦ 目前还没有发现可靠的研究证明流动人口社会保障制度不协调会降低企业解雇员工的沉淀成本进而降低了流动人口就业的稳定性这一推断。第五，流动人口社会保障制度不协调降低了流动人口获得体面住房的可能性。流动人口社会保障制度不协调主要通过两种方式影响其获得体面的住房。一种是流动人口获得各种住房保障待遇的可能性小，从而直接影响了其改善居住条件。另外一种是流动人口社会保障制度不协调客观上减少了除住房保障之外获得其他各种社会保障待遇的可能性，这增加了流动人口的资金短缺成本，从而使其购买自住住房或者租用自住住房的可能性下

---

① 张丽琼、朱宇、林李月：《家庭化流动对流动人口就业率和就业稳定性的影响及其性别差异——基于 2013 年全国流动人口动态监测数据的分析》，《南方人口》2017 年第 2 期。

② 蒋晓光、刘守乾、陈龙丹：《江西省农民工就业稳定性及其影响因素研究》，《当代经济》2017 年第 11 期。

③ 官华平：《流动人口就业稳定性与劳动权益保护制度激励研究》，《西北人口》2016 年第 1 期。

④ 李立清、吴倩文：《欠发达省域农民工持续就业稳定性及影响因素——基于广西壮族自治区 639 份问卷调查数据》，《湖南农业大学学报》（社会科学版）2014 年第 4 期。

⑤ 李放、王洋洋、周蕾：《农民工的就业稳定性及其影响因素研究——基于南京市的调查》，《农业现代化研究》2015 年第 5 期。

⑥ 赵排风：《新生代农民工就业稳定性及影响因素研究》，《河南工业大学学报》（社会科学版）2014 年第 3 期。

⑦ 张玲、张洁：《新生代农民工就业稳定性影响因素分析》，《科学·经济·社会》2013 年第 4 期。

降。住房承载着家庭和成员的内涵，从社会视角看它具有特殊的价值。① 前文已经在多处提供过流动人口居住条件较差的证据，这里再举少许例子作为论据。比如，康雯琴、丁金宏采用第五次人口普查数据对上海浦东新区流动人口的居住情况研究表明，流动人口居住场所集中于城市边缘，居住地更换频繁，居住质量差，如流动人口主要居住于平房，房屋搭建外墙材料以砖、石为主，钢筋水泥次之，有 6.6% 的家庭户选择了木、竹、草一类搭建的房屋，住房内无厨房的占了 45.7%，住房拥挤，有 7.4% 的流动人口户均居住面积在 5 平方米以下。② 林李月、朱宇对福建省 6 个城市所做的问卷调查研究表明，流动人口人均居住面积小，居住空间拥挤，住房设施不齐全，住房获取方式主要是以向当地居民租房和住在单位宿舍为主，购买自有住房的比例偏低。③ 何炤华、杨菊华认为，在其他条件相同的情况下，城—城流动人口和乡—城流动人口总体居住状况都不如本地市民，乡—城流动人口的居屋面积更小、住房设施更差、房屋拥有更低，主要以寄居模式生活在城市，与安居之梦相距甚远。④

第四节　对危机管理的影响

一、化解危机以实现社会稳定是社会保障的基本功能之一

社会发展需要相对稳定的环境。"社会稳定不仅是我国改革开放过程中

---

① 贾洪波、S. Vasoo：《资产构建视域的新加坡公共住房制度考察》，《东南亚研究》2012年第 5 期。

② 康雯琴、丁金宏：《大城市开发区流动人口居住特征研究——以上海浦东新区为例》，《城市发展研究》2005 年第 6 期。

③ 林李月、朱宇：《两栖状态下流动人口的居住状态及其制约因素——以福建省为例》，《人口研究》2008 年第 3 期。

④ 何炤华、杨菊华：《安居还是寄居？不同户籍身份流动人口居住状况研究》，《人口研究》2013 年第 6 期。

人们的普遍愿望，而且也是西方'丰裕社会'中人们的一种强烈渴望。"①为什么需要社会稳定以及社会如何实现稳定呢？前文在第一章论证的社会融合理论为追求社会稳定的合理性提供了较好的理论解释。除此之外，还有诸多社会理论为社会稳定的合理性进行了探讨。比如，社会学家奥古斯特·孔德崇尚社会秩序原则，认为秩序是基础，进步是目标，社会整体的和谐性表现为社会秩序，不和谐则表现为社会冲突；崇尚科学与自然法则、扩大博爱倾向、增加信仰与道德的一致性、实行社会分工与合作、增强政府权威与调节、在私有制基础上进行"社会改造"这六个方面是孔德"重建秩序"的构想。② 法国社会学家雷蒙·阿隆站在国际关系和社会学的交叉点对国际社会秩序进行了深入分析，认为国际关系是一种特殊的社会关系，国际关系中的"反社会""无政府"特征决定了"尚武和平"的长期存在。③④ 罗伯特·金·默顿提出了中层功能理论，他认为反常功能后果导致社会变迁，社会结构永远都在变，大多数社会整合都能达到使其许多（即使不是全部）因素相互适应的程度，社会体系中个体行动的最重要的特点是和谐、协调与一致。⑤ 霍曼斯、布劳的交换理论认为人类一切行为都受到某种或明或暗的能够带来奖励和报酬的交换活动的支配，⑥ 从而使交换理论成为探索社会稳定的一个分支。布鲁默、登津、戈夫曼、伯克、舒茨、加芬克尔等社会学家是互动理论的主要代表人物。互动理论认为互动是构成社会的基础，社会结构最终是由个人的行为和互动所构成和保持的，⑦ 互动理论从而也成为社会稳

① 宋林飞:《西方社会学理论》，南京大学出版社1997年版，第3页。
② 宋林飞:《西方社会学理论》，南京大学出版社1997年版，第10—24页。
③ 李世友:《雷蒙·阿隆国际关系学说述评》，《安徽大学学报》（哲学社会科学版）2001年第2期。
④ 罗成翼、黄秋生:《国内雷蒙·阿隆思想研究述评》，《新视野》2013年第1期。
⑤ 宋林飞:《西方社会学理论》，南京大学出版社1997年版，第132页。
⑥ 吕萍:《霍曼斯与布劳的社会交换理论比较》，《沈阳师范学院学报》（社会科学版）1996年第3期。
⑦ 宋丽范:《符号互动理论及其对教育的启示》，《扬州大学学报》（高教研究版）2007年第1期。

定理论的一个组成部分。没有稳定，正常的社会发展就将遭到破坏。① 社会发展以社会稳定为其必要前提，没有稳定的国际政治经济环境和稳定的国内社会环境，任何国家都不可能或很难实现社会的发展。②

危机对社会稳定有诸多负面影响。美国学者罗森塔尔等人将危机界定为：对一个社会系统的基本价值观和行为准则架构产生严重威胁，并且在时间性和不确定性很强的情况下必须对其做出关键性决策的事件。③ 危机具有突发性、威胁性、扩散性、不确定性、双重效果性的特点。④ 危机对社会稳定的负面影响是由其威胁性的特点所决定的。威胁性，或称危害性或破坏性，是指危机的出现会威胁到一个社会或者组织的基本价值或目标，主要表现为对生命财产、社会秩序、公共安全等构成严重威胁，甚至造成不可设想的后果，危机带来威胁的方式主要包括直接威胁与间接威胁、有形威胁与无形威胁、短期威胁与长期威胁。⑤ "当我们谈论危机时，我们通常是指糟糕的事情降临到某个人、某个集团、某个组织、某种文化、某种社会或者当我们认为真的很严重时，降临到了整个世界。"⑥

社会保障是化解危机以实现社会稳定的重要机制。这是社会保障的重要功能之一。如果说市场经济是社会发展的动力机制，那么社会保障就可以看作是社会发展的稳定机制。虽然社会保障的直接目的是化解各种社会风险以保障被保障人员的基本经济生活安全，但是其间接地具有了化解危机以实现社会稳定的功能，成为一套社会控制机制。危机根源于人性与制度之间的关系，追求自身利益最大化的理性人的偏好与组织机制、社会制度所确定的组

---

① 晓真：《社会稳定与社会发展——中国社会学学会 1991 年年会综述》，《社会科学战线》1991 年第 4 期。

② 汪信砚：《社会发展与社会稳定》，《天津社会科学》1999 年第 4 期。

③ 新玉言：《公共危机管控力》，国家行政学院出版社 2013 年版，第 37 页。

④ 张成福、谢一帆：《危机管理新思路》，国家行政学院出版社 2015 年版，第 4—7 页。

⑤ 张成福、谢一帆：《危机管理新思路》，国家行政学院出版社 2015 年版，第 5 页。

⑥ ［荷兰］阿金·伯恩、保罗·特哈特、［瑞典］埃瑞克·斯特恩、邦特·桑德留斯：《危机管理政治学——压力之下的公共领导能力》，赵凤萍、胡杨、樊红敏译，河南人民出版社2010 年版，第 3 页。

织、社会的偏好相一致时，组织和社会处于一种稳定的正常状态；当这种偏好不同、甚至对立时，就埋下了危机的诱因，只要某一突发事件点燃导火线，组织和社会的危机就不可避免。① 社会保障化解危机以实现社会稳定的功能主要通过以下渠道得以实现：通过社会保障支出保障了被保障对象的基本经济生活安全，增强了被保障对象的社会公平感、安全感和对政府的信任度，减轻了被保障对象偏好与组织、社会偏好之间的不一致或者对立程度，化解这部分人由于基本生活没有着落而可能引发的危机，从而促进社会稳定。毫不夸张地讲，社会保障化解危机来维护社会稳定伴随着整个社会保障历史的全过程。比如，中国宋代的社会保障在很大程度上消弭了形成全国规模民变的可能性。② 中国辽朝采取包括优恤将士、优遇致仕官吏，优抚年老百姓，赏赐皇族、近臣、功臣、贫弱群体，救灾、扶贫等社会保障措施，对社会稳定起到了一定作用。③ 英国的济贫法制度通过社会救济、惩罚和社会控制为英国工业化发展提供充足的自由劳动力和稳定的社会环境，确立了英国民族国家及政府的合法性，逐步扩大了英国公民享有社会救济的权利，并在一定程度上固化了英国地方政府的权力。④ 现代社会保障制度之所以最早产生于资本主义社会，一方面是由于资本主义社会创造了巨大的物质财富，这为社会保障制度的发展提供了经济基础，另一方面还在于资本主义社会生产资料所有制的固有矛盾即生产社会化和生产资料的资本主义私人占有之间的矛盾导致激烈的社会冲突，亟须社会保障作为一种化解危机的社会稳定器来发挥作用。比如，德国首相俾斯麦时期正是欧洲资本主义兴盛时期，同时也是资本主义社会问题大暴露时期，失业、凶杀、抢劫等日益增多，俾斯麦政府于1883—1889年期间颁布了老年残废保险、疾病保险和意外事故保险三项保障制度，从而缓解了矛盾、稳定了社会。因此，俾斯麦在领导德国建

---

① 孙多勇、鲁洋：《危机管理的理论发展与现实问题》，《江西社会科学》2004年第4期。

② 李华瑞：《宋代的社会保障与社会稳定》，《党政视野》2016年第5期。

③ 陈德洋：《辽朝社会保障措施述论》，《阴山学刊》2011年第5期。

④ 丁建定：《试论英国济贫法制度的功能》，《学海》2013年第1期。

立社会保险制度时也毫不讳言地认为建立社会保险制度是一种革命的投资。美国 20 世纪 30 年代的社会保障制度改革对稳定社会、发展经济具有重要作用，减轻了危机对美国的危害程度，成为社会安定不可缺少的因素之一。①

二、流动人口社会保障制度不协调增加了危机管理的成本

流动人口社会保障制度不协调增加了社会不稳定危机爆发的可能性。如果说社会保障是化解危机以实现社会稳定的机制，那么不协调的社会保障制度则是社会不稳定危机爆发的催化剂。首先，流动人口社会保障制度不协调降低了流动人口的社会公平感，从而增加了社会不稳定危机的可能性。公平是社会稳定的重要条件。②③④ 流动人口社会保障制度不协调违背了公平所要求的一个人得到其应该所得的本质要义，让流动人口被歧视和不公平的感觉增加。当个体在社会中有不公平遭遇后，内心会产生一种愤怒的情绪体验，产生压抑、受挫等情绪反应，这种愤怒情绪的积累程度与个体受到不公平遭遇的程度正相关强，愤怒表达在社会公平感与激烈型群体性事件之间起部分中介作用，由不公平感的积聚而导致的愤怒、怨恨等促使其更加有可能采取攻击性行为或激烈行为来对外宣泄和表达自己的不满。⑤ 比如，尹木子利用 2013 年北京市流动人口调查数据研究表明，不公平感是诱发新生代流动人口群体性事件发生的心理根源。⑥ 于水、李煜珏对苏南地区农民工的调查研究表明，心理因素对农民工参与群体性事件影响显著，当农民工心理问

①　马子量：《新形势下发挥社会保障"稳定器"作用的重要意义——以美国 20 世纪 30 年代社会保障改革为启示》，《生产力研究》2011 年第 2 期。

②　丁煌：《公平的政策是维护社会政治稳定的重要条件》，《中国软科学》1995 年第2期。

③　陈永昌：《社会稳定的关键在于社会公平——关于力戒中国经济拉美化的战略思考》，《理论探讨》2005 年第 3 期。

④　陆冰：《底线公平：社会稳定的基本保障》，《湖北社会科学》2007 年第 5 期。

⑤　李华胤：《社会公平感、愤怒情绪与群体性事件的关系探讨》，《广西师范大学学报》（哲学社会科学版）2016 年第 4 期。

⑥　尹木子：《新生代流动人口群体性事件参与风险分析》，《中国青年研究》2015 年第 9 期。

题来自社会环境，如社会歧视、城里人排斥、社会地位低等外部因素时他们更容易参与群体性事件。[①] 李煜玘、郭春华认为包括农民工社会保障体系薄弱在内的社会待遇不公导致农民工心理失衡是农民工群体性事件的原因之一。其次，流动人口社会保障制度不协调降低了流动人口的社会安全感，从而增加了社会不稳定危机的可能性。[②] 心理学把安全感理解为是个体的一种人格特点，犯罪学将其理解为是对犯罪的恐惧，而社会学则关注的是以集体焦虑和普遍的社会不安全感为标志的新风险社会。[③] 安全感有助于生活积极和谐、工作或学习富有成效且有动力，[④] 这对于社会稳定是有积极作用的。社会保障的直接目的主要用于满足人们马斯洛需求层次的第二个层次需求，即安全的需求，从社会保障的英文名称 Social Security 直译为社会安全可见一斑。流动人口社会保障不协调当然不能很好地满足流动人口的安全需求，让流动人口不安全的感觉增加。当流动人口安全需求难以通过社会保障措施得到满足时，流动人口就可能会借助其他替代手段满足其安全需求。比如，个别流动人口通过实施犯罪来满足其安全需求。陈炜、王伟奇研究表明，劳动和社会保障领域的权益不平等是导致农村流动人口侵犯财产犯罪的原因之一。[⑤] 包路芳调查研究表明，北京市的犯罪类型主要是侵财型犯罪，以获得金钱和财物为目的的经济犯罪是流动人口的主要犯罪类型。[⑥] 黄淑瑶、于阳认为包括社会保障在内的社会支持网络缺失容易使流动人口变为实施违法活

---

① 于水、李煜玘：《农民工群体性事件的影响因素——对苏南地区农民工的调查》，《华南农业大学学报》（社会科学版）2010 年第 4 期。

② 李煜玘、郭春华：《我国农民工群体性事件成因的研究现状与前瞻》，《劳动保障世界》（理论版）2010 年第 9 期。

③ 王俊秀：《面对风险：公众安全感研究》，《社会》2008 年第 4 期。

④ 李幕、刘海燕：《心理安全感作用问卷的编制》，《求实》2012 年增刊第 1 期。

⑤ 陈炜、王伟奇：《完善社会保障制度预防流动人口财产犯罪》，《湖南医科大学学报》（社会科学版）2009 年第 3 期。

⑥ 包路芳：《城市适应与流动人口犯罪——北京犯罪问题的 80 年对比研究》，《中国农业大学学报》（社会科学版）2007 年第 4 期。

动乃至暴力犯罪的主体。①② 流动人口犯罪极易酿成群体性事件。③ 最后，流动人口社会保障制度不协调降低了流动人口对政府的信任度，从而增加了社会不稳定危机的可能性。现代社会保障制度是以政府为主体组织实施的社会经济政策。政府在社会保障中的主体责任主要表现为：第一，为社会保障提供完备的法律框架。比如，政府可以明确社会保障法规的立法理念，界定社会保障法的渊源，明确社会保障法的基本原则，理顺社会保障法律关系，提升社会保障法的效力，推动社会保障法制的建设等。第二，对社会保障制度进行整体规划。比如，依据本国国情规划社会保障制度的筹资模式、规划社会保障制度的给付水平、管理体制等。第三，为社会保障提供财政支持。比如，对社会保障缴费提供税收优惠，对社会保障基金提供投资优惠、填补社会保障基金收支缺口、负担最低养老金给付等。第四，对社会保障产权进行明晰界定，对各方的权利和义务进行合理的划分。流动人口社会保障制度不协调容易让流动人口把原因归咎于实施主体——政府，从而产生对政府的不信任感。对政府信任的缺失是导致群体性事件和公共危机的关键因素。④⑤ 张翼、尉建文研究表明，农民工越信任中央政府，越不信任基层政府，其就越易借助中央政府的权威来制衡基层政府的不公而发生群体性事件。⑥

　　流动人口社会保障制度不协调相对增加了危机管理的成本。危机管理也就是应急管理。⑦ 现代意义上的危机管理是指应对危机的管理职能，是指通

①　黄淑瑶：《从社会支持网角度看流动人口犯罪》，《北京社会科学》2007 年第 2 期。

②　于阳：《社会支持视域下城市流动人口犯罪预防研究》，《河北法学》2014 年第 5 期。

③　朱志华、周长康、孙永刚：《从源头上预防流动人口犯罪——长三角地区流动人口犯罪问题的调查与思考》，《浙江社会科学》2009 年第 9 期。

④　陈朋：《公共危机中的政府信任：从流失到重构——兼论公共危机的一种新解释视角》，《行政论坛》2015 年第 1 期。

⑤　柴玲、尉建文：《政治认同、政府信任与群体性事件——以北京市新生代农民工为例》，《云南民族大学学报》（哲学社会科学版）2018 年第 1 期。

⑥　张翼、尉建文：《特大城市农民工群体性事件参与风险分析》，《中国特色社会主义研究》2014 年第 4 期。

⑦　陈振明：《中国应急管理的兴起》，《东南学术》2010 年第 1 期。

过组织各方面的力量，对可能发生或已经发生的危机事件进行预测、监督、控制、协调处理的全过程，从最广泛意义上讲，危机管理包含对危机事前、事中、事后所有过程及所涉及的所有因素的全面管理。① 罗伯特·希斯描绘了危机管理的 4R 模式，认为危机管理可以分为缩减（Reduction）、准备（Readiness）、反映（Response）、恢复（Recovery）四大任务。② 这里所说的增加危机管理成本是相对于流动人口社会保障制度协调的情况而言的。也就是说，在其他条件不变的情况下，相对于流动人口社会保障制度协调状况而言，流动人口社会保障制度不协调会增加社会不稳定危机爆发的可能性，从而需要采取应急社会保障管理措施。"应急社会保障可以从广义和狭义两个角度进行区分，广义的应急社会保障是指为了应对突发公共事件，各级政府和社会各方面的参与主体共同合作，在应急社会保障的减缓、准备、响应及恢复四个阶段中，针对每一阶段的特征，对应急社会保障实施所需的各种物资、资金、人力、信息和制度等资源，有针对性地实行全方位动态管理，将常态下的静态管理和局部调整同非常态下的动态资源调整和全局协调相结合，为应急社会保障提供有效实施的基础保障。狭义的应急社会保障则是仅指在突发公共事件的应急响应阶段，对所需的物资、资金、人力、信息技术和制度等保障资源，以追求时间效益最大化和灾害损失最小化为目标的非常态的动态管理活动。"③ 薛澜、张强、钟开斌把危机管理分为危机预警和危机管理准备阶段、识别危机阶段、隔离危机阶段、管理危机阶段、危机善后处理并从危机中获益这五个阶段。④ 与一般的危机管理一样，应急社会保障管理在上述各个危机管理阶段均需要花费大量的成本。应急社会保障管理在危机预警和危机管理准备阶段需要采取措施避免社会保障危机、形成社会保

---

① 熊卫平：《危机管理：理论·实务·案例》，浙江大学出版社 2012 年版，第 20 页。

② ［美］罗伯特·希斯：《危机管理》，王成、宋炳辉、金瑛译，中信出版社 2010 年版，第 21 页。

③ 万明国、陈萌：《非常规灾害应急社会保障》，知识产权出版社 2014 年版，第 15—16 页。

④ 薛澜、张强、钟开斌：《危机管理》，清华大学出版社 2003 年版，第 56 页。

障危机管理预案、建立社会保障危机管理组织系统、实施社会保障危机情势模拟，这需要花费大量的社会管理成本。应急社会保障管理在危机识别阶段需要扫描多种社会保障危机信息来源、搜集社会保障危机信息并对搜集来的社会保障危机信息进行整理分析，这也会耗费大量的人力、物力和财力，增加社会管理成本。应急社会保障管理在隔离危机阶段需要快速形成取舍原则、构建社会保障危机"防火墙"、保持社会保障组织内部的正常运作，这同样会增加社会管理成本。应急社会保障管理在管理危机阶段需要调度主要人物亲临社会保障危机事发现场、形成实时决策模式、妥善快速地与媒体沟通，这无疑也会增加社会管理成本。应急社会保障管理在危机善后处理并从危机中获益这个阶段需要进行社会保障危机善后处理、建立社会保障危机事件独立调查制度、诊断社会保障危机后遗症、实施社会保障危机后的组织变革等，这必然会增加社会管理成本。

第四章　中国流动人口社会保障制度协调机制的宏观架构

　　流动人口社会保障制度不协调显然不是社会发展的良性状态，因为它威胁了流动人口生存权的实现，阻碍了流动人口发展权的实现，弱化了劳动力自由流动，迟滞了以人为核心的城镇化进程，增加了危机管理的成本。这些负面影响从侧面印证了构建流动人口社会保障制度协调机制的必要性。为此，在流动人口社会保障制度协调机制基础理论的基础上，需要从基本理念、战略目标、核心任务这三个方面宏观架构流动人口社会保障制度协调机制，从而为后续构建流动人口社会保障制度的微观协调机制奠定基础。

第一节　流动人口社会保障制度协调机制的基本理念

一、普惠

　　所谓普惠，从字面意思理解就是普遍惠及的意思。普惠性是社会保障制度建设应该坚持的基本原则之一。社会保障普惠性的核心主旨是推行能有效地、全方位地让社会所有阶层和群体享有社会保障权益。社会保障普惠性包括两个层面的含义：一个层面的含义是社会保障制度普惠性，即社会保障项目应该健全，社会成员面临的、威胁其基本经济生活安全的各种风险能有相应的社会保障制度安排予以应对；另一个层面的含义是社会保障人口普惠性，即在社会保障项目健全的基础上，社会保障总体设计应该在保障对象和覆盖范围方面坚持全覆盖，把凡是符合社会保障对象的人群均纳入社会保障体系中去，尽可能不使任何一个应该享受到社会保障的成员遗漏在社会保障体系之外。社会保障普惠性的这种含义实质上体现的是以公民权为核心的普遍主义的福利追求。"纵观人类社会福利发展史，普遍主义的福利思想和福利模式不仅仅是西方的，也是世界的，不仅仅是地方性知识也是全球性知识。"①

　　流动人口社会保障制度协调机制坚持普惠理念的原因在于：首先，流动人口社会保障制度协调机制坚持普惠理念是保障基本人权的体现。如前文所述，社会保障制度是用来保障国民的基本经济生活安全的。社会保障权益的获得以及由此对基本生活的影响是生存权和发展权的一部分，而生存权和发展权是基本的人权构成部分。从这种意义上讲，每个国民都有获得社会保障的权利。因此，流动人口社会保障制度协调发展应该把全体国民都纳入社会保障制度之中去，社会保障制度应该覆盖全体国民。其次，流动人口社会保障制度协调机制坚持普惠理念是忠实宪法和履行宪法。宪法是国家的根本大法，在整个法律体系中具有最高的法律效力和最高的法律地位，② 宪法在法律体系建构中具有价值与规范基础的功能，并提供合理解决法律冲突的原则与具体程序，③ 是最高层次的正式制度安排。2018 年 3 月 11 日第十三届全国人民代表大会第一次会议通过的《中华人民共和国宪法修正案》第十四条规定："国家建立健全同经济发展水平相适应的社会保障制度。"第四十四条

---

① 景天魁、高和荣、毕天云：《普遍整合的福利体系》，中国社会科学出版社 2014 年版，第 23 页。
② 常明：《宪法的地位和作用》，《河北法学》1986 年第 6 期。
③ 韩大元：《论宪法在法律体系建构中的地位与作用》，《学习与探索》2009 年第 5 期。

规定："国家依照法律规定实行企业事业组织的职工和国家机关工作人员的退休制度。退休人员的生活受到国家和社会的保障。"第四十五条规定："中华人民共和国公民在年老、疾病或者丧失劳动能力的情况下，有从国家和社会获得物质帮助的权利。国家发展为公民享受这些权利所需要的社会保险、社会救济和医疗卫生事业。国家和社会保障残废军人的生活，抚恤烈士家属，优待军人家属。国家和社会帮助安排盲、聋、哑和其他有残疾的公民的劳动、生活和教育。"这是中国保障流动人口社会保障权利最高层次的制度安排，也是流动人口社会保障制度协调发展应该坚持普惠理念的根本法律依据。再次，流动人口社会保障制度协调机制坚持普惠理念是遵循国际社会保障制度发展通行规则。《贝弗里奇报告》是现代社会保障发展史上具有划时代意义的著作，它对英国、欧洲乃至整个世界的社会保障制度建设和发展进程产生过重要的影响。《贝弗里奇报告》提出的社会保险方案应该遵循的六个原则直到现在还具有重要的指导性和广泛的应用价值。社会保险是现代社会保障的核心。流动人口社会保障制度协调机制坚持普惠理念符合《贝弗里奇报告》中提出的社会保险"广泛保障"的原则。《贝弗里奇报告》认为广泛保障应该是："不论是从社会保障覆盖的人员还是从满足他们的各种基本需要角度看，社会保险都应当是全方位的。社会保险的广泛性和统一性（正是这两点体现了社会保险的公正）要求其不应当给国民救助和自愿保险留下任何隐患。由于国民救助需要进行经济状况调查可能会不利于发展自愿保险和个人储蓄。自愿保险从来都不能保证覆盖的范围。对于其他的任何需求，如直接丧葬费用，由于其广泛性和统一性，适合强制保险，毕竟社会保险相对于自愿保险，管理和操作的成本要低得多。"① 国际现代社会保障制度发展的通行做法和既有经验为中国流动人口社会保障制度协调发展坚持普惠理念提供了重要依据。

---

① ［英］贝弗里奇：《贝弗里奇报告——社会保险和相关服务》，劳动和社会保障部社会保障研究所译，中国劳动社会保障出版社 2008 年版，第 115 页。

　　流动人口社会保障制度参保率不高、转移接续难、保障水平偏低决定了流动人口社会保障制度目前还不能满足社会保障普惠性的要求。流动人口社会保障制度协调机制坚持普惠理念是社会保障基本建制原则的回归。把社会保障普惠性作为手段，通过构建流动人口社会保障制度协调机制来保证流动人口的社会保障权益，进而促进其与非流动人口群体社会融合，规避社会排斥。按照社会保障普惠性的含义，目前世界上很难有哪个国家真正实现了百分之百普惠性的社会保障，因为没有哪个国家社会保障制度能够化解其所有国民所面临的所有社会风险。但是，把普惠性作为社会保障制度建设的一个理念，作为构建流动人口社会保障制度协调机制的一个理念在逻辑上是没有问题的。也就是说，普惠性可以作为一个基准，包括构建流动人口社会保障制度协调机制在内的社会保障制度建设可以追求无限逼近这个基准，尽管难以完全达到这个基准。在无限逼近社会保障普惠性的过程中，要坚持适度标准，坚决避免高福利陷阱和低福利陷阱。因为从长远来看，高福利的普惠性社会保障会导致失业、经济停滞和通货膨胀，低福利的普惠性社会保障会导致保障待遇不足。无论是高福利普惠性社会保障还是低福利普惠性社会保障均会导致相当一部分国民基本经济生活安全受到威胁，实质上是虚假的普惠性社会保障。

二、公平

　　公平是人类社会追求的永恒价值之一，虽然古今中外不同学者的看法不尽相同，但是其基本要义是一个人得到其应该得到的就是公平。社会保障公平理念有两个方面的含义：一方面，基本社会保障按需要分配，完全平等，实现底线公平或者生存公平；另一方面，非基本社会保障按贡献分配，比例平等，实现劳动公平。基本社会保障优先于非基本社会保障，当二者发生冲突时，应以牺牲非基本社会保障来保全基本社会保障。享有基本社会保障和非基本社会保障的机会应该人人完全平等。

流动人口社会保障制度协调机制坚持公平理念的原因在于：首先，流动人口社会保障制度协调机制坚持公平理念体现社会保障基本建制原则。"以中立的价值立场讨论社会政策是没有意义的事情。……在社会福利体系之内，人们无法逃避各种价值选择。任何模型的构筑和理论的阐释，只要涉及'政策'，都不可避免地关切到'是什么'和'该是什么'的问题；关切到我们（身为社会成员）的需求（目标）问题；以及关切到谋成的方法（手段）问题。"① 社会保障的首要价值选择是公平。②③④⑤ 社会保障制度运行应该始终坚持公平的价值取向。社会保障制度应该坚持起点公平。起点公平指社会成员具有相同的机会去参与社会活动并创造价值，参与社会活动前的起始条件是相同的。社会保障在保障对象方面坚持普遍性前提下的选择性，不会基于社会成员个人身份差别而实施歧视性社会保障制度，保证所有人在参加社会保障方面机会平等。全民保障保证了社会成员在获得社会保障权益时的起点公平。⑥ 社会保障制度应该坚持过程公平。过程公平主张严格按照规章制度办事，法律、制度面前人人平等，暗箱操作、权钱交易、寻租和弄虚作假则是过程不公平的表现。⑦ 在社会保障制度规则已经确立的前提下，社会保障应该坚持按制度规定实施，避免社会保障运行中主观偏向对被保障对象权益造成损失。社会保障制度应该坚持结果公平。结果公平也称实质公

---

① ［英］理查德·蒂特马斯：《社会政策十讲》，江绍康译，吉林出版集团有限责任公司2011年版，第12，99页。

② 李志明：《公平：社会保障法的首要理念》，《中国社会保障》2006年第7期。

③ 景天魁：《社会保障：公平社会的基础》，《中国社会科学院研究生院学报》2006年第6期。

④ 杨思斌：《我国社会保障制度的公平原则及其实现途径》，《当代世界与社会主义》2007年第5期。

⑤ 鲁全、武文莉：《公平、平等与共享：城乡统筹社会保障制度建设的基本理念》，《长白学刊》2008年第4期。

⑥ 蒲新微、鞠明欣：《公平：社会保障的核心价值理念》，《社科纵横》2014年第1期。

⑦ 史耀波、温军、李国平：《从起点和过程公平的视角论公平与效率》，《西安交通大学学报》（社会科学版）2007年第3期。

平、社会公平，意即人们实际社会处境的平等化。① 社会保障以保障人们的基本经济生活安全为目标，结果公平是其最根本的价值取向。从经济运行角度看，社会保障是国民收入再分配的一种形式。在国民收入初次分配的基础上，社会保障借助对不同人群之间的横向再分配、个人不同历史时期财富的纵向再分配等国民收入再分配形式，矫正国民收入初次分配差距过大的情形，从而使国民收入差距向适度区间回归。就起点公平、过程公平与结果公平三者在社会保障领域的关系来看，结果公平是社会保障最终追求的目标，起点公平和过程公平是结果公平实现的前提条件，没有起点公平和过程公平，也就难以实现结果公平。流动人口社会保障制度是整体社会保障制度的子集，其协调机制建设必然要体现社会保障制度建设的基本原则，坚持起点公平、过程公平和结果公平的价值取向。其次，流动人口社会保障制度协调机制坚持公平理念是对我国社会保障理念由偏差向理性回归的认同。社会保障理念是对社会保障的看法和持有的基本态度，对社会保障实践活动发挥支配制约作用。② 我国的社会保障理念变化大概经历了三个阶段。第一阶段是坚持平等的社会保障理念，这主要是在中华人民共和国成立后到改革开放前的计划经济时期。这一时期国家面临的主要问题是组建和巩固新生的人民政权、恢复遭到战争破坏的国民经济、保证人民群众行使当家作主的权利。与这一形势相适应，国家颁布了一系列社会保障方面的法律法规，主要包括：（1）1949 年 9 月颁布的《中国人民政治协商会议共同纲领》，这为新中国的社会保障体系建立提供了最基本的法律依据。（2）1950 年 12 月内政部颁布的《革命烈士家属、革命军人家属优抚暂行条例》《革命残废军人优待抚恤暂行条例》《革命军人牺牲、病故褒恤暂行条例》《革命工作人员伤亡褒恤暂行条例》《民兵、民工伤亡抚恤暂行条例》。这五个条例标志着统一的军

---

① 吴增基：《坚持"规则公平优先、兼顾结果公平"的公平观——兼论"效率优先、兼顾公平"的实质与合理性》，《学术界》2006 年第 1 期。
② 刘同芗：《当代中国社会保障理念的嬗变与启示》，《山东社会科学》2007 年第 10 期。

人优待抚恤制度初步建立。（3）1951年2月政务院颁布的《中华人民共和国劳动保险条例》，该条例标志着中国劳动保险制度的建立。（4）1952年6月政务院颁布的《关于全国各级人民政府、党派、团体及所属事业单位的国家工作人员实施公费医疗预防的指示》，该指示标志着中国公费医疗保障制度的建立。（5）1955年12月，国务院颁布了《国家机关工作人员退休处理暂行办法》《国家机关工作人员退职处理暂行办法》《国家机关工作人员病假期间生活待遇试行办法》《关于处理国家机关工作人员退职、退休时计算工作年限的暂行规定》。这四个文件标志着国家机关和事业单位工作人员退休养老制度的建立。（6）1956年6月第一届全国人民代表大会第三次会议通过的《高级农村合作社示范章程》。该章程对农村的老、弱、孤、寡、残疾社员的吃、穿、教、葬等保障问题进行了规定，标志着农村"五保"制度的建立。（7）1960年2月，中共中央以中发（60）70号文件向各省、自治区、直辖市党委转发了卫计委《关于全国农村卫生工作山西稷山现场会议情况的报告》及附件《关于人民公社卫生工作几个问题的意见》，充分肯定了人民公社社员集体保健医疗制度，这标志着农村合作医疗制度成为政府在农村实施医疗卫生工作的一项基本制度。到1960年，中国社会保障方面的一些法律制度已经基本建立起来，在1965年之前，国家在社会保障相关政策方面又进行了一些修订和补充。从总体上讲，中国社会保障制度中的社会救助、社会保险、社会福利和社会优抚已经全面展开，中国社会保障制度在这一时期已经基本建立并发展起来。在计划经济体制下我国社会保障制度的特征主要表现在社会保障覆盖面狭窄，制度条块分割情况严重；给付水平差别过大与平均主义并存；总体经济发展低水平下的局部高福利；社会化程度低。平等作为社会保障的建制理念使计划经济时期的社会保障主要是国家和单位保障制度，社会保障的激励功能发挥不足。第二阶段是坚持效率优先和兼顾公平的社会保障理念，这主要是在改革开放后社会保障制度改革调整初期。1978年党的十一届三中全会的召开使中国成功实现伟大历史转折，开辟了中国特色社会主义道路。① 从此开始，全国的工作重心重新转移到社会主义现代化建设的轨道上来。与这种形势相适应，国家对"文革"中遭到破坏的社会体系逐步进行恢复。比如，1978 年 2 月第五届全国人民代表大会第一次会议通过的《中华人民共和国宪法》对社会保障问题做了原则规定，决定重新设置民政部；1978 年 6 月，国务院颁布了《关于安置老弱病残干部的暂行办法》和《关于工人退休、退职的暂行办法》，重新恢复了退休养老制度。其他一些在"文革"中遭到破坏的社会保障项目也逐步恢复起来。社会保障体系的恢复以及 20 世纪 80 年代初期经济体制改革的实施为积极探索企业保障向社会保障转变提供了一定前提条件。1986 年 4 月第六届全国人民代表大会第四次会议通过了《中华人民共和国国民经济和社会发展第七个五年计划》。"七五"计划明确地提出了要进一步加强劳动保护，逐步建立和健全适应新形势需要的社会保障制度。"七五"计划首次提出了社会保障的概念，这标志着中国社会保障制度进入了改革调整时期。自此以后，中国社会保障体系的改革调整经过了为国有企业改革配套阶段、为市场经济体制改革配套阶段。这个时期国家在社会保障制度方面主要进行了两类改革：（1）社会救助制度改革。1999 年 9 月，国务院颁布了《城市居民最低生活保障条例》，2007 年 7 月，国务院发出《关于在全国建立农村最低生活保障制度的通知》。以这两个文件为主线，国家在这一段时期相继在城乡推出了住房救助制度、医疗救助制度、失业救助制度、司法救助制度等一系列社会救助项目，而且社会救助的参与主体也日益多元化。（2）社会保险制度改革。比如，1997 年 7 月，国务院颁布了《关于建立统一的企业职工基本养老保险制度的决定》，这标志着中华人民共和国成立以来在城镇职工中实施的现收现付制养老保障制度被社会统筹与个人账户相结合的部分积累制基本养老保险制度所替代；1998 年 12 月，国务院颁布了《关于建立城镇职工基本医疗保

---

① 陈雪薇：《中国特色社会主义道路的 30 年探索》，《中共中央党校学报》2008 年第 3 期。

险制度的决定》，这标志着中华人民共和国成立以来在城镇职工中实施的劳动保险医疗保障制度被社会统筹与个人账户相结合的部分积累制基本医疗保险制度所替代；1999 年 1 月，国务院颁布了《失业保险条例》，这标志着失业保险制度正式代替了以前所实施的待业保险制度。社会保障改革，无论是养老保险改革、医疗保险改革，还是失业保险改革，都只是企业体制改革或经济体制改革的配套措施，这样一来，"经济效益最大化"就成为社会保障制度的设计与评价的核心标准，忽视了社会保障制度的"社会稳定器"功能，忽略了社会保障的公平价值追求。[①] 效率优先和兼顾公平作为社会保障的建制理念，使这段时期的社会保障制度出现了过度强调个人责任回归而使社会保障的保障功能发挥不足的问题。第三阶段是坚持以公平为主的社会保障理念，这主要是从 21 世纪初期开始。2002 年中国共产党第十六次全国代表大会强调"再分配注重公平，加强政府对收入分配的调节职能，调节差距过大的收入"，这使公平优先和兼顾效率成为社会保障建制理念，从而有助于今后社会保障体系较好地实现保障功能和激励功能的结合。这个阶段国家对社会保障制度进行的改革主要包括：（1）2003 年国务院转发卫计委、财政部、自然资源部《关于建立新型农村合作医疗制度的意见》，建立以大病统筹为主的新型农村合作医疗制度，农村合作医疗制度在瓦解将近 20 年后得以重建和改革；（2）2003 年 4 月国务院颁布了《工伤保险条例》，社会化工伤保险制度得以基本完善与定型；（3）2004 年 5 月施行《企业年金试行办法》和《企业年金基金管理试行办法》，中国合格式的补充养老保险计划信托制度开始规范运作；（4）2007 年 7 月颁布了《国务院关于开展城镇居民基本医疗保险试点的指导意见》，城镇非从业人口被纳入基本医疗保险范畴；（5）2009 年 9 月颁布了《国务院关于开展新型农村社会养老保险试点的指导意见》，农村居民养老开始由传统的家庭养老模式向社会养老模式转

---

① 申曙光、孙健：《论社会保障发展中的七大关系——基于社会公平的视角》，《学习与探索》2009 年第 4 期。

变；（6）2011年6月颁布了《国务院关于开展城镇居民社会养老保险试点的指导意见》，城镇非从业人口养老开始由传统的家庭养老模式向社会养老模式转变。（7）2011年7月《中华人民共和国社会保险法》正式实施，这是我国社会保险制度建设中具有里程碑意义的事件，使我国社会保险制度全面步入法制化轨道。（8）2014年2月，国务院印发《关于建立统一的城乡居民基本养老保险制度的意见》，国家开始整合城乡居民基本养老保险制度。（9）2016年1月，国务院印发《关于整合城乡居民基本医疗保险制度的意见》，国家开始整合城镇居民基本医疗保险制度。以公平为主作为社会保障的建制理念使社会保障制度不再是经济体制改革的配套措施，而是成为一项独立发展的社会事业。流动人口社会保障制度协调机制建设应该在理念上与整体社会保障制度建设的理念一致，避免平等主义和效率优先的理念偏差，坚持以公平为主的理念。再次，流动人口社会保障制度协调机制坚持公平理念有助于进一步增强我国社会保障制度的现实公平性。王筱欣、江华对山东、河南、安徽、重庆4省市的问卷调查结果显示，现阶段城乡之间社会保障存在较大的不公平，城乡居民对未来社会保障公平的发展信心不足。[1] 城乡居民对社会保障制度公平感不足其实是社会保障制度现实公平性不足的外在反映。从底线公平或者生存公平方面来看，我国社会保障尤其是流动人口社会保障制度的现实公平性还有待进一步提高。现实中有相当一部分流动人口没有被最低生活保障制度所覆盖，生活贫困窘迫。比如，林晓洁研究表明，2000年深圳市宝安区非户籍贫困人口占全市贫困人口总数的48.3%；[2]韩宁华研究表明，流动人口由于孕期营养不良引起足月低出生体重儿（足月小于低龄儿）占66.25%；[3] 樊坚认为农村流动人口的贫困发生率比城市居

① 王筱欣、江华：《城乡之间社会保障社会公平感的调查评估——基于山东、河南、安徽、重庆4省市的问卷调查》，《人口与经济》2010年第6期。
② 林晓洁：《建立外来农民工最低生活保障制度的可行性分析》，《人口与经济》2006年第1期。
③ 韩宁华：《流动人口与常住人口低出生体重儿原因分析》，《中国妇幼保健》2006年第3期。

民高出 2 倍以上，以农村流动人口为主体的这样一种城市贫困会以相当大的规模出现在城市的边缘地带且长期存在;[1] 袁方、史清华、卓建伟研究表明，农民工遭受严峻的福利贫困问题，福利缺失是造成农民工福利贫困的重要因素。[2] 部分流动人口贫困折射出其最低生活还没有得到有效的和可靠的保障，其生存权还面临着一定挑战，现实中社会保障生存公平还没有完全实现。从劳动公平方面来看，我国社会保障尤其是流动人口社会保障制度的现实公平性还有待进一步提高。流动人口社会保障制度的劳动公平性不足主要是指流动人口社会保险制度和住房公积金制度的公平性不足。社会保险制度和住房公积金制度属于收入关联性社会保障制度，通过雇主和雇员缴费形成基金作为其运作基础。这两个制度的缴费基数是核定缴费工资，实际上是工资总额的一部分。在费率不变的情况下，社会保险制度和住房公积金制度会出现高工资者多缴费，低工资者少缴费。这表面上符合社会保障劳动公平的原则，因为工资是劳动的边际贡献。实际上，流动人口尤其是农民工与常住人口的同工不同酬现象造成了社会保险制度和住房公积金制度核定缴费工资的差异，从而造成了社会保险和住房公积金制度实质上劳动公平性下降。有诸多研究表明了劳动力市场流动人口和常住人口工资差异中的歧视和同工不同酬现象。比如，谢嗣胜、姚先国使用调查数据研究表明，农民工和城市工的平均工资差异中有 55.2% 归结于歧视性因素，其中对农民工的直接歧视导致 36.2% 的工资差异，对城市工的制度性保护即对农民工产生的反向歧视导致 19.0% 的工资差异。[3] 郭凤鸣、张世伟研究发现城镇工工资率是农民工工资率的 1.79 倍，这种差异的 12.99% 是由于进入市场后受到户籍歧视导致的。[4]

---

① 樊坚:《城市化进程中的农民工贫困研究》,《云南民族大学学报》(哲学社会科学版) 2007 年第 1 期。

② 袁方、史清华、卓建伟:《农民工福利贫困按功能性活动的变动分解:以上海为例》,《中国软科学》2014 年第 7 期。

③ 谢嗣胜、姚先国:《农民工工资歧视的计量分析》,《中国农村经济》2006 年第 4 期。

④ 郭凤鸣、张世伟:《教育和户籍歧视对城镇工和农民工工资差异的影响》,《农业经济问题》2011 年第 6 期。

郭震对城镇居民和流动人口工资差距研究表明，户籍歧视造成的工资不平等问题对于低工资收入人群来说相当严重，阻碍劳动力市场"帕累托效率"问题的主要是户籍歧视。① 周庆林、饶亚会研究了安徽省劳务市场对农民工工资的歧视系数，结果表明，2009—2013 年平均农民工歧视系数为 1.57，如果不存在劳动力市场对农民工的歧视，则农民工工资平均会上升 57%，歧视已经严重影响农民工的收入水平和福利水平。② 董熙使用 2013 年中国居民家庭收入项目（CHIPS）调查数据分析表明，我国农民工工资歧视存在地域、部门和行业差异，东、中、西部地区的农民工工资歧视程度呈现由高至低的阶梯状，在企业部门类型中的农民工工资歧视程度由外资向自由职业逐渐下降，在行业中的第一、二产业农民工工资歧视程度大于第三产业。③ 赵海涛利用 2002 年、2007 年和 2008 年中国居民家庭收入调查数据（CHIPS）分析了城镇居民与流动人口的工资差异，实证结果表明，对流动人口的歧视是存在的，工资差异中有 11.22% 的差异是由歧视所导致的。④ 最后，流动人口社会保障制度协调机制坚持公平理念有助于社会实现公正的发展。"作为公正的发展，就是承认和实现合理的适当的差别、符合并满足大多数人的利益、有利于促进绝大多数人（原则上是全体社会成员）的生活改善和能力提高，这三条标准既是我们所理解的'公正'，也是我们所理解的'发展'，所以称为'作为公正的发展'。"⑤ 社会公正是社会发展的核心价值、是社会发展的根本动力，是社会发展的最佳状态。⑥ 公正是人类社会具有永恒价值

————————

　　① 郭震：《城镇居民和流动人口工资差距：户籍歧视还是性别歧视》，《南方经济》2013年第 8 期。

　　② 周庆林、饶亚会：《工资歧视、代际差异与农民工市民化进程——基于安徽省的案例调查》，《郑州航空工业管理学院学报》2016 年第 1 期。

　　③ 董熙：《基于地域、部门与行业差异的农民工工资歧视研究》，《西北人口》2014 年第6 期。

　　④ 赵海涛：《流动人口与城镇居民的工资差异——基于职业隔离的角度分析》，《世界经济文汇》2015 年第 2 期。

　　⑤ 景天魁：《社会公正理论与政策》，社会科学文献出版社 2004 年版，第 2 页。

　　⑥ 景天魁：《社会公正理论与政策》，社会科学文献出版社 2004 年版，第 3—7 页。

的基本理念和基本行为准则。① 第一章理论论证表明，公正是行为主体得到其应该得到的等利（害）交换的善行。公正可以分为个人公正和社会公正。个人公正是个人行为主体的公正，是个人进行的等利（害）交换行为。社会公正是社会行为主体的公正，是社会进行的等利（害）交换行为。社会公正所要解决的中心问题是如何协调社会与社会成员的利益关系，实现既定条件下最合理的利益结构，从而成为维持社会稳定发展的道德原则。② 可见，社会公正是社会之所以成为社会的重要支撑。一个没有社会公正的社会无法保持长久的繁荣与稳定，社会公正是人类社会发展到现代文明时所形成的共同理想和追求目标，③ 实现目的与手段、权利与义务、平等与差异、自由与秩序、竞争与协作、民主与集中、内容与程序统一为特征的社会公正是社会发展的核心价值。④ 社会公正之所以成为社会发展的根本动力就在于实现了社会公正有助于对社会参与主体形成恰当的激励，而恰当激励推动了社会发展。美国心理学家斯达西·亚当斯（J. S. Adams）构建的公平理论是公平对参与主体行为产生正向激励的有力佐证。有了正向激励，社会主体参与社会建设的积极性就高，各个参与主体各得其所，从而推动社会整体发展。反之，没有了正向激励或者出现了负向激励，社会主体参与社会建设的积极性低下甚至出现破坏社会建设的行为，各个参与主体不得其所，社会整体则丧失了发展动力或者遭到破坏。社会公正成为社会发展的最佳状态的原因在于社会公正最大限度地实现了社会合作、社会稳定和社会效率。因为实现了社会公正，各个社会参与主体得到了其应该得到的，这满足了社会合作参与约束的条件。因为实现了社会公正，各个社会参与主体在社会合作的过程中得到了应该得到的收益，满足了社会合作的激励相容约束条件，这使得社会参

① 吴忠民：《社会发展呼唤着公正研究》，《山东大学学报》（哲学社会科学版）1999 年第 3 期。

② 孙健：《社会公正与社会发展》，《社会科学》1991 年第 3 期。

③ 李素华：《社会公正：社会发展的核心价值和根本动力》，《探索与争鸣》2005 年第 5 期。

④ 李健：《论社会公正与社会发展》，《伦理学研究》2005 年第 4 期。

与主体乐于进行合作而不愿意破坏合作的链条，从而实现了社会稳定。最大限度的社会合作和社会稳定必然会导致最佳的社会效率。同时，前文的理论推演表明公平与效率完全一致而成正相关变化，公平主要通过作用于效率的动力因素即调动人的劳动积极性而提高效率，公平是效率的根本保证。由此也可以推论，社会公平是社会效率的根本保证，实现了社会公正也就实现了社会效率。流动人口社会保障制度协调发展是社会公正发展的必要组成部分。流动人口社会保障制度协调机制坚持公平理念有助于增加流动人口社会保障制度协调，改善流动人口社会保障待遇，促进了发展目标和发展手段的统一，回应了社会发展的核心价值、遵循了社会发展的动力机制、朝向了社会发展的最佳状态，从而在其他条件不变的情况下推动社会公正发展。

流动人口社会保障制度参保率不高、转移接续难、保障水平偏低说明流动人口社会保障制度目前还不能满足社会保障公平性的要求。流动人口社会保障制度协调机制坚持公平理念应该是其首要的价值取向。绝对的公平是难以达到的，但是把公平作为基准，作为社会保障制度建设的一个理念，作为构建流动人口社会保障制度协调机制的一个理念是必要的，也是可行的。不追求公平的社会保障制算不上完善的社会保障制度，不追求公平的流动人口社会保障制度协调机制也不是完善的流动人口社会保障制度协调机制。

三、可持续

1987 年，联合国世界环境与发展委员会在《我们共同的未来》的研究报告中最早提出了可持续发展的概念，即"可持续发展是既满足当代的需求，又不对后代满足需求能力构成危害的发展"。[1][2] 联合国在其可持续发展议程（The Sustainable Development Agenda）网站把可持续发展定义为：可持

① 刘传祥、承继成、李琦：《可持续发展的基本理论分析》，《中国人口·资源与环境》1996 年第 2 期。
② 冯仿娅：《可持续发展理论研究综述》，《现代哲学》1996 年第 3 期。

续发展是既满足当代的需求，又不对后代满足需求能力构成危害的发展；可持续发展需要协同努力为人类和地球构建一个包容性的、可持续的以及适应性强的未来；实现可持续发展需要协调好三个关键因素，即经济增长、社会融合和环境保护。这些因素是相互联系的并且所有这些因素对于个人和社会的福利都至关重要；摆脱贫困是可持续发展所有的形式和维度中必不可少的要求。为了摆脱贫困，必须促进可持续的、包容性的、公平的经济增长，对所有人创造更大的机会，减少不平等，提高基本生活标准，培育公平的社会发展和包容性，促进对自然资源和生态系统整合的和可持续的管理。可持续发展被视作是一个自然—社会—经济复杂系统中的行为矢量，该矢量将导致国家或地区的发展朝向日趋合理、更为和谐的方向进化。① 社会保障可持续发展主要包括三个层面的含义：第一个层面的含义是社会保障水平要适度。适度社会保障水平主要是由社会保障基金的筹集和发放所决定的，根本上是由社会保障基金筹集所决定的。因此，从根本上讲，社会保障水平适度是社会保障筹资水平要适度。社会保障筹资水平适度状况可以从三个方面进行判定。首先，要有利于保障人口的基本经济生活安全，这是从需求方面对社会保障筹资水平的适度性判断。其次，要与经济发展水平相适应，这是从供给方面对社会保障筹资水平的适度性判断。再次，要有利于资源的充分利用和资源的优化配置，这是从经济效率角度对社会保障筹资水平的适度性判断。社会保障筹资水平不能太低，过低的社会保障资金筹集会导致社会保障基金不足，从而降低社会保障基金的发放数量，导致社会保障水平过低，难以实现社会保障保基本的目标。社会保障筹资水平也不能太高，过高的社会保障资金筹集会导致社会保障基金储备过度，从而提高社会保障基金的发放数量，导致社会保障水平过高，容易步入高福利陷阱和挤占居民当期消费，也偏离了社会保障保基本的目标。第二个层面的含义是社会保障基本制度要稳

---

① 牛文元：《可持续发展理论的内涵认知——纪念联合国里约环发大会 20 周年》，《中国人口·资源与环境》2012 年第 5 期。

定。稳定性是制度的主要特性，也是制度存在的理由，制度稳定性是相对的。① 制度变迁的路径依赖性决定了制度变迁是一个长期的过程，虽然某些正式制度变迁过程相对较短，但是与这些正式制度变迁相适应的非正式制度变迁如价值观、信仰、社会规范与准则的变迁过程则相对较长。因此，在制度目标已经明确的前提下保持制度相对稳定性是完成制度变迁的必要前提。社会保障制度变迁也不例外。经过 60 多年的建设，特别是经过最近十几年的改革，我国初步构建起适合国情特点、与社会主义市场经济体制相适应的社会保障体系架构和基本制度安排。② 比如，我国已经初步建立了以社会保险为核心的社会保障体系、建立了基本养老保险制度、建立了基本医疗保险制度、失业保险制度、工伤保险制度、住房公积金制度、社会救助制度，这些制度已经在保障人们基本经济生活安全方面发挥了重要作用。制度变迁的长期性决定了有些制度正处在转型的过程中，还没有完成完全转型（比如基本养老保险制度就是如此，完全过渡到所有被保障对象是新人的统账结合的基本养老保险制度大约要到 21 世纪 40 年代左右）。因此，坚持基本制度的稳定性是推进制度转型的重要保障。保持稳定，才能持续发展；不折腾，才能长久持续；我们应当在现有的基础上努力实现基本制度的大体定型并不断完善。③ 第三个层面的含义是社会保障体制机制要健全。制度稳定的相对性意味着制度稳定并不等于制度僵化。社会保障制度可持续发展坚持基本制度稳定并不是说不能对这些社会保障基本制度进行参数式改革，而是说对那些经过长期实践发展的、一旦成形的社会保障基本制度不要在短期内轻易对其进行结构式改革，要避免"一直在建房子而没有时间住房子"的现象出现。不对成形的社会保障基本制度频繁地进行结构式改革是制度变迁稳定性的要求，对社会保障基本制度进行定期的参数式改革，以健全社会保障体制机制

---

① 郭苏文、黄汉民：《制度质量、制度稳定性与经济增长：一项实证研究》，《当代经济科学》2010 年第 6 期。

② 胡晓义：《建立更加公平可持续的社会保障制度》，《中国发展观察》2014 年专号。

③ 胡晓义：《建立更加公平可持续的社会保障制度》，《中国发展观察》2014 年专号。

是制度变迁波动性的要求，制度变迁在稳定性和波动性的对立统一中完成新制度的供给和旧制度的消亡，从而保持制度的可持续性。当前，健全社会保障体制机制主要需要从以下五个方面着手：第一，增强社会保障制度的激励性。社会保障制度不仅要具有保护功能，同时还要具有激励功能。没有保护功能的社会保障制度不是真正意义上的社会保障制度，没有激励功能的社会保障制度不是公正的社会保障制度，社会保障制度需要实现保护与激励的统一。增强社会保障制度的激励性特别需要关注基本养老保险、基本医疗保险等有个人供款的项目，要强化多缴多得的政策导向，避免单纯依靠政府投入来保障的倾向。第二，提高社会保险基金统筹层次。尽早实现基本养老保险中基础养老保险基金的全国统筹，积极推进其他社会保险项目基金的省级统筹，增强社会保障基金的调剂使用和收入再分配能力。第三，拓宽社会保障资金筹集渠道。对于社会保险基金而言，继续坚持政府、用人单位和个人多方供款的原则，在政府逐步加大对社会保障资金财政投入的基础上，适当降低用人单位和个人的缴费比例，避免缴费中断和延长缴费年限。对于社会救助资金而言，需要坚持财政投入为主原则并逐步增加财政资金的投入力度，优化中央财政和地方财政用于社会救助资金支出的比例关系，同时积极筹集社会捐助资金。此外，还需要开辟国有资产划转社会保障资金等新的筹资渠道，努力实现目前数万亿社会保障基金结余的保值增值。第四，尽快推迟退休年龄。社会经济发展带来生活条件的改善使人口的平均预期寿命普遍增长，使人口的自然增长率不断下降，人口老龄化成为一种世界趋势。为了应对人口老龄化，世界上许多国家均出台了推迟退休年龄的政策。比如，20世纪90年代中期，由于人口老龄化导致养老金支付危机，OECD国家鼓励职工推迟退休。[1] 我国应该尽快实施渐进式的、弹性的推迟退休年龄的政策，合理调节社会保障制度赡养比，以增强社会保障资金收支平衡的可持续性。第

---

[1] Kalwij, A., Kapteyn, A., & Vos, K. D., Retirement of older workers and employment of the young. *De Economist*, 158 (4), 2010, pp. 341-359.

五，发展多支柱社会保障项目。按照多中心治理理论的要求，坚持社会保障社会办的思路，充分发挥政府、用人单位、个人、第三部门、家庭、社区在社会保障提供方面的积极作用。在大力发展以政府为主体举办的第一支柱社会保障制度的基础上，应该大力发展由用人单位举办的第二支柱的社会保障项目，如大力推进企业年金、职业年金、由用人单位提供的各种补充医疗保险项目等。同时，要大力发展合格计划的、以个人储蓄和理财为基础的第三支柱社会保障项目。此外，也要重视和培育第三部门、家庭、社区在社会保障项目提供尤其是在社会救助、社会保障服务和管理实施等方面的作用。多支柱社会保障项目有助于改变过分依赖以政府为主体的第一支柱保障的格局，为国民提供能够满足多层次、多元化需求的制度安排。

流动人口社会保障制度协调机制坚持可持续理念的原因在于：首先，流动人口社会保障制度协调机制坚持可持续理念是社会保障制度改革的基本要求。制度运行会产生惯性，即制度依赖性。社会保障制度运行也不例外。某项社会保障制度一旦建立，享有该项社会保障待遇的被保障人群就会产生基于该制度的预期。合理的预期是社会平稳运行的重要条件。对社会稳定的关注不应仅仅局限在秩序稳定，还要考察预期稳定。① 社会保障作为一项社会支持制度或者社会控制制度有必要维持国民预期的平稳性。社会保障待遇预期通常具有刚性，也就是说预期社会保障待遇通常只能增加而不能降低。如果社会保障制度改革不可持续，即保障水平不适度，基本制度变动频繁，体制机制难以完善，那么国民对社会保障待遇刚性预期将被打破，国民难以形成对社会保障待遇可及性的稳定预期，社会保障作为社会支持制度或者社会控制制度的基本功能将会丧失，从而会对社会善治和危机管理产生负面影响。社会保障待遇具有明显的对当代人补偿的特征，因为社会保障待遇是用来保障国民的基本经济生活安全的。从福利管理的角度看社会保障待遇属于

---

① 王一：《从秩序稳定到预期稳定——经济结构调整中社会保障对社会稳定的影响研究》，《长春市委党校学报》2009 年第 1 期。

薪酬的延期支付形式而非当期支付形式，但是社会保障待遇主要是用来保障当代人的基本经济生活安全，满足当代人的消费需要，通常不考虑社会保障待遇的遗产动机。因此，不能期望社会保障制度改革坚持卡尔多的"虚拟的补偿原则"，因为卡尔多补偿原则是一种假想的补偿，而不是真实的补偿，没有真实的补偿，则被保障对象的基本经济生活就没有保证，社会保障制度建设的目标也就落空了。也不能期望社会保障制度改革坚持希克斯的"长期自然的补偿原则"，因为希克斯补偿原则认为尽管一项改革在短时间内某些人会受损，但是只要这项改革从长期来看能够提高全社会的生产效率，那么经过较长时间以后所有人的境况都会由于社会生产率的提高"自然而然地"获得补偿。希克斯补偿显然不符合社会保障待遇对当代人补偿的特征，正如凯恩斯所言："从长期来看，我们都将死去。"社会保障制度改革坚持希克斯补偿原则会由于长期太长而无法及时对当代人进行补偿导致与卡尔多补偿结果一样的虚拟补偿。因此，如果社会保障制度改革不可持续，即保障水平不适度，基本制度变动频繁，体制机制难以完善，当代人的社会保障权益必然会受到影响而无法实现实际补偿。社会保障制度改革应该要坚持帕累托改进原则。尽管严格意义上的帕累托最优原则是很难实现的，但尽量向帕累托最优原则逼近是应该的。只有坚持了帕累托改进原则，才能最大限度地体现社会保障对当代人补偿的特征，社会保障制度才会可持续发展。其次，流动人口社会保障制度协调机制坚持可持续理念是尽可能缩小制度变迁成本的有效手段。成本是约束制度变迁的关键因素。[1] 依据不同的标准可以划分出不同名目的制度变迁成本。以制度变迁发生的时点为依据，制度变迁的成本主要包括沉淀成本、创立成本、脱序成本、失益成本以及适应成本。[2][3] 沉淀成本是指由于过去的决策已经发生了的，而不能由现在或将来的任何决策改变

　　① 徐晓黎：《论制度变迁的成本约束》，《经济问题》2003 年第 5 期。
　　② 汤吉军：《制度变迁的锁定效应研究：一种沉淀成本方法》，《学习与探索》2009 年第 6 期。
　　③ 张旭昆：《制度变迁的成本—收益分析》，《经济理论与经济管理》2002 年第 5 期。

的成本，如时间、金钱、精力等。坚持可持续理念避免了流动人口社会保障制度协调机制的频繁变动，从而使既往流动人口社会保障制度协调机制决策投入的时间、金钱和精力等取得收益的可能性增大，当然也就有助于降低流动人口社会保障制度协调机制变迁过程中的沉淀成本。创立成本是指与制度创立有关的成本。坚持可持续理念避免了流动人口社会保障制度协调机制的频繁变动，减少了创立新的流动人口社会保障制度协调机制次数，从而可以降低制度创立成本。脱序成本指制度变迁过程中暂时出现的社会失序或无序状态所带来的成本。坚持可持续理念在尽可能完善流动人口社会保障制度协调机制的同时又避免了流动人口社会保障制度协调机制的频繁变动，有助于降低流动人口社会保障制度协调机制变迁引致的社会失序或无序的程度和频率，降低了制度脱序成本。失益成本是指非帕累托改进型制度变迁对个人所带来的成本。比如，在中国社会养老保险制度由现收现付制转变为部分积累制时，在其他条件不变的情况下，"中人"相对于"新人"而言个人账户积累时间较短客观上存在着失益成本。为了保基本，政府对"中人"发放过渡性养老金其实是对"中人"失益成本的补偿。可持续理念要求社会保障水平要适度，流动人口社会保障制度协调机制建设坚持这一理念有助于减少非帕累托改进性的制度变迁，或者及时补偿非帕累托改进性制度变迁对当事人造成的损失，降低失益成本的数量。同时，坚持可持续理念避免了流动人口社会保障制度协调机制的频繁变动也减少了非帕累托改进性制度变迁出现的概率，也有助于降低失益成本。适应成本是个人和社会理解、学习、适应新制度所花费的成本。坚持可持续理念避免了流动人口社会保障制度协调机制的频繁变动，减少了个人和社会理解、学习、适应新制度的次数，客观上有利于降低与之相关的适应成本。再次，流动人口社会保障制度协调机制坚持可持续理念是构建该机制的客观要求。构建流动人口社会保障制度协调机制的直接目标是追求不同社会保障制度之间的有效衔接，从而尽可能使衔接后不同的社会保障制度在保障流动人口社会保障权益方面实现激励相容和信息效率。可持续理念为构建流动人口社会保障制度协调机制提供了现实可能性。

因为可持续意味着社会保障水平适度，基本制度保持稳定，体制机制不断完善，这些都是构建流动人口社会保障制度协调机制的基本前提和有利条件。对保障水平不适度，基本制度变动频繁，体制机制难以完善的不可持续的诸多社会保障制度进行协调以实现激励相容和信息效率的成本非常高，从而使构建流动人口社会保障制度协调机制变得不划算甚至不可能。

流动人口社会保障制度参保率不高、转移接续难、保障水平偏低说明流动人口社会保障制度目前还不能满足社会保障可持续性的要求。流动人口社会保障制度协调机制坚持可持续理念就是要在保持现有制度相对稳定性的基础上优化制度组合，推进流动人口社会保障体系协调发展，这是保持流动人口社会保障制度供给连续性和保障流动人口基本经济生活安全的重要一环。

第二节 流动人口社会保障制度
协调机制的战略目标

战略是指某个组织有意识地实现其主要行动的总计划。战略目标是指组织开展某项活动预期取得的主要成果的期望值。战略目标的设定是活动的展开和具体化，是进一步阐明和界定活动目的、使命以及活动所要达到的具体水平。战略目标作为战略期内的总任务决定着战略重点、战略阶段、战略对策的具体确定，是制定战略的核心。战略目标具有宏观性、长期性、相对稳定性、全面性、可分解性、可接受性、可检验性、可挑战性的特点。宏观性指战略目标是从总体上对组织的某项活动设定预期收益，着眼于整体而非局部，着眼于根本而非枝节，着眼于全盘而非部分，这决定了战略目标具有高度的概括性。长期性指战略目标是长期目标而非短期目标，是对未来相对较长一段时期所要取得的成果设定的期望收益，是组织需要经过较长时期的努力才有可能实现的任务。相对稳定性指战略目标在其所规定的时间内应该要保持基本稳定，因为战略目标是一种长期目标，不能动辄对其进行更改，这样才能保证组织活动最终目标指向的一致性，才能保证活动参与者有明确的目标导向和实现目标的坚定信念。相对稳定性并不排斥在保证战略目标基本稳定的前提下根据客观条件的变化对其进行适应性调整。全面性指战略目标作为一种全局性的概括性的规划并不排斥其对当前的、局部的、具体的活动行为提出要求，因为科学的战略目标确定的是具有现实可能性而非抽象可能性的未来预期收益，实现具有现实可能性的未来预期收益要求当前的、局部的、具体的活动要服从和服务于长远的战略目标，因此，战略目标是长期利益与短期利益的有机统一。可分性指战略目标可以被分解为具体的分目标和分任务，这是由战略目标的宏观性、长期性、相对稳定性、全面性所决定的。科学地对战略目标进行分解从而使总括性的战略目标变成具体的、可操作性强的具体的活动目标、任务、阶段是实现战略目标的基本要求。可接受性指战略目标的实施要能被各个活动参与主体所接受。战略目标能够被各个活动参与主体所接受的前提是该目标必须被他们理解并符合他们的利益。现实情况中同一活动的不同参与主体其利益往往是不同的甚至是相互冲突的。因此，制定战略目标需要注意协调不同参与主体之间的利益，尽可能实现参与约束和激励相容约束，同时需要把战略目标对活动的不同参与主体进行有效的解释和说明，增加其对战略目标的理解和认同。可检验性指战略目标可以被准确地进行衡量，要有明确的目标实现时间和实现程度的标准。可挑战性指战略目标不是活动参与主体轻轻松松就可以实现的，而是需要活动参与主体付出一定的努力后才可以实现的预期收益。

流动人口社会保障制度协调机制的战略目标是为了保障流动人口的社会保障权益。把保障流动人口社会保障权益作为流动人口社会保障制度协调机制的战略目标满足战略目标的大部分特征。一如前述，战略目标具有宏观性、长期性、相对稳定性、全面性、可分解性、可接受性、可检验性、可挑战性的特征。保障流动人口社会保障权益这一战略目标具有宏观性，它概括性地说明了流动人口社会保障制度协调机制所要实现的根本利益，概括性地说明了流动人口社会保障制度协调机制对每一个流动人口及所有流动人口均需要实现的根本利益。保障流动人口社会保障权益这一战略目标具有长期性，不是权宜之计，因为任何社会保障制度建设的根本目标是保障被保障对象的社会保障权益，无论在社会保障制度完善还是不完善的情况下均是社会保障制度应该长期坚持的目标，那么流动人口社会保障制度协调机制的根本目标就是保障流动人口的社会保障权益，无论在流动人口社会保障制度协调机制完善还是不完善的情况下均是流动人口社会保障制度协调机制应该长期坚持的目标。保障流动人口社会保障权益这一战略目标具有相对稳定性。这一战略目标的长期性表明了其具有相对稳定性，因为保障流动人口社会保障权益始终是流动人口社会保障制度协调机制建设应该坚持的目标，不会朝令夕改。由于这一目标的实现不时会受到各种因素的扰动，从而需要对保障流动人口社会保障权益这一战略目标动态地进行适应性调整。保障流动人口社会保障权益这一战略目标具有全面性。保障流动人口社会保障权益既符合流动人口社会保障协调机制建设的短期利益，也符合流动人口社会保障制度协调机制建设的长期利益，是长期利益与短期利益的有机统一。这一战略目标并不排斥当前的、局部的、具体的流动人口社会保障制度协调机制建设，相反，需要对当前的、局部的、具体的流动人口社会保障制度协调机制建设进行帕累托改进，从而为更好地最终实现保障流动人口社会保障权益这一战略目标奠定基础。保障流动人口社会保障权益这一战略目标具有可分解性。保障流动人口社会保障权益的宏观性、长期性、相对稳定性、全面性决定了其可以被分解为具体的分目标和分任务。比如，实现保障流动人口社会保障权益这一战略目标可以细分为提高流动人口社会保障制度参保率、顺畅转移接续关系、提高保障水平等；又比如，还可以对提高流动人口社会保障制度参保率、顺畅转移接续关系、提高保障水平等这些分目标再进行细分，也可以划分时间段对战略目标进行细分，等等。保障流动人口社会保障权益这一战略目标具有部分的可接受性。流动人口社会保障制度协调机制建设的参与主体比较多，主要包括中央政府、地方政府、用人单位、流动人口这四个主体，这导致很难使该战略目标被所有主体所接受。因为参与主体越多，不同主体之间利益冲突的可能性就越大。保障流动人口社会保障权益这一战略目标通常符合中央政府和流动人口这两个参与主体的利益，中央政府会积极倡导和推动保障流动人口社会保障权益，流动人口可以从这一战略目标中直接受益。保障流动人口社会保障权益这一战略目标对于地方政府而言存在着中央政府和地方政府委托—代理关系中地方政府的道德风险、不同地方政府之间博弈的囚犯困境，对于用人单位而言增加了其成本，因此地方政府和用人单位通常不会接受这一战略目标。为了增加这一战略目标的可接受性，流动人口社会保障制度协调机制建设应该要尽可能地使地方政府和用人单位实现参与约束和激励相容约束，增加该机制的信息效率，这也正是流动人口社会保障制度协调机制微观设计的主要内容。保障流动人口社会保障权益部分地满足了战略目标可接受性的特征，同时也规定了优化流动人口社会保障制度协调机制建设以实现这一战略目标的根本原则，即增加不同参与主体对战略目标的可接受性。保障流动人口社会保障权益这一战略目标具有可检验性。什么算保障了流动人口社会保障权益呢？其衡量标准就是流动人口的基本经济生活安全是否有保障。不同社会保障项目保基本的标准不同。流动人口社会保障权益和基本生活有保障就是流动人口社会保障待遇要满足不同社会保障项目保基本的标准。如果与流动人口社会保障有关的社会保障项目没有达到相应项目保基本的标准，那么流动人口的社会保障权益和基本经济生活应该是没有保障的。因为不同社会保障项目保基本的标准用社会保障待遇表现出来，是可衡量的，因此保障流动人口社会保障权益这一战略目标也是可衡量的。党的十九大报告对决胜全面建成小康社会、开启全面建设社会主义现代化国家新征程的时间节点做出了战略部署。党的十九大报告规划："从现在到二〇二〇年，是全面建成小康社会决胜期。……从二〇二〇年到本世纪中叶可以分两个阶段来安排。第一个阶段，从二〇二〇年到二〇三五年，在全面建成小康社会的基础上，再奋斗十五年，基本实现社会主义现代化。……第二个阶段，从二〇三五年到本世纪中叶，在基本实现现代化的基础上，再奋斗十五年，把我国建成富强民主文明和谐美丽的社会主义现代化强国。"国家发展战略为流动人口社会保障制度协调机制建设提出了总体要求，流动人口社会保障制度协调机制建设作为国家发展战略中的一个必要组成部分应该要契合和适应国家的发展战略。因此，保障流动人口社会保障权益这一战略目标的实现时间可以以国家发展战略目标的实施时间为背景来设定，可以设定为 21 世纪中叶，保障流动人口社会保障权益这一战略目标有明确的实现时间。保障流动人口社会保障权益这一战略目标具有可挑战性。前文研究表明，当前流动人口社会保障制度参保率不高、转移接续难、保障水平偏低，流动人口社会保障制度目前还不能满足社会保障普惠性、公平性、可持续性的要求，距离保障流动人口社会保障权益这一战略目标还有较大差距。这决定了实现这一战略目标还需要付出长期的努力。当然，国家重视、社会经济不断发展等为实现这一目标提供了现实可能性。

第三节　流动人口社会保障制度协调机制的核心任务

核心任务是指实现目标的最主要任务或者中心任务。流动人口社会保障制度协调机制的核心任务即指实现流动人口社会保障制度协调机制的战略目标所要完成的最主要任务或者中心任务。流动人口社会保障制度协调机制的战略目标是保障流动人口的社会保障权益。因此，流动人口社会保障制度协调机制的核心任务即指保障流动人口的社会保障权益所要完成的最主要任务或者中心任务。

为了保障流动人口的社会保障权益这一战略目标，流动人口社会保障制度协调机制建设的核心任务即最主要任务或中心任务是实现流动人口社会保障各参与主体利益的激励相容。激励相容是指在日常交往活动中，每个理性的经济人会按照自利的原则行动，如果一种制度安排能够使行为人在追求个人利益的同时正好也实现了集体利益的最大化，那么这一制度安排就实现了激励相容。在信息不对称条件下的委托—代理理论中，在满足参与约束的前提下，如何实现激励相容成为委托—代理模型需要解决的关键问题。因为代理人与委托人的目标函数往往不一致，信息不对称导致代理人的行为可能会偏离委托人的目标函数，从而出现逆向选择和道德风险这种代理人损害委托人利益的现象。如果能够设计一种机制或者制度使代理人在实现自身目标函数的过程中自动实现委托人利益最大化，则这一委托代理关系就实现了激励相容。相反，如果一种机制或者制度使代理人在实现自身目标函数的过程中不能自动实现委托人利益最大化，则这一委托代理关系就出现了激励不相容。

把实现流动人口社会保障各参与主体利益的激励相容作为流动人口社会保障制度协调机制的核心任务的其理由如下：首先，一般机制设计理论的研究内容决定了流动人口社会保障制度协调机制建设的核心任务是实现流动人口社会保障各参与主体利益的激励相容。第一章论述的机制设计理论表明，机制设计理论所要讨论的主要内容是当信息不对称时，如何通过恰当的制度设计，诱导个体真实显示他们的经济特征及行动，使得他们即使主观上为了自己，而客观上达到了社会、集体、改革者、上级或者设计者所想达到的目标呢？如能达到，个体利益和社会利益是否形成了激励相容。机制设计旨在实现信息效率和激励相容的统一，因为一旦设计出激励相容的机制，那么该机制应该就实现了信息效率。可以说，激励相容是提高信息效率的手段，是决定一个机制是否有效的根本原则。流动人口社会保障制度协调机制建设与任何一般机制设计问题的逻辑一样，同样需要同时考虑流动人口社会保障制度各参与主体之间的信息不对称和不同参与主体之间的激励相容问题，在尽可能实现信息成本较低的情况下实现各参与主体个人利益和保障流动人口社会保障权利这一社会选择目标的一致性。其次，流动人口社会保障制度实施的现实情况决定了流动人口社会保障制度协调机制建设的核心任务是实现流动人口社会保障各参与主体利益的激励相容。中国流动人口社会保障制度实施有多个参与主体，主要包括中央政府、各级地方政府、用人单位、流动人口。这些参与主体之间的利益诉求不完全一致，同时它们又各自拥有私人信息和偏好，从而使当前中国流动人口社会保障制度协调性较差，主要表现在流动人口社会保障参保率偏低、社会保障关系转移接续难、社会保障待遇水平不高这三个方面。虽然中央政府和流动人口通常在保障流动人口社会保障权益方面有着共同偏好，容易实现激励相容，但是中央政府与地方政府在保障流动人口社会保障权益方面偏好不同，中央政府和地方政府博弈中地方政府存在着逃避保障流动人口社会保障权益的道德风险。各级地方政府在保障流动人口社会保障权益方面偏好也不同，各地方政府博弈存在着逃避保障流动人口社会保障权益的因犯困境。地方政府和用人单位在保障流动人口社会保障权益方面有着共同偏好，容易实现激励相容，因而会出现前文所分析的合谋现象，但是这种合谋偏好与流动人口的偏好相悖，地方政府和用人单位与流动人口在保障流动人口社会保障权益方面没有实现激励相容。可见，如何通过机制设计有效地实现这些参与主体之间的激励相容是克服流动人口社会保障制度协调度不高的关键手段，其必然成为流动人口社会保障制度协调机制建设的核心任务。

第五章　中国流动人口社会保障制度协调机制的微观设计

第二章分析表明，中国流动人口社会保障制度不协调存在着低效率制度均衡陷阱的路径依赖，而这种路径依赖正好是中央政府与地方政府委托—代理关系中地方政府存在道德风险、不同地方政府之间的博弈存在囚犯困境、地方政府和当地用人单位间存在共谋、用人单位和流动人口博弈中流动人口处于劣势这些造成流动人口社会保障制度不协调原因的集中体现。从反向逻辑来说，如果克服了中央政府与地方政府委托—代理关系中地方政府的道德风险，打破了不同地方政府之间博弈的囚犯困境，防止了地方政府和当地用人单位间的共谋，实现了用人单位和流动人口的公平博弈，那么就可以走出流动人口社会保障制度不协调低效率制度均衡路径依赖的陷阱。流动人口社会保障制度协调机制的宏观架构规定了流动人口社会保障制度协调机制构建需要坚持普惠、公平、可持续的基本理念，以保障流动人口社会保障权益为战略目标，把实现流动人口社会保障各参与主体利益的激励相容作为流动人口社会保障制度协调机制建设的核心任务。这一宏观架构为流动人口社会保障制度协调机制的微观设计做出了基本规定。因此，本章在第四章中国流动人口社会保障制度协调机制宏观架构分析的基础上，主要针对第二章关于流动人口社会保障制度不协调原因的探讨，从四个方面对流动人口社会保障制度协调的微观机制进行设计，以实现流动人口社会保障各参与主体利益的激励相容这一核心任务，从而把流动人口社会保障制度协调机制的宏观架构建立在微观机制设计的基础上。

第一节　中央政府与地方政府激励相容委托—代理博弈模型

前文分析表明，中央政府与地方政府委托-代理关系中地方政府的道德风险是导致流动人口社会保障制度不协调的一个原因。因此，在构建了流动人口社会保障制度协调机制宏观架构的基础上，克服地方政府的道德风险就成为流动人口社会保障制度协调机制微观设计的重要内容之一。本部分主要通过构建中央政府与地方政府之间委托-代理关系博弈模型对地方政府的道德风险进行研究，使中央政府和地方政府在流动人口社会保障制度协调方面实现激励相容。

首先，我们对中央政府与地方政府之间委托-代理关系博弈模型进行描述。在流动人口社会保障制度协调事宜上，中央政府和地方政府构成了事实上的委托-代理关系。中央政府通常从追求全国社会福利最大化的角度出发来制定流动人口社会保障制度协调的政策，而地方政府通常从追求地方利益最大化的角度出发来落实中央政府制定的流动人口社会保障制度协调政策。一般而言，地方政府落实中央政府政策的努力程度是不可观测的，地方政府相比中央政府而言拥有落实政策努力程度的信息优势。地方政府努力程度高，则落实中央政府制定的流动人口社会保障制度协调政策好，地方政府努力程度不高，则落实中央政府制定的流动人口社会保障制度协调政策差。除了地方政府的努力程度外，流动人口社会保障制度协调政策还受到随机因素的影响。在流动人口社会保障制度协调事宜上，中央政府和地方政府的关系如图5所示。

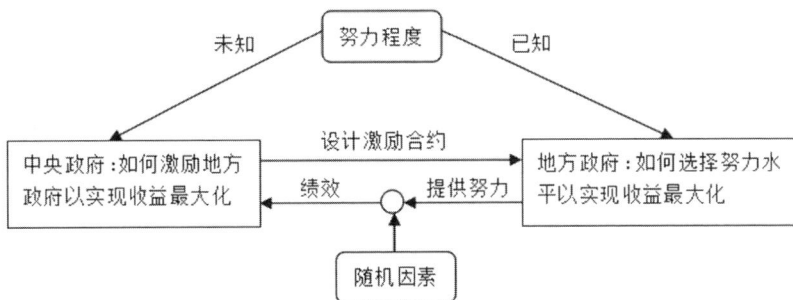

图5　中央政府和地方政府委托—代理关系

假设中央政府和地方政府的效用函数是冯诺依曼—摩根斯坦效用函数。用 $Z(\cdot)$ 表示中央政府的效用函数。中央政府的目标是通过流动人口社会保障制度协调最大程度地保障流动人口的社会保障权益以实现全国社会福利最大化,可以简称为中央政府的目标是最大程度地保障流动人口的社会保障权益。假设中央政府的效用函数可以表示为 $Z(x_i-w(x_i))$,其中 $x_i, i \in \{1,2,\cdots, n\}$ 表示中央政府与地方政府之间委托—代理关系中某种结果的价值,$w(x_i), i \in \{1,2,\cdots,n\}$ 为在出现结果 x_i 时中央政府对地方政府的支付。由于政策是在全国范围内推行实施,也就是说中央政府是针对全国地方政府的,因此中央政府是风险中性的。[①] 假设 $Z(x_i-w(x_i))$ 是连续可微的,$Z'(x_i-w(x_i))>0, Z''(x_i-w(x_i))=0$ 。一方面,地方政府因为其参与中央政府与地方政府之间委托—代理关系而获得支付。另一方面,地方政府作为代理人为中央政府提供代理付出了一定程度的努力。这样,地方政府的效用函数 $D(\cdot)$ 不仅取决于其获得的支付,而且取决于其代理付出的努力程度,地方政府的效用函数形式可以表示为 $D(w(x_i),e)=D(w(x_i))-D(e)$,其中 e 为地方政府在与中央政府的委托—代理关系中作为代理人所付出的努力。假设地方政府是风险厌恶的,地方政府的效用函数 $D(w(x_i),e)$ 也是连续可微的,$D'(w(x_i))>0, D''(w$

---

① 江孝感、王伟:《中央与地方政府事权关系的委托—代理模型分析》,《数量经济技术经济研究》2004 年第 4 期。

$(x_i)) \leqslant 0, D(w(x_i), e)$ 关于 e 单调递减，即 $D'(e) < 0, D''(e) \geqslant 0$。我们进一步假定中央政府与地方政府之间委托—代理合约关系的结果取决于地方政府努力和自然状态。在自然状态不变的情况下，地方政府高水平的努力将对应着一个高水平的合约结果。既然结果不仅取决于地方政府的努力程度，也取决于随机元素，那么中央政府与地方政府之间委托—代理关系结果也是一个随机变量。如果可能结果的集合是有限的，我们记作地方政府的努力程度为 e 时结果 x_i 发生的条件概率为 $p(x = x_i | e) = p_i(e), i \in \{1, 2, \cdots, n\}$。对于所有的 e, i 都有 $p_i(e) > 0$ 且 $\sum_{i=1}^{n} p_i(e) = 1$。

其次，我们对完全信息条件下中央政府与地方政府之间委托—代理关系博弈模型进行分析。我们假设在完全信息条件下所有的相关信息都是可以证实的。中央政府作为委托人的任务是设计一个双方具有完全信息情况下代理人即地方政府会接受的合约，并且这个合约是在地方政府努力水平一定的情况下地方政府愿意接受的合约中最廉价的一个。根据前文对模型的描述，我们可以构造一个完全信息条件下中央政府与地方政府之间委托—代理关系的一般模型：

$$\operatorname*{Max}_{e_i\{w(x_i)\}} \sum_{i=1}^{n} p_i(e) Z(x_i - w(x_i))$$

$$\text{s.t.} \sum_{i=1}^{n} p_i(e) D(w(x_i)) - D(e) \geqslant \overline{U} \tag{5.1}$$

在式(5.1)中，$\overline{U}$ 为地方政府的保留效用。对于地方政府来说，它可以接受或者拒绝中央政府提供的合约。接受或者拒绝中央政府提供合约的标准是地方政府的保留效用，保留效用是地方政府接受或者拒绝合约的机会成本。如果地方政府接受合约的机会成本大于它接受合约的收益，则地方政府拒绝接受合约。如果地方政府接受合约的机会成本小于接受该合约的收益，则地方政府接受合约。在流动人口社会保障制度协调事宜中的中央政府与地方政府之间委托—代理关系中，虽然中央政府强行规定了地方政府必须接受委托人的某种合约，但并不是所有的地方政府都会按照中央政府的规定行事。地方政府虽然在强制性制度安排下表面上接受了中央政府即委托人的合约，但是地方政府通过严重的道德风险降低了其接受合约的成本，这相当于实际上拒绝了中央政府提供的合约。

构造拉格朗日函数，得：

$$L = \sum_{i=1}^{n} p_i(e) Z(x_i - w(x_i)) + \lambda \left(\sum_{i=1}^{n} p_i(e)(D(w(x_i)) - D(e)) - \bar{U} \right) \quad (5.2)$$

用 e° 表示地方政府有效率的努力水平，以 $\{\{w^{\circ}(x_i)\}, i=1,2,\cdots,n\}$ 表示中央政府对地方政府有效率的支付。由库恩—塔克条件得到不同状态依存条件下关于中央政府支付的一阶条件为：

$$\frac{\partial L}{\partial w(x_i)}(w^{\circ}(x_i), e^{\circ}, \lambda^{\circ}) = -p_i(e^{\circ})Z'(x_i - w^{\circ}(x_i)) + \lambda^{\circ}p_i(e^{\circ})D'(w^{\circ}(x_i)) = 0$$

$$(5.3)$$

从式（5.3）中解出 λ°，得：

$$\lambda^{\circ} = \frac{Z'(x_i - w^{\circ}(x_i))}{D'(w^{\circ}(x_i))} \quad (5.4)$$

因为，$Z'(x_i - w^{\circ}(x_i)) > 0, D'(w^{\circ}(x_i)) > 0$，

所以，$\lambda^{\circ} = \dfrac{Z'(x_i - w^{\circ}(x_i))}{D'(w^{\circ}(x_i))} > 0 \quad (5.5)$

式（5.5）表明，中央政府和地方政府的边际效用之比为某一常数。这符合通常意义上的帕累托最优解。因为如果中央政府的边际效用与地方政府的边际效用之比大于某一常数，则中央政府有进一步增加对地方政府支付的激励，而增加对地方政府的支付将使中央政府的边际效用下降，直到其边际效用与地方政府的边际效用之比为某一常数为止。从地方政府方面考虑，如果中央政府的边际效用与地方政府的边际效用之比大于某一常数，则地方政府有进一步增加其保留效用的激励，而地方政府增加保留效用将使其边际效用降低，直到中央政府的边际效用与地方政府的边际效用之比为某一常数为止。如果中央政府的边际效用和地方政府边际效用之比小于某一常数，则中央政府有进一步减少对地方政府支付的激励，而减少对地方政府的支付将使中央政府的边际效用上升，直到其边际效用与地方政府的边际效用之比为某

一常数为止。从地方政府方面考虑，如果中央政府的边际效用与地方政府的边际效用之比小于某一常数，则地方政府有进一步减少其保留效用的激励，而地方政府减少保留效用将使其边际效用上升，直到中央政府的边际效用与地方政府的边际效用之比为某一常数为止。

在完全信息条件下，中央政府与地方政府之间委托—代理关系的最优支付机制可以进一步计算如下。式（5.4）的库恩—塔克一阶条件可以表示为：

$$-Z'(x_i - w^o(x_i)) + \lambda^o D'(w^o(x_i)) = 0 \qquad (5.6)$$

对式（5.6）中 x_i 求导，得：

$$-Z''(1 - \frac{dw^o(x_i)}{dx_i}) + \lambda^o D'' \frac{dw^o(x_i)}{dx_i} = 0 \qquad (5.7)$$

把（5.4）式带入（5.7）式，得：

$$-\frac{Z''}{Z'}(1 - \frac{dw^o(x_i)}{dx_i}) + \frac{D'' dw^o(x_i)}{D' dx_i} = 0 \qquad (5.8)$$

令 $r_z = \frac{Z''}{Z'}, r_d = \frac{D''}{D'}$，则：

$$\frac{dw^o(x_i)}{dx_i} = \frac{r_z}{r_z + r_d} \qquad (5.9)$$

式（5.9）表示给定结果 x_i 的一个变动，地方政府获得支付的一个变动。因为前文假设中央政府为风险中性，所以 $r_z = 0$。因为前文假设地方政府为风险厌恶，所以 $r_d > 0$。因此：

$$\frac{dw^o(x_i)}{dx_i} = \frac{r_z}{r_z + r_d} = 0 \qquad (5.10)$$

可见，当 $Z'(x_i - w^o(x_i))$ 为常数，即当中央政府是风险中性时，满足式（5.5）效率条件的要求是对所有的 $D'(w^o(x_i))$ 为常数。因此，最优合约中地方政府获得的支付与最终结果无关，$w^o(x_i) = w^o(x_2) = \cdots = w^o(x_n)$。

再次，我们对不完全信息条件下中央政府与地方政府之间委托—代理关系博弈模型进行分析。在不完全信息条件下，地方政府作为中央政府的代理人实施流动人口社会保障制度协调的努力程度只有地方政府自己清楚，而中央政府要么观察不到地方政府的努力程度，要么即使观察到了地方政府的努力程度，但是无法知道地方政府的这种努力程度是否是最优的。在流动人口社会保障制度协调事宜中，后一种情况居多，即中央政府观察到了地方政府的努力程度，但是无法判断其是否是最优的努力，或者即使能够判断，其成本也高得让中央政府难以承受。更具体地说，地方政府相对于中央政府而言在流动人口社会保障制度协调事宜方面具有私人信息优势。因此，在不完全信息条件下，中央政府和地方政府之间的委托—代理关系模型不仅要考虑地方政府的参与约束条件，而且要考虑地方政府的激励相容约束条件。激励相容约束条件反映了地方政府的道德风险问题：一旦中央政府设立的合约被地方政府接受，由于地方政府的努力是不可证实的，地方政府会选择最大化其目标函数的努力水平。为了分析的简化，假设地方政府的努力水平只有两种取值可能：$e \in \{e^h, e^l\}$。努力水平 e^h 表示地方政府在流动人口社会保障制度协调事宜方面努力工作的情况，e^l 表示地方政府在流动人口社会保障制度协调事宜方面不努力工作的情况。地方政府努力工作时的负效用大于其不努力工作时的负效用，即 $D(w(x_i)) - D(e^l) > D(w(x_i)) - D(e^h)$。令 $p_i^h = p_i(e^h) > 0$ 表示当地方政府提供高努力时获得 i 状态结果的概率，$p_i^l = p_i(e^l) > 0$ 表示当地方政府提供低努力时获得 i 状态结果的概率。在上述假设下，构造信息不对称条件下地方政府选择高努力水平的委托—代理关系模型，得：

$$\underset{\{w(x_i)\}}{\text{Max}} \sum_{i=1}^{n} p_i^h Z(x_i - w(x_i))$$

$$\text{s. t. } \sum_{i=1}^{n} p_i^h D(w(x_i)) - D(e^h) \geqslant \overline{U}$$

$$\sum_{i=1}^{n} p_i^h D(w(x_i)) - D(e^h) \geqslant \sum_{i=1}^{n} p_i^l D(w(x_i)) - D(e^l) \tag{5.11}$$

构造拉格朗日方程，得：

$$L = \sum_{i=1}^{n} p_i^h Z(x_i - w(x_i)) + \lambda \left(\sum_{i=1}^{n} p_i^h D(w(x_i)) - D(e^h) - \overline{U} \right) + \delta \left(\sum_{i=1}^{n} p_i^h D(w(x_i)) - D(e^h) - \sum_{i=1}^{n} p_i^l D(w(x_i)) + D(e^l) \right) \tag{5.12}$$

将拉格朗日方程式(5.12)对 $w(x_i)$ 求导，得：

$$-p_i^h + \lambda p_i^h D'(w(x_i)) + \delta(p_i^h - p_i^l) D'(w(x_i)) = 0 \qquad (5.13)$$

化简式(5.13),得:

$$\lambda p_i^h + \delta(p_i^h - p_i^l) = \frac{p_i^h}{D'(w(x_i))} \qquad (5.14)$$

改写式(5.14),得:

$$\frac{1}{D'(w(x_i))} = \lambda + \delta\left(1 - \frac{p_i^l}{p_i^h}\right) \qquad (5.15)$$

库恩-塔克条件要求与激励相容约束相联系的乘子必须是非负的。从式(5.15)可以看出,$\delta \neq 0$。因为如果 $\delta \neq 0$,则 $\frac{1}{D'(w(x_i))} = \lambda$ 为常数,则 $D'(w(x_i))$ 就必须是常数,这就与式(5.5)表示的完全信息条件下的情况一样了。因此,在不完全信息条件下,$\delta > 0$。$\delta > 0$ 表明地方政府获得的利益在满足激励相容约束条件下是变动的。当 $\frac{p_i^l}{p_i^h}$ 比值变小时,$w(x_i)$ 将会变大。同理,当 $\frac{p_i^l}{p_i^h}$ 比值变大时,$w(x_i)$ 将会变小。$\frac{p_i^l}{p_i^h}$ 表示结果 x_i 传递努力水平 e^h 的准确度。$\frac{p_i^l}{p_i^h}$ 的数值越小,p_i^h 相对于 p_i^l 就越大,从而用来传递努力的信号 e^h 就越强。也就是说,当结果 x_i 被观察到时,$\frac{p_i^l}{p_i^h}$ 的减小就是努力为 e^h 概率的增加。对于一个更好结果而言给予地方政府更好支付的必要条件是 $\frac{p_i^l}{p_i^h}$ 随 i 递减。把式(5.15)变形,得:

$$D'(w(x_i)) = \frac{1}{\lambda + \delta\left(1 - \frac{p_i^l}{p_i^h}\right)} \qquad (5.16)$$

从式(5.16)中解出 $w(x_i)$,得:

$$w(x_i) = (D')^{-1}\frac{1}{\lambda + \delta\left(1 - \frac{p_i^l}{p_i^h}\right)} \qquad (5.17)$$

式(5.17)表明,如果 $p_i^h = p_i^1$,则 $w(x_i) = \dfrac{(D')^{-1}}{\lambda}$;如果 $p_i^h < p_i^1$,则 $\dfrac{p_i^1}{p_i^h} > 1$,表明地方政府的行动更可能是 $e = e^1$,$w(x_i) < \dfrac{(D')^{-1}}{\lambda}$;如果 $p_i^h > p_i^1$,则 $\dfrac{p_i^1}{p_i^h} < 1$,表明地方政府的行动更可能是 $e = e^h$,$w(x_i) > \dfrac{(D')^{-1}}{\lambda}$。

与完全信息条件下中央政府和地方政府之间委托—代理关系相比,增加 $w(x_i)$ 对于中央政府的边际效用大于对于地方政府的边际效用。所以,在不完全信息条件下,中央政府要想让地方政府付出较高的努力水平,中央政府则有向地方政府增加支付 $w(x_i)$ 的激励。如果中央政府拒绝对地方政府增加支付 $w(x_i)$,则地方政府只会选择较低的努力水平。因此,为了让地方政府能够按照中央政府的期望那样实施流动人口社会保障制度协调事宜,中央政府必须对于地方政府实施某种支付,这种支付可以是货币的,也可以是非货币的。无论是货币的还是非货币的支付都必须与地方政府的利益密切相关,与地方政府利益无关的中央政府的支付并不会对地方政府在做好流动人口社会保障制度协调事宜方面产生激励。同时,为了实现激励相容以规避地方政府的道德风险,中央政府对地方政府的支付必须以可观察的、有利于保障流动人口社会保障权益的结果为依据。以不可观察的结果为依据对地方政府进行支付会导致地方政府形成新的道德风险,当然就不会形成激励相容约束机制。以与流动人口无关的、可观察的结果为依据对地方政府进行支付会造成方向错误的激励,当然也不会形成有利于保障流动人口社会保障权益的中央政府与地方政府之间激励相容约束机制。

第二节　不同地方政府走出囚犯困境的无限次重复博弈模型

前文分析表明,不同地方政府之间的博弈存在囚犯困境是导致流动人口社会保障制度不协调的一个原因。因此，在构建了流动人口社会保障制度协调机制宏观架构的基础上，让不同地方政府博弈走出囚犯困境就成为流动人口社会保障制度协调机制微观设计的重要内容之一。本部分通过构建触发策略，把具有唯一纯策略纳什均衡的不同地方政府之间一次性囚犯困境博弈转化成无限次囚犯困境重复博弈，从而寻找有利于不同地方政府在流动人口社会保障制度协调方面实现合作的子博弈完美纳什均衡。

首先，我们考察具有唯一纯策略纳什均衡的不同地方政府之间有限次重复囚犯困境博弈不能使不同地方政府博弈走出囚犯困境。我们继续以图 1 两个地方政府之间博弈的囚犯困境为例来进行分析。图 1 表明该博弈有唯一一个纯策略纳什均衡，即地方政府 1 和地方政府 2 均选择"不实施"流动人口社会保障制度协调策略。我们现在考虑该博弈重复两次，这可以理解成地方政府 1 和地方政府 2 有两次关于是否实施流动人口社会保障制度协调的机会，地方政府 1 和地方政府 2 的最后得益是两个阶段博弈中各自的得益之和。在这个博弈构成的两次重复博弈中，地方政府 1 和地方政府 2 先进行第一次博弈，两个地方政府看到第一次博弈的结果后再进行第二次博弈。我们用逆推归纳法来分析两个地方政府的两次重复博弈。先对第二次或第二阶段重复博弈时地方政府 1 和地方政府 2 的策略选择进行分析。显然，第二次重复博弈时地方政府 1 和地方政府 2 仍然会处于囚犯困境中，即两个地方政府都采用"不实施"流动人口社会保障制度协调的策略，各得到 70 亿元的经济绩效，因为两个地方政府已经知道前一阶段博弈的结果是双方均"不实施"流动人口社会保障制度协调的策略，同时也知道了后续双方再也不会有博弈的机会，因此第二阶段博弈时地方政府 1 和地方政府 2 均会采取有利于实现自身当前（第二阶段博弈）利益最大化的策略。因此，无论第一阶段博弈的结果如何，地方政府 1 和地方政府 2 第二次博弈唯一的结果也就是原博弈唯一的纳什均衡（不实施，不实施），双方得益（70，70）。现在再回到第一阶段即第一次博弈。理性的地方政府 1 和地方政府 2 在第一阶段就对第二阶段的博弈结果和得益非常清楚，知道第二个阶段博弈的纳什均衡是（不实施，不实施），双方得益（70，70）。因此，无论第一阶段的博弈结果是什么，地方政府1和地方政府2在整个重复博弈中的最终得益将是第一阶段得益的基础上各加70。我们把图1得益矩阵中不同策略的得益值增加70的基础上，可以得出地方政府1和地方政府2进行两次重复囚犯困境博弈的得益矩阵如图6。从图6可以看出，地方政府1和地方政府2两次重复博弈的纳什均衡策略依然是（不实施，不实施），双方得益（140，140），两个地方政府并没有走出囚犯困境。可见，两次重复囚犯困境博弈的第一阶段博弈与单次囚犯困境博弈结果相同，最终两次重复囚犯困境博弈相当于单次囚犯困境的简单重复。同理可以推断，有限次重复囚犯困境博弈也相当于单次囚犯困境的简单重复，也就是每次重复博弈都采取原博弈唯一纯策略纳什均衡，原博弈唯一纯策略纳什均衡也是有限次重复囚犯困境博弈唯一的子博弈完美纳什均衡。

地方政府2

	实施	不实施
实施	170，170	90，220
不实施	220，90	140，140

地方政府1

图6　两个地方政府两次重复博弈的囚犯困境

其次，我们考察具有唯一纯策略纳什均衡的不同地方政府之间无限次重复囚犯困境博弈可以使不同地方政府博弈走出囚犯困境。根据前文对有限次重复博弈的分析可知，存在最后一次重复是影响重复博弈中不同地方政府博弈得益的关键阶段。因此，要想打破不同地方政府之间有限次重复博弈囚犯困境的关键在于把重复博弈次数从有限变为无限，消除最后一次重复博弈对不同地方政府博弈双方得益和行为的影响。同时，与不同地方政府有限次重复博弈不同，不用地方政府无限次重复博弈必须考虑博弈双方得益时间的先后次序，即考虑得益的时间价值，在计算不同地方政府博弈得益时引入折现因子。折现因子的取值表明了博弈方对未来利益的重视程度。折现因子越大表明博弈方对未来利益越重视，折现因子越小表明博弈方对未来利益越不重视，折现因子为零说明博弈方并不关心未来利益。因此，在折现因子不为零的情况下，把不同地方政府重复博弈次数从有限变为无限时会导致在子博弈完美纳什均衡中出现对博弈方都有利的情况，从而打破地方政府单次或者有限次重复博弈的囚犯困境。"如果博弈重复无限次，你就有办法影响对手的行为：如果这次他拒绝合作，那么下一次，你也可以拒绝合作。主要双方都充分关心将来的收益，那么将来不合作的威胁就足以使他们采取帕累托有效率的策略。"① 我们继续用图1来说明不同地方政府无限次重复博弈走出囚犯困境的情况。在图1表示的无限次重复博弈中，我们假设地方政府1和地方政府2均采取如下触发策略：第一阶段采用"实施"策略，在第t阶段，如果前面t-1阶段的结果都是（实施，实施），则继续采用"实施"策略，否则采用"不实施"策略。也就是说，地方政府1和地方政府2在有关流动人口社会保障制度协调事宜的无限次重复博弈中都先试图合作，第一次博弈都选择"实施"策略，如果对方也采取合作态度选择"实施"策略，则继续坚持选择"实施"策略；地方政府1和地方政府2如果发现对方不合作选择了"不实施"策略，则以后永远用选择"不实施"策略报复对方。可以证明，在不同时期博弈得益的折现因子p较大时，地方政府1和地方政府2采用上述触发策略构成无限次重复博弈的一个子博弈完美纳什均衡。我们首先证明地方政府1和地方政府2采用上述触发策略是一个纳什均衡。证明上述触发策略是一个纳什均衡的方法是先假设地方政府1已经采用了这种策略，然后证明在折现因子p达到一定水平时采用同样的触发策略是地方政府2的最佳反应策略。因为地方政府1与地方政府2是对称的，因此只要这个结论成立，就可以确定上述触发策略是地方政府1和地方政府2相互对对方策略的最佳反应，从而构成一个纳什均衡。因为在某个阶段出现与策略组合

① ［美］哈尔·R.范里安：《微观经济学现代观点》，费方域、朱保华译，格致出版社、上海三联书店、上海人民出版社2015年版，第375页。

（实施，实施）不同的结果以后地方政府 1 将永远采取"不实施"策略，这时地方政府 2 也只能一直采取"不实施"策略。可见，地方政府 2 对地方政府 1 触发策略的最佳反应策略的后半部分与地方政府 1 触发策略的后半部分是一样的。因此，现在面临的关键问题是要确定地方政府 2 在第一阶段的最佳反应策略。如果地方政府 2 采取"不实施"策略，那么在第一阶段能得到的收益为 150，但以后会引起地方政府 1 一直采用"不实施"策略的报复，地方政府 2 也只能一直采取"不实施"策略，得益永远为 70。这样一来，地方政府 2 在无限次重复博弈中总得益的现值 pv 为：

$$pv = 150 + 70p + 70p^2 + \cdots = 150 + 70\frac{p}{1-p} \tag{5.18}$$

如果地方政府 2 采用"实施"策略，则在第一阶段的得益为 100，下一阶段也面临着同样的策略选择。也就是说，地方政府 2 在该重复博弈中每阶段都采用"实施"策略，得益永远为 100。这样一来，地方政府 2 在无限次重复博弈中总得益的现值为：

$$pv = 100 + 100p + 100p^2 + \cdots = 100 + 100\frac{p}{1-p} \tag{5.19}$$

地方政府 2 是理性的经济人，会追求整个无限次重复博弈期间现值的最大化，因此，当且仅当：

$$100 + 100\frac{p}{1-p} > 150 + 70\frac{p}{1-p} \tag{5.20}$$

上式（5.20）成立时，地方政府 2 会采取"实施"策略，否则会采取"不实施"策略。解式（5.20），得：

$$p > \frac{5}{8} \tag{5.21}$$

也就是说，当 $p > \frac{5}{8}$ 时，地方政府 2 对地方政府 1 触发策略的最佳反应是第一阶段博弈采取"实施"策略。由于从第二阶段开始的无限次重复博弈与从第一阶段开始的无限次重复博弈是完全相同的，因此地方政府 2 第二阶段也必然选择"实施"策略，第三阶段也必然选择"实施"策略。依次类推，只要地方政府1在第一阶段采取触发策略选择"实施"，那么地方政府2的最优反应策略选择始终是"实施"。当然，如果地方政府1偏离"实施"策略，地方政府2也必须用"不实施"策略来对地方政府1进行报复。可见，地方政府2对地方政府1触发策略的完整反应策略是同样的触发策略。这就证明了双方都采取上述触发策略是一个纳什均衡。我们接着证明地方政府1和地方政府2采用上述触发策略是一个子博弈完美纳什均衡。因为地方政府1和地方政府2无限次重复博弈的子博弈还是无限次重复博弈。一如前述，地方政府1和地方政府2的触发策略在所有子博弈中都仍然构成相同的触发策略，因此也必然是这些子博弈的纳什均衡。根据子博弈完美纳什均衡的概念，上述触发策略组合构成地方政府1和地方政府2囚犯困境无限次重复博弈的子博弈完美纳什均衡，子博弈完美纳什均衡的路径是在 $p>\frac{5}{8}$ 的情况下地方政府1和地方政府2在每阶段博弈中均选择"实施"策略。与地方政府1和地方政府2单次囚犯困境博弈或者囚犯困境有限次重复博弈相比较，在折现因子满足一定条件时，囚犯困境无限次重复博弈使博弈双方的收益均有所改进，博弈双方走出了囚犯困境。进一步分析，在上述地方政府1和地方政府2囚犯困境博弈的无限次重复博弈中，纳什均衡的得益数组为（70，70），所有可实现得益构成图7中由（70，70）、（150，20）、（20，150）、（100，100）四个点连成边界线围成的整个面积中点的坐标。无限次重复博弈的民间定理表明，由图7中竖线条阴影部分中点的坐标对应的地方政府1和地方政府2的得益数组，在该博弈的无限次重复博弈中，都有无限次重复博弈的子博弈完美纳什均衡的平均得益来实现它们。

上述理论分析表明使具有唯一纯策略纳什均衡的不同地方政府之间博弈走出囚犯困境需要满足的条件有两个，一个是参与博弈的地方政府重视未来收益，另一个是让囚犯困境单次博弈或者囚犯困境有限次重复博弈变成囚犯困境无限次重复博弈。第二章分析表明的不同地方政府在有关流动人口社会

地方政府 2 得益

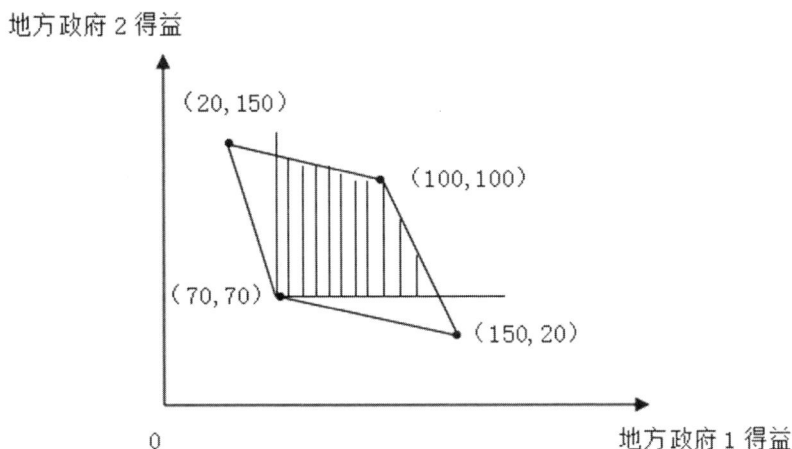

图 7　两个地方政府之间囚犯困境无限次重复博弈的民间定理

保障制度协调事宜上存在囚犯困境博弈恰恰是目前地方政府不重视流动人口社会保障制度协调未来收益和短期行为的表现。既然地方政府不重视关于流动人口社会保障制度协调的未来收益，也就没有动力或者激励去增加博弈的次数，也必然导致不同地方政府关于流动人口社会保障制度协调的博弈短期化，不能让重复博弈趋向或者达到无限次。那么，如何才能保证不同地方政府在事关流动人口社会保障制度协调时重视未来利益并自动通过实施无限期重复博弈触发机制步入走出囚犯困境的子博弈完美纳什均衡的路径呢？这主要是由本章第一节构建的中央政府和地方政府委托—代理博弈模型所保证的。中央政府和地方政府委托—代理博弈模型克服了地方政府单边道德风险，在关于流动人口社会保障制度协调事宜中实现了中央政府和地方政府的激励相容，地方政府会按照中央政府重视流动人口社会保障制度协调的政策来重视流动人口社会保障制度协调事宜。中央政府追求全社会福利的最大化，因此在重视流动人口社会保障制度协调事宜方面具有长期性，与中央政府利益激励相容的地方政府必然会长期重视流动人口社会保障制度协调事宜，地方政府对流动人口社会保障制度协调事宜长期收益的重视会触发其在因犯困境博弈中实施触发策略，从而通过无限次重复博弈走出囚犯困境。我们看到，本章第一节构建的中央政府和地方政府委托—代理博弈模型能克服地方政府在事关流动人口社会保障制度协调机制方面道德风险以实现激励相容机制的条件是中央政府必须以可观察的、有利于保障流动人口社会保障权益的结果为依据对地方政府进行支付。因此，这一条件是推动地方政府在流动人口社会保障制度协调事宜博弈中步入囚犯困境无限次重复博弈这一理论机制并最终走出囚犯困境的根本点。

第三节　中央政府打破地方政府与当地用人单位共谋的混合策略博弈模型

前文分析表明，地方政府和当地用人单位间存在共谋是导致流动人口社会保障制度不协调的一个原因。因此，在构建了流动人口社会保障制度协调机制宏观架构的基础上，切断地方政府和当地用人单位之间的共谋，打破中央政府、地方政府和当地用人单位三方博弈的防共谋均衡就成为流动人口社会保障制度协调机制微观设计的重要内容之一。本部分通过构建中央政府、地方政府和当地用人单位之间的博弈模型对防止地方政府和当地用人单位共谋进行机制设计。

首先，我们对中央政府、地方政府和当地用人单位三者之间博弈模型进行描述。

（1）假设当地用人单位在缴纳社会保障费用之前的净利润为 G，S 为当地用人单位缴纳的社会保障费用，在流动人口社会保障制度得到了很好实施的情况下社会总福利增加，中央政府得到的收益为 Q。如果地方政府和当地用人单位之间没有共谋行为，中央政府也不进行核查。地方政府的收益为 F，当地用人单位的收益为 G-S，中央政府得到的收益为 Q，则中央政府、地方政府和当地用人单位三方博弈主体的得益可以表示为（中央政府、地方政府、当地用人单位）＝（Q，F，G-S）。

（2）如果地方政府和当地用人单位之间没有共谋行为，但中央政府也进行核查。假设中央政府进行核查的成本为E。因为二者实际上没有共谋行为，无论中央政府是否发现或者未发现地方政府和当地用人单位之间没有共谋行为，三方博弈主体的得益结果都是一样的，即中央政府、地方政府和当地用人单位三方博弈主体的得益可以表示为（中央政府、地方政府、当地用人单位）＝（Q-E，F，G-S）。

（3）如果地方政府和当地用人单位之间有共谋行为，中央政府不进行核查。假设地方政府和当地用人单位之间有共谋行为导致社会总福利损失为D，地方政府由于和当地用人单位共谋其收益由F增加为T，所以F<T。在这种情况下，中央政府、地方政府和当地用人单位三方博弈主体的得益可以表示为（中央政府、地方政府、当地用人单位）＝（Q-D，T，G）。

（4）如果地方政府和当地用人单位之间有共谋行为，中央政府进行核查，但并没有发现二者共谋。那么，中央政府、地方政府和当地用人单位三方博弈主体的得益可以表示为（中央政府、地方政府、当地用人单位）＝（Q-E-D，T，G）。

（5）如果地方政府和当地用人单位之间有共谋行为，中央政府进行核查并发现二者共谋，中央政府对地方政府的惩罚为K，假设K<F。对当地用人单位的惩罚为J，假设J<G-S，并要求当地用人单位按照规定补缴流动人口社会保障费用。那么，中央政府、地方政府和当地用人单位三方博弈主体的得益可以表示为（中央政府、地方政府、当地用人单位）＝（Q-E，F-K，G-S-J）。

（6）在现实中，中央政府、地方政府和当地用人单位都难以准确判断其他博弈方的策略选择，因此中央政府通常以一定概率对地方政府和当地用人单位在实施流动人口社会保障制度的共谋行为进行核查，地方政府和当地用人单位通常以一定概率在实施流动人口社会保障制度时进行共谋，从而在博弈过程中达到一种混合策略纳什均衡。假设中央政府对地方政府和当地用人单位进行核查的概率为 p_i，地方政府与当地用人单位之间有共谋行为的概率为 p_c，中央政府对地方政府和当地用人单位核查时发现其有共谋行为的概率为 p_h。

上述描述的各种情况下中央政府、地方政府和当地用人单位实施流动人口社会保障制度博弈的矩阵如图8所示。

中央政府

		核查 p_i		不核查 $(1-p_i)$
		发现 p_h	未发现 $(1-p_h)$	
地方政府和当地用人单位	共谋	(Q-E, F-K, G-S-J)	(Q-E-D, T, G)	(Q-D, T, G)
	不共谋	(Q-E, F, G-S)	(Q-E, F, G-S)	(Q, F, G-S)

图8　中央政府、地方政府和当地用人单位三方博弈矩阵

其次，我们对中央政府、地方政府和当地用人单位之间博弈模型进行求解。

在地方政府与当地用人单位之间有共谋行为的概率为 p_c 的情况下，中央政府进行核查和不核的收益分别为 V_1 和 V_2，则：

$$V_1 = p_c [p_h(Q-E) + (1-p_h)(Q-E-D)] + (1-p_c)[p_h(Q-E) + (1-p_h)(Q-E)] \tag{5.22}$$

$$V_2 = p_c(Q-D) + (1-p_c)Q \tag{5.23}$$

在 $V_1 = V_2$ 时，中央政府核查和不核查时的预期收益相等，即中央政府处于博弈均衡状态，由此解得地方政府与当地用人单位之间有共谋行为的最优概率为：

$$p_c^* = \frac{E}{Dp_h} \tag{5.24}$$

在中央政府对地方政府和当地用人单位进行核查的概率为 p_i 的情况下，地方政府进行共谋和不共谋的收益分别为 V_3 和 V_4，则：

$$V_3 = p_i [p_h(F-K) + (1-p_h)T] + (1-p_i)T \tag{5.25}$$

$$V_4 = p_i \left[p_h F + (1-p_h) F \right] + (1-p_i) F \tag{5.26}$$

在 $V_3 = V_4$ 时，地方政府共谋和不共谋的预期收益相等，即地方政府处于博弈均衡状态，由此解得中央政府进行核查的最优概率为：

$$p_i^* = \frac{T-F}{(T-F+K) \, p_h} \tag{5.27}$$

在中央政府对地方政府和当地用人单位进行核查的概率为 p_i 的情况下，当地用人单位进行共谋和不共谋的收益分别为 V_5 和 V_6，则：

$$V_5 = p_i \left[p_h (G-S-J) + (1-p_h) G \right] + (1-p_i) G \tag{5.28}$$

$$V_6 = p_i \left[p_h (G-S) + (1-p_h) (G-S) \right] + (1-p_i) (G-S) \tag{5.29}$$

在 $V_5 = V_6$ 时，当地用人单位共谋和不共谋的预期收益相等，即当地用人单位处于博弈均衡状态，由此解得中央政府进行核查的最优概率为：

$$p_i^* = \frac{S}{(S+J) \, p_h} \tag{5.30}$$

根据式（5.24）、式（5.27）和式（5.30）可以得到中央政府、地方政府和当地用人单位三者博弈的混合策略纳什均衡为：$p_c^* = \dfrac{E}{Dp_h}$，$p_i^* = \dfrac{F}{(T-F+K) \, p_h}$，或者 $p_c^* = \dfrac{E}{Dp_h}$，$p_i^* = \dfrac{S}{(S+J) \, p_h}$。

从式（5.24）可以看出，地方政府与当地用人单位共谋的概率 p_c 与中央政府核查的成本 E 成正比，与中央政府对地方政府和当地用人单位核查时发现二者有共谋行为的概率 p_h 成反比。也就是说，如果中央政府核查地方政府和当地用人单位共谋的成本较高时，中央政府会减少核查，从而地方政府和当地用人单位会增加共谋的可能性。如果中央政府通过核查发现地方政府和当地用人单位有共谋的可能性增加，地方政府和当地用人单位就会降低共谋的可能性。

从式（5.27）可以看出，当中央政府核查的概率 $p_i < p_i^*$ 时，地方政府会选择共谋。当中央政府核查的概率 $p_i > p_i^*$ 时，地方政府不会选择共谋。在其他条件不变的情况下，当中央政府对地方政府共谋的惩罚 K 增大的时候，中央政府核查的最优概率 p_i^* 会变小，从而使 $p_i<p_i^*$ 趋向于 $p_i>p_i^*$。因此，在其他条件不变的情况下，中央政府加大对地方政府的惩罚有利于减少地方政府在流动人口社会保障制度方面与当地用人单位的共谋行为。同理，在其他条件不变的情况下，如果中央政府对地方政府和当地用人单位核查时发现二者有共谋行为的概率 p_h 增大，则中央政府核查的最优概率 p_i^* 会变小，从而使 $p_i<p_i^*$ 趋向于 $p_i>p_i^*$。因此，在其他条件不变的情况下，中央政府通过提高其核查的技术手段从而增加其在核查时发现有共谋的可能性有利于减少地方政府在流动人口社会保障制度方面与当地用人单位的共谋行为。假设 $T-F=\Delta F$ 表示地方政府共谋时收益与其不共谋时收益的差距，在其他条件不变的情况下，当 ΔF 增大时，因为 $0<p_h<1$，所以 p_i^* 的分子增加快于其分母的增加，所以中央政府核查的最优概率 p_i^* 会变大，从而使 $p_i>p_i^*$ 趋向于 $p_i<p_i^*$。因此，在其他条件不变的情况下，地方政府共谋时收益与其不共谋时收益差距增大会导致地方政府在流动人口社会保障制度方面与当地用人单位的共谋行为。在地方政府共谋时收益不变的情况下增加其不共谋时的收益有利于防止地方政府在流动人口社会保障制度方面与当地用人单位的共谋行为。

从式（5.30）可以看出，当中央政府核查的概率 $p_i<p_i^*$ 时，当地用人单位会选择共谋。当中央政府核查的概率 $p_i>p_i^*$ 时，当地用人单位不会选择共谋。在其他条件不变的情况下，当中央政府对当地用人单位共谋的惩罚 J 增大的时候，中央政府核查的最优概率 p_i^* 会变小，从而使 $p_i<p_i^*$ 趋向于 $p_i>p_i^*$。因此，在其他条件不变的情况下，中央政府加大对当地用人单位的惩罚有利于减少当地用人单位在流动人口社会保障制度方面与地方政府的共谋行为。同理，在其他条件不变的情况下，如果中央政府对地方政府和当地用人单位核查时发现二者有共谋行为的概率 p_h 增大，则中央政府核查的最优概率 p_i^* 会变小，从而使 $p_i<p_i^*$ 趋向于 $p_i>p_i^*$。因此，在其他条件不变的情况下，中央政府通过提高其核查的技术手段，从而增加其在核查时发现有共谋的可能性，有利于减少当地用人单位在流动人口社会保障制度方面与地方政府的共谋行为。在其他条件不变的情况下，当 S 增大时，因为 $0<p_h<1$，所以 p_i^* 的分子增加快于其分母的增加，所以中央政府核查的最优概率 p_i^* 会变大，从而使 $p_i>p_i^*$ 趋向于 $p_i<p_i^*$。因此，在其他条件不变的情况下，当地用人单位缴纳的社会保障费用增大会导致当地用人单位在流动人口社会保障制度方面与地方政府的共谋行为。适当降低当地用人单位缴纳的社会保障费用有利于防止其在流动人口社会保障制度方面与地方政府的共谋行为。

上述中央政府、地方政府和当地用人单位混合策略博弈的纳什均衡表明中央政府打破地方政府与当地用人单位共谋的机制是一种胡萝卜加大棒的激励机制。激励既可以是正向激励，也可以是负向激励。中央政府在地方政府共谋时收益不变的情况下增加其不共谋时的收益有利于防止地方政府在流动人口社会保障制度方面与当地用人单位的共谋行为是对地方政府的正向激励，属于胡萝卜机制；适当降低当地用人单位缴纳的社会保障费用以防止其在流动人口社会保障制度方面与地方政府的共谋行为是对当地用人单位的正向激励，属于胡萝卜机制；在其他条件不变的情况下，中央政府加大对地方政府的惩罚有利于减少地方政府在流动人口社会保障制度方面与当地用人单位的共谋行为是对地方政府的负向激励，属于大棒机制；在其他条件不变的情况下，中央政府加大对当地用人单位的惩罚有利于减少当地用人单位在流动人口社会保障制度方面与地方政府的共谋行为是对当地用人单位的负向激励，属于大棒机制；在其他条件不变的情况下，中央政府通过提高其核查的技术手段从而增加其在核查时发现有共谋的可能性有利于减少当地用人单位与地方政府在流动人口社会保障制度方面的共谋行为是同时对地方政府和当地用人单位的负向激励，属于大棒机制。

第四节　受雇流动人口与当地用人单位
公平讨价还价博弈模型

前文分析表明，用人单位和流动人口博弈中流动人口处于劣势是导致流动人口社会保障制度不协调的一个原因。因此，在构建了流动人口社会保障制度协调机制宏观架构的基础上，实现受雇流动人口与当地用人单位公平讨价还价博弈就成为流动人口社会保障制度协调机制微观设计的重要内容之一。本部分通过构建受雇流动人口与当地用人单位公平讨价还价博弈模型来寻找保全流动人口社会保障权益的子博弈完美纳什均衡。

首先，我们对受雇流动人口与当地用人单位公平讨价还价博弈模型进行描述。

这里把受雇流动人口在与当地用人单位就社会保障权益的讨价还价博弈过程中受雇流动人口可以借助仲裁或者向法院起诉最终争得自己应得的合法权益界定为公平博弈。也就是说，该模型假定受雇流动人口在与当地用人单位就社会保障权益的讨价还价博弈过程中即使最终发生劳动争议，仲裁庭或者法院最终会有效维护流动人口应有的社会保障权益。我们通过受雇流动人口与当地用人单位三回合讨价还价博弈模型来展开分析。与前文一样，假设 S 为当地用人单位应该缴纳的流动人口社会保障费用。受雇流动人口期望当地用人单位能够全额缴纳 S，而当地用人单位希望能够少缴纳 S 或者不缴纳 S。假设受雇流动人口和当地用人单位就如何缴纳流动人口社会保障费用 S 进行谈判，并且已经定下了这样的规则：首先由受雇流动人口提出一个缴纳社会保障费用的比例，当地用人单位对流动人口提出的缴纳社会保障费用的比例可以接受也可以拒绝；如果当地用人单位拒绝了受雇流动人口的方案，则当地用人单位自己应该提出另外一个缴纳社会保障费比例的方案，让受雇流动人口选择接受与否……。在上述关于缴纳社会保障费用比例讨价还价的循环过程中，只要受雇流动人口与当地用人单位任何一方接受对方的方案，讨价还价博弈就宣告结束。假设每一次一个博弈方提出一个方案和另一个博弈方选择是否接受该方案为一个博弈回合，讨价还价每多进行一个回合，由于谈判费用和利息损失等，受雇流动人口和当地用人单位的利益均要打一个折扣 ρ，这个 ρ 被定义为消耗系数，$0<\rho<1$。假设受雇流动人口与当地用人单位讨价还价博弈最多只能进行三个回合，到第三回合当地用人单位必须接受受雇流动人口的方案（可以把第三阶段看作受雇流动人口向仲裁庭申请了仲裁或者向法院提起了诉讼并得到了公平的仲裁或者判决），那么受雇流动人口与当地用人单位三回合讨价还价这一动态博弈可以更清楚地描述如下：

第一回合，受雇流动人口提出的方案是自己得到 S_1，当地用人单位得到 $S-S_1$。当地用人单位可以选择接受该方案，也可以选择不接受该方案。接受该方案则受雇流动人口和当地用人单位双方的得益分别为 S_1 和 $S-S_1$，博弈结束。如果当地用人单位不接受该方案，则博弈进行到下一个回合。

第二回合，当地用人单位提出的方案是受雇流动人口得到 S_2，自己得到 $S-S_2$。这一回合的博弈由受雇流动人口选择是否接受。如果受雇流动人口接受该方案，则受雇流动人口和当地用人单位双方的得益分别为 ρS_2 和 $\rho(S-S_2)$，博弈结束。如果受雇流动人口不接受该方案，则博弈进行到下一个回合。

第三回合，受雇流动人口提出的方案是自己得到 S_3，当地用人单位得到 $S-S_3$。当地用人单位必须接受该方案，接受该方案后受雇流动人口和当地用人单位双方的得益分别为 $\rho^2 S_3$ 和 $\rho^2(S-S_3)$。

上述三个回合中受雇流动人口和当地用人单位提出的 S_1、S_2 和 S_3 都可以是 0 到 S 之间的任意值。因此，我们不妨认为在这个三回合讨价还价博弈中，受雇流动人口和当地用人单位可以提出的 S_1、S_2 和 S_3 都有无限多种，该博弈是一个无限策略的动态博弈，无法用标准的扩展形来表示。不过，如果我们暂且不考虑受雇流动人口和当地用人单位这两个博弈主体对 S_1、S_2 和 S_3 的具体选择，那么可以在形式上把这个博弈用扩展形表示，具体如图9。

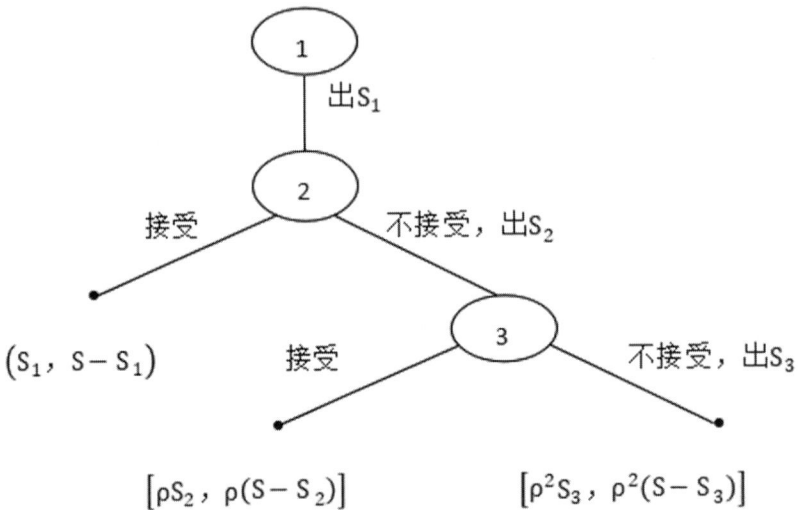

图9　受雇流动人口与当地用人单位三回合讨价还价博弈

　　从图9我们可以进一步讨论受雇流动人口与当地用人单位三回合讨价还价博弈的特点。这个博弈的特点有两个：第一个特点是该博弈的第三个回合受雇流动人口的方案具有强制力，也就是说当博弈进行到第三回合受雇流动人口提出自己得到 S_3，当地用人单位得到 $S-S_3$ 这一方案时，当地用人单位必须接受，并且受雇流动人口和当地用人单位都知道第三个回合受雇流动人口的方案具有强制力。第二个特点是该博弈每多进行一个回合，由于消耗系数的影响，博弈的总得益以及博弈双方的得益就会下降一个比例，因此受雇流动人口与当地用人单位之间讨价还价的时间拖得越长对双方都有可能越不利，如果必须让对方得到的收益不如让对方早点得到，这对于自己是有利的。

　　其次，我们对受雇流动人口与当地用人单位公平讨价还价博弈模型进行求解。

我们用逆推归纳法分析当地用人单位公平讨价还价博弈，先从这个博弈的第三回合进行分析。在该博弈的第三个回合，因为受雇流动人口的方案必须接受，因此受雇流动人口通常会选择 $S_3 = S$，也就是在第三回合受雇流动人口提出让当地用人单位全额缴纳社会保障费用。不过，为了容纳更多的可能性使分析更为一般化，这里暂时不假定 $S_3 = S$，仍然假定 S_3 作为受雇流动人口在第三回合提出让当地用人单位缴纳的社会保障费用。这样，当讨价还价博弈进行到第三回合时，我们知道双方的得益分别为 $\rho^2 S_3$ 和 $\rho^2 (S - S_3)$。现在推回到第二回合当地用人单位的选择。当地用人单位知道一旦博弈进行到第三回合，受雇流动人口将提出让当地用人单位缴纳的社会保障费用为 S_3，当地用人单位自己将得到 $\rho^2 (S - S_3)$，而受雇流动人口将得到 $\rho^2 S_3$。如果当地用人单位已经拒绝了第一个回合受雇流动人口的方案，这时当地用人单位该怎样选择方案才能使自己的得益最大化呢？如果当地用人单位提出使受雇流动人口得到 S_2 让受雇流动人口选择接受的得益小于受雇流动人口第三回合的得益，那么第二回合当地用人单位提出的讨价还价方案必然会被受雇流动人口拒绝，博弈肯定要进行到第三回合，这时当地用人单位自己会得到 $\rho^2 (S - S_3)$。如果当地用人单位自己提出的讨价还价方案让受雇流动人口得到 S_2 既能让受雇流动人口接受（意味着第二回合受雇流动人口得益不小于第三回合的得益），并且又能让当地用人单位自己在第二回合的得益大于第三回合的得益，那么这样的 S_2 就是最符合第二回合博弈当地用人单位的利益的。假设受雇流动人口与当地用人单位任何一个博弈方只要在当前回合的得益不小于下一个回合自己提出方案时的得益，那么任何一个博弈方就都愿意接受对方提出的方案。因此，当地用人单位在第二回合能让受雇流动人口接受的、也是可以让自己收益最大化的 S_2 应该满足使受雇流动人口在第二回合的得益 $\rho S_2 = \rho^2 S_3$，即 $S_2 = \rho S_3$。这时，当地用人单位在第二回合的得益为 $\rho (S - S_2) = \rho S - \rho^2 S_3$。用当地用人单位在第二回合的得益 $\rho (S - S_2) = \rho S - \rho^2 S_3$ 减去其在第三回合的得益 $\rho^2 (S - S_3)$，得到 $\rho S - \rho^2 S$。因为 $0 < \rho < 1$，

所以在 $S \neq 0$ 时 $\rho S - \rho^2 S > 0$，也就是说当地用人单位在第二回合的得益要比其在第三回合的得益大一些，满足了当地用人单位在第二回合尽可能最大化其收益的要求。最后再回到第一回合受雇流动人口的考虑。受雇流动人口一开始就知道第三回合自己的得益是 $\rho^2 S_3$，也知道当地用人单位会在第二回合博弈中提出 $S_2 = \rho S_3$ 的方案，因此在博弈进行到第二回合时受雇流动人口自己的得益是 $\rho^2 S_3$，而当地用人单位将会满足于得到 $\rho S - \rho^2 S_3$。因此，如果受雇流动人口在第一回合博弈中就给当地用人单位 $\rho S - \rho^2 S_3$，同时受雇流动人口自己在第一回合博弈中又能得到比 $\rho^2 S_3$ 更大的得益，那对受雇流动人口来说是更理想的选择。实现这一想法只需要令 S_1 满足 $S - S_1 = \rho S - \rho^2 S_3$，即 $S_1 = S - \rho S + \rho^2 S_3$ 就可以了。因为在这种情况下当地用人单位的得益与第二回合的得益相同，还是 $\rho S - \rho^2 S_3$，但是受雇流动人口的得益 S_1 则变为 $S - \rho S + \rho^2 S_3$。因为 $0 < \rho < 1$，所以在 $S \neq 0$ 时 $S - \rho S + \rho^2 S_3 > \rho^2 S_3$，也就是说，受雇流动人口在第一回合的得益 $S - \rho S + \rho^2 S_3$ 比其在博弈进行到第二回合、第三回合的得益 $\rho^2 S_3$ 更大。因此，在受雇流动人口与当地用人单位讨价还价博弈中，在受雇流动人口第三回合提出自己得到 S_3 的方案，当地用人单位必须接受的情况下，受雇流动人口在第一回合博弈中会提出自己得到 $S_1 = S - \rho S + \rho^2 S_3$，当地用人单位接受，受雇流动人口和当地用人单位双方的得益分别为 $S - \rho S + \rho^2 S_3$ 和 $\rho S - \rho^2 S_3$，构成了该博弈的子博弈完美纳什均衡。我们得出该子博弈完美纳什均衡解的前提是受雇流动人口在第三回合提出的自己得到 S_3 的方案必须是受雇流动人口和当地用人单位事先都知道的。因为当博弈进行到第三回合时受雇流动人口提出的自己得到 S_3 的方案当地用人单位必须接受，那么受雇流动人口作为理性经济人从利益最大化的角度出发会让 $S_3 = S$。把 $S_3 = S$ 代入前文得出的子博弈完美纳什均衡解，那么该博弈的子博弈完美纳什均衡解就变成受雇流动人口在第一回合博弈中提出自己得到 $S_1 = S(1 - \rho + \rho^2) = -S(\rho - \rho^2 - 1)$，当地用人单位接受，受雇流动人口和当地用人单位双方的得益分别为 $-S(\rho - \rho^2 - 1)$ 和 $S(\rho - \rho^2)$。因为 S 为当地用人单位应该缴纳的流动人口社会保障费用，应该缴纳的流动人口社会保障费用国家有明确规定，可以被看作常量。那么受雇流动人口与当地用人单位讨价还价博弈的子博弈完美纳什均衡解取决于 $\rho-\rho^2$ 的大小。令 $y=\rho-\rho^2$，对 y 求关于 ρ 的一阶导数并让其等于 0，则得到当 $\rho=\frac{1}{2}$ 时，$\rho-\rho^2$ 的最大值为 0.25。当 $0<\rho<\frac{1}{2}$ 时，ρ 越大，$y=\rho-\rho^2$ 的值越大，受雇流动人口的得益越小，当地用人单位的得益越大。当 $\frac{1}{2}<\rho<1$ 时，ρ 越大，$y=\rho-\rho^2$ 的值越小，受雇流动人口的得益越大，当地用人单位的得益越小。这种理论研究的结果表明，在受雇流动人口与当地用人单位讨价还价博弈中，当地用人单位讨价还价的筹码是可以和受雇流动人口拖延时间，因为虽然受雇流动人口最终可以得到全部收益，但是拖延时间会给受雇流动人口造成损失。当地用人单位拖延时间对受雇流动人口造成的损失越大，受雇流动人口愿意提出符合当地用人单位的方案以便早日结束讨价还价的得益就越大。只有当受雇流动人口完全不怕旷日持久的讨价还价即 $\rho=1$，或者当地用人单位对利益的争夺是毁灭性的即 $\rho=0$ 时，受雇流动人口的得益就会变成 S，从而得到其应该享有的全部利益。从现实情况来看，受雇流动人口与当地用人单位讨价还价博弈中受雇流动人口到底怕不怕旷日持久的讨价还价呢？有这么几个原因决定了受雇流动人口不会太在乎旷日持久的讨价还价对自己得益的影响。第一，前文假设了在公平讨价还价博弈中，受雇流动人口在仲裁庭公平仲裁或者法院的公平判决下最终会得到自己应该得到的利益，受雇流动人口不用担心持久的讨价还价会影响自己的应得权益。第二，我国劳动争议仲裁和诉讼案件中仲裁和诉讼费用一般由败诉方承担。在公平讨价还价博弈中，受雇流动人口最终会在仲裁中获胜或者胜诉，因此受雇流动人口不用担心在旷日持久的讨价还价过程中高昂的诉讼费用对自己得益的影响。第三，当地用人单位应该缴纳的流动人口社会保障费用 S 对于受雇流动人口的边际效用大于对于当地用人单位的边际效用。因为全额享有费用 S 事关受雇流动人口的基本经济生活安全，关涉受雇流动人口基本

的生存权和发展权,受雇流动人口相对于当地用人单位而言更看重 S 得益。相比较而言,S 仅仅是用人单位成本的一个组成部分,在用人单位生产产品的需求价格弹性不等于无穷大的情况下,用人单位可以通过提升产品价格将受雇流动人口的社会保障费用 S 部分或者全部转嫁给消费者,因此当地用人单位相对于受雇流动人口而言更看轻 S 得益。第四,讨价还价博弈的最终结果是当地用人单位全额缴纳了其应该缴纳的受雇流动人口社会保障费用 S。虽然旷日持久的讨价还价让缴纳社会保障费用 S 的时间点推迟,但是由于当地用人单位缴纳的社会保障费用绝大部分进入社会统筹账户,并不构成或者只有少部分进入受雇流动人口个人账户构成个人账户基金,因此旷日持久的讨价还价使缴纳社会保障费用 S 的时间点推迟对于受雇流动人口由社会统筹基金支付的社会保障待遇时间价值损失几乎没有影响。对于受雇流动人口个人社会保障待遇时间价值损失有影响的是在单位制社会保障模式下,旷日持久的讨价还价使缴纳社会保障费用的时间点推迟导致受雇流动人口没有办法缴纳个人应该缴纳的社会保障费用,从而影响了受雇流动人口个人账户基金积累,损失了资金的时间价值。综合上述这四种因素,可见受雇流动人口不会太惧怕与当地用人单位进行旷日持久的讨价还价,消耗系数 ρ 有向 1 逼近的趋势。当然,现实中当地用人单位通常也不会出现毁灭性的争夺利益的现象,即现实中通常 $\rho \neq 0$。可见,在受雇流动人口与当地用人单位公平讨价还价博弈过程中,受雇流动人口通常最终可以保证自己应该的全部利益 S。

第六章　实施中国流动人口社会保障制度协调机制的对策

在流动人口社会保障制度协调机制宏观架构的基础上设计的中央政府与地方政府激励相容委托—代理博弈模型、不同地方政府走出囚犯困境的无限次重复博弈模型、中央政府打破地方政府与当地用人单位共谋的混合策略博弈模型、受雇流动人口与当地用人单位公平讨价还价博弈模型这些关于流动人口社会保障制度协调的微观机制具体地规定了实现流动人口社会保障制度协调运行的参数条件。如何满足这些参数条件让流动人口社会保障制度协调机制步入前文设计的微观机制运行决定了实施流动人口社会保障制度协调机制需要采取的具体对策。因此，本章在前文研究的基础上，从流动人口社会保障制度协调机制的四个主要参与主体即中央政府、地方政府、用人单位和流动人口这四个方面分别阐述实施流动人口社会保障制度协调机制的对策。

第一节　中央政府的对策

一、　实施关于流动人口社会保障制度协调的强制性制度变迁

第二章分析表明，中国流动人口社会保障制度不协调存在着低效率制度均衡陷阱的路径依赖，流动人口社会保障制度缺乏高效运行的初始条件、历

史积淀和文化传统。打破这种路径依赖需要中央政府实施关于流动人口社会保障制度协调的强制性制度变迁。这是因为：

第一，诱致性制度变迁难以走出流动人口社会保障制度不协调的低效率制度均衡陷阱。诱致性制度变迁是一种自发性、渐进性和从局部到整体进行变迁的制度变迁过程。①② 诱致性制度变迁发生需要有创新主体、制度变迁主体有正的净预期收益以及制度创新主体在净预期收益分配方面要达成一致意见这三个条件。在中央政府不对流动人口社会保障制度协调实施强制性制度变迁的情况下，流动人口社会保障制度协调并不满足诱致性制度变迁的条件。（1）流动人口社会保障制度协调的诱致性制度变迁缺乏创新主体。诱致性制度变迁的创新主体主要是制度需求方，具体到流动人口社会保障制度协调的诱致性制度变迁来说其制度需求方主要是指与流动人口社会保障制度利害关系最为密切的地方政府、当地用人单位和流动人口。前文分析表明，地方政府作为中央政府的代理人在没有实现激励相容的情况下具有道德风险，不同地方政府由于在单次博弈或者有限次博弈中难以走出囚犯困境，地方政府与当地用人单位之间存在合谋，因此地方政府不会成为流动人口社会保障制度协调的诱致性制度变迁的创新主体。当地用人单位出于成本的考虑当然也不会成为流动人口社会保障制度协调的诱致性制度变迁的创新主体。流动人口由于在与当地用人单位博弈中处于劣势地位也难以成为诱致性制度变迁的创新主体。（2）流动人口社会保障制度协调的诱致性制度变迁使制度需求方获得正向收益的预期不明确。流动人口社会保障制度协调的诱致性制度变迁增加了地方政府和当地用人单位的成本，其预期收益为负。流动人口社会保障制度协调的诱致性制度变迁增加了流动人口的预期收益，其预期收益为正。这导致制度不同需求方是否能够获得正向净收益的预期不明确。（3）流

---

① 赵军：《诱致性制度变迁中的政府行为——陕西民办高等教育现象分析》，《高等工程教育研究》2007 年第 6 期。

② 康金莉：《早期中国农村信用合作事业的诱致性制度变迁》，《财经研究》2013 年第 9 期。

动人口社会保障制度协调的诱致性制度变迁过程中制度需求方在净预期收益分配方面难以达成一致意见。即使在制度需求方明确预期到存在净收益的情况下，鉴于有多个制度需求方、不同需求方对于合理的成本—收益比例的认同不同以及不同需求方对于既有流动人口社会保障制度低效率运行的原因看法不一致，地方政府与当地用人单位之间、不同地方政府之间、不同用人单位之间、不同流动人口之间、地方政府与流动人口之间很难在预期净收益分配方面达成一致意见。既没有创新主体，也没有明确的预期净收益以及一致同意的预期净收益分配方案，流动人口社会保障制度协调的诱致性制度变迁的可行性、必要性和动力均不足。现行流动人口社会保障制度参保率不高、转移接续难、保障水平偏低这些问题正好是诱致性制度变迁难以走出流动人口社会保障制度不协调的低效率制度均衡陷阱的明证。

第二，强制性制度变迁可以打破流动人口社会保障制度低效率运行的初始条件。初始条件不同，制度变迁的方向和路径就会不同。前文分析表明，总体来看国家对流动人口社会保障制度建设的忽视是流动人口社会保障制度低效率运行的初始条件。正是在这个初始条件下，流动人口社会保障制度协调被锁定在低效率运行的路径上。地方政府没有动力重视流动人口社会保障制度建设，当地用人单位没有动力缴纳受雇流动人口社会保障费用，流动人口没有实质性能力维护自己合法的社会保障权益。制度变迁可以分为诱致性制度变迁和强制性制度变迁。既然诱致性制度变迁不能打破流动人口社会保障制度协调低效率运行的初始条件，那么只能由强制性制度变迁来打破这个初始条件。如果国家以前文论述的流动人口社会保障制度协调机制的宏观架构和微观设计为依据实施强制性的制度变迁，那么目前流动人口社会保障制度协调低效率运行的初始条件就会被打破，从而使整个流动人口社会保障制度协调机制进入良性循环。一句话，从流动人口社会保障制度协调低效率运行到步入前文设计的流动人口社会保障制度协调机制不会自动实现，需要强制性制度变迁作为推动力改变制度的初始运行状态。

第三，中央政府是实施强制性制度变迁的当然责任主体。强制性制度变迁属于供给主导型制度变迁，政府是制度变迁的主体。中央政府在流动人口社会保障制度协调机制方面实施强制性制度变迁具有必然性。一则，地方政府由于其道德风险和利益关系不能成为流动人口社会保障制度协调机制强制性制度变迁的主体。因此，只有中央政府才可能成为实施流动人口社会保障制度协调机制强制性制度变迁的主体。二则，流动人口社会保障制度协调机制涉及全国范围，某一个地方政府或者某几个地方政府难以在全国范围内实施强制性的制度变迁，因此强制性制度变迁的责任必然要落在中央政府的身上。三则，中央政府有义务成为流动人口社会保障制度协调机制强制性制度变迁的主体。实施流动人口社会保障制度协调机制强制性制度变迁最终目的是为了保障流动人口的社会保障权益。保护流动人口的社会保障权益就是保护流动人口的基本人权，保护人权是国家的责任，中央政府当然有义务履行国家的责任，因为保护流动人口社会保障权益符合中央政府的利益。中央政府的利益是实现社会福利最大化并维持政权的稳定，流动人口社会保障制度不协调对诸如流动人口社会保障权益、劳动力自由流动、以人为核心的城镇化进程、社会危机管理产生负面影响与社会福利最大化以及政权稳定的目标是相悖的，这从反面证明了中央政府有义务保护流动人口社会保障权益，成为实施流动人口社会保障制度协调机制强制性制度变迁的主体。本部分讨论了中央政府有必要实施关于流动人口社会保障制度协调的强制性制度变迁，接下来讨论中央政府具体在哪些方面需要实施强制性制度变迁以推进流动人口社会保障制度协调机制建设。

二、 把保障流动人口社会保障权益纳入地方政府绩效考评体系

绩效考评是根据组织的目标，对员工个人或小组的工作状态及结果进行考核与评价，并对结果进行反馈，以促进其改进和提高以后的工作绩效，[1]

---

① 李业昆：《绩效管理系统研究》，华夏出版社 2007 年版，第6—7页。

它是人力资源管理实践最重要的内容之一，也是组织评价与提升员工绩效的最常用方法。① 政府部门作为一种公共组织也需要经常进行绩效考评以提高公务员的工作效率和服务质量。组织目标是绩效考评的根本依据。依据不同的组织目标设定不同的考评指标，从而对不同人员的工作绩效进行考评。因此，组织目标不同，绩效考评的指标就会不同，那么工作绩效的考评结果就会不同，组织内人员的行为导向也必然会不同。

中国在过去很长一段时期坚持以经济建设为中心，一直把 GDP 作为考评地方政府业绩最主要的指标。一个地方如果 GDP 数额大，经济增长速度较快，那么这个地方政府的官员得到提拔的可能性就大。这种理念致使各级地方政府一味地迷信 GDP 指标，不惜运用和动用一切手段、资源（包括政府直接参与市场竞争，实施地方保护主义，牺牲环境等）去实现当地 GDP 的增长，② 中国式分权激励机制和以 GDP 增长为核心的政绩考核体制诱发了地方官员行为的短期化倾向。③ 因此，要想让地方政府重视流动人口社会保障制度建设，那么中央政府必须在自身重视流动人口社会保障制度建设的同时把保障流动人口社会保障权益指标纳入地方政府绩效考评体系，并且要赋予该指标适当的权重。不纳入地方政府的考评体系或者纳入地方政府考评体系但是权重过低，地方政府官员就不会从自身职务升迁的利益角度出发充分重视流动人口社会保障权益。

前文构建的不完全信息条件下中央政府和地方政府之间激励相容的委托—代理博弈模型表明要想让地方政府能够按照中央政府的期望那样实施流动人口社会保障制度协调事宜，中央政府必须对于地方政府实施与地方政府的利益密切相关的某种支付，这种支付可以是货币的，也可以是非货币的。

---

① 文鹏、廖建桥：《不同类型绩效考核对员工考核反应的差异性影响——考核目的视角下的研究》，《南开管理评论》2010 年第 2 期。

② 胡继妹：《对地方政府绩效考核取消 GDP 指标的思考》，《行政论坛》2004 年第 6 期。

③ 刘瑞明、金田林：《政绩考核、交流效应与经济发展——兼论地方政府行为短期化》，《当代经济科学》2015 年第 3 期。

如果中央政府把保障流动人口社会保障权益纳入地方政府绩效考评体系，对于那些按照中央政府要求充分保障了流动人口社会保障权益的地方政府官员给予足够的升迁机会，那么这种升迁机会就算是对地方政府的一种非货币支付，有助于实现中央政府与地方政府在委托—代理关系中利益的激励相容。前文的分析也表明，为了实现激励相容以规避地方政府的道德风险，中央政府对地方政府的支付必须以可观察的、有利于保障流动人口社会保障权益的结果为依据。中央政府对于那些按照中央政府要求充分保障了流动人口社会保障权益的地方政府官员给予足够的升迁机会不仅是可观察的，而且也是有利于保障流动人口社会保障权益的，不会对地方政府造成方向错误的激励。因此，中央政府应该在地方政府绩效考评方面实施强制性制度变迁，把保障流动人口社会保障权益纳入地方政府绩效考评体系是实现中央政府和地方政府形成激励相容委托—代理关系的重要措施。把保障流动人口社会保障权益纳入地方政府绩效考评体系事关地方政府官员的升迁等长期利益，有助于克服地方政府官员的短视行为，促使地方政府在流动人口社会保障制度协调囚犯困境博弈中实施触发策略，从而通过无限次重复博弈走出囚犯困境。把保障流动人口社会保障权益纳入地方政府绩效考评体系有助于中央政府在地方政府共谋时收益不变的情况下增加其不共谋时的收益，也有助于中央政府在地方政府共谋时收益增加的情况下加大对地方政府的惩罚，从而打破地方政府与当地用人单位共谋。中国社会保障项目实施属地化管理。把保障流动人口社会保障权益纳入地方政府绩效考评体系可以推动地方政府更公平、更有效地执行中央政府关于流动人口社会保障政策，从而为受雇流动人口与当地用人单位公平地对社会保障权益讨价还价奠定基础。

三、建立社会保障基金调剂金制度以方便流动人口社会保障制度协调

人口流动是提高经济效率的基本条件之一，公共政策应该顺应人口的自

由流动而非阻碍人口的自由流动。但是，由于中国社会保障制度实施属地化管理，人口流动形成的大规模的流动人口会对社会保障基金收支平衡产生巨大影响。流动人口既会影响流出地的社会保障基金收支平衡，也会影响流入地的社会保障基金收支平衡，不同的社会保障项目可能会对流动人口的流出地和流入地产生不同的影响。比如，以基本养老保险为例，人口流动会导致流动人口流出地基本养老保险基金收入减少，从而增大流出地基本养老保险基金亏损的风险。目前我国东北三省以及其他一些人口流出规模较大的省份均面临着较大的基本养老保险基金支付压力。又比如，以失业保险为例，如果受雇流动人口参加了失业保险，那么其一旦失业，流动人口应该要从缴纳失业保险费用的流入地领取失业保险金和享有其他失业保险待遇，这会增加流动人口流入地失业保险基金的支付压力。再比如，工伤保险也与失业保险类似，流动人口参加工伤保险后会增加流动人口流入地工伤保险基金的支付压力。还比如，流动人口对流入地住房保障制度及其基金支付构成的压力是非常明显的。可见，如果地方政府认真履行中央政府的规定以充分保障流动人口的社会保障权益，那么不同地方政府均可能面临流动人口所引致的某类社会保障基金收支不平衡的风险。因此，中央政府应该出台政策，强制性建立社会保障基金调剂金制度。这种强制性的社会保障基金调剂金制度的直接功能是调节不同统筹地区不同种类的社会保障项目基金的收支平衡，实质上是体现社会保障制度的国家责任和社会保障的收入再分配功能。社会保障制度的实施虽然有多个参与主体，但是现代意义上的社会保障制度的实施主体是国家，中央政府有义务代表国家履行制定强制性的社会保障基金调剂金制度以确保社会保障制度的平稳运行。同时，社会保障制度的资金运行不体现国民收入的初次分配，国民收入再分配是社会保障基金运行的本质特征。建立社会保障基金调剂金制度实现对不同地区不同社会保障项目基金的运行调剂余缺，体现和保持了社会保障基金运行的收入再分配本质特征。

建立社会保障基金调剂金制度既包括建立中央调剂金制度，也包括建立高于某类社会保障基金统筹层次之上且与各级行政区划相适应的多级调剂金制度，包括建立各个社会保障项目基金调剂金制度。我国社会保障制度实施属地化管理制度。目前除了部分省（直辖市）在基本养老保险和基本医疗保险方面实现了省级统筹外，大部分社会保障项目实施地级市统筹制度，实践中相当一部分社会保障项目实施县级统筹，部分农村社会保障项目实际上实施乡（镇）级统筹。因此，建立社会保障基金政府调剂金制度应该要与社会保障基金统筹层次相适应，建立高于某类社会保障基金统筹层次之上且与各级行政区划相适应的多级调剂金制度。比如，对于城镇职工基本养老保险制度而言，如果城镇职工基本养老保险基金存在从县级统筹到省级统筹多种统筹层次，那么应该建立中央政府调剂金制度来平衡不同省份之间城镇职工基本养老保险基金余缺；同时，对于那些还在地级市统筹的城镇职工基本养老保险制度，还需要建立省级调剂金制度来平衡不同地级市之间城镇职工基本养老保险基金余缺；对于那些还在县级市统筹的城镇职工基本养老保险制度，还需要建立地级市调剂金制度来平衡不同县级市之间城镇职工基本养老保险基金余缺。2018 年 5 月 30 日，国家颁布了《国务院关于建立企业职工基本养老保险基金中央调剂制度的通知》（国发［2018］18 号），已经着手通过中央调剂金制度来平衡不同省份之间城镇企业职工基本养老保险基金余缺。在国家出台建立针对城镇企业职工基本养老保险基金中央调剂金制度之前，多个地区已经实际实施了省级调剂金制度。还比如，对于存在乡（镇）级统筹层次的某些农村社会保障项目，应该要建立县级调剂金、地级市调剂金、省级调剂金、中央调剂金这四级调剂金制度。社会保障基金多级调剂金制度形成以后，下一级只能对相邻上一级进行社会保障基金调剂金上解和申请，上一层级只对相邻下一级进行社会保障基金调剂金支出。这样一来，社会保障基金的收支平衡问题首先由较低层级的调剂金进行应对，如果较低层级的调剂金应对后依然面临收支平衡压力，再由更高层级的调剂金进行应对。如果某个地方社会保障基金统筹层次有所提高，则当地政府可以废除低层级的调剂金制度。随着社会保障基金统筹层次的提高，社会保障基金调剂金的层级逐步减少。建立社会保障基金调剂金制度需要对各个社会保障项目基金建立调剂金制度。目前我国只对城镇企业职工基本养老保险制度建立了中央调剂金制度，许多地方对城镇企业职工基本养老保险基金建立了省级调剂金制度，部分地方在对工伤保险、失业保险、基本医疗保险、生育保险实施了省级或者地级市调剂金制度。未来有必要对各个社会保障项目建立多层级调剂金制度，统筹使用社会保障基金，提高资金使用效率。

建立多层级社会保障基金调剂金制度后，中央政府对于那些按照中央政府要求充分保障了流动人口社会保障权益但是社会保障基金出现缺口的（省级）地方政府直接支付调剂金（省级政府对相应的地级市政府支付调剂金，依次逐级支付），这种支付是中央政府对地方政府的一种可观察的、货币性支付，有助于实现中央政府与地方政府在委托—代理关系中利益的激励相容。建立多层级社会保障基金调剂金制度后有助于中央政府在地方政府与用人单位共谋时收益不变的情况下增加其不共谋时的收益，从而打破地方政府与当地用人单位共谋。一旦建立多层级的社会保障基金调剂金制度后，地方各级政府征缴社会保障费用和主动控制社会保障基金支出的动力就会下降，最后容易把社会保障基金缺口变成中央政府的无限责任。为了避免这种情况，中央政府应该让调剂金和（省级）地方财政分别按照一定比例分担申请调剂的社会保障基金缺口。建立了社会保障基金调剂金制度的其他层级政府与下一级政府之间也应该形成类似于中央政府和省级政府之间的关系，由调剂金和申请调剂支付的地方财政分别按照一定比例分担申请调剂的社会保障基金缺口。这样一来，地方政府提供虚假申请多申请调剂金会导致地方财政开支增加，从而挤压地方政府其他事业的发展，不利于提升地方政府官员的政绩和升迁。另一方面，如果地方政府不及时申请调剂金以弥补社会保障基金缺口，流动人口社会保障权益可能难以保障，在中央政府把保障流动人口社会保障权益纳入地方政府绩效考评体系后这同样会影响地方政府官员政绩和升迁。在这种情况下，各级地方政府骗取社会保障基金调剂金的动力会大大下降。同时，中央政府需要提高其核查的技术手段，严格监管省级政府对社会保障基金的收支情况，加大对骗取调剂金的地方政府官员的处罚力度，加大对与地方政府共谋骗取调剂金的当地用人单位相关责任人的处罚力度，提高地方政府骗取社会保障基金调剂金的成本。

四、 适时适当降低用人单位的社会保障缴费

用人单位的社会保障缴费主要是用人单位对其雇佣员工缴纳的社会保险和住房公积金费用。用人单位对其员工缴纳社会保险和住房公积金费用通常成为用人单位成本的一部分。如果某用人单位生产的产品其需求价格弹性为0，则用人单位对其员工缴纳的社会保险和住房公积金费用虽然表面上表现为用人单位的成本，但是用人单位可以通过对其销售产品加价把成本转嫁给消费者以补偿对员工缴纳社会保险和住房公积金费用的支出，该用人单位最终的利润并不受到影响，这时用人单位也就不会逃避缴纳社会保险和住房公积金费用。现实的情况是几乎很少有产品的需求价格弹性为0，绝大部分产品的需求价格弹性大于0，所以用人单位对其员工缴纳的社会保险和住房公积金费用就不能通过对销售产品加价的形式全部转嫁给消费者，用人单位对其员工缴纳的社会保险和住房公积金费用必然有一部分构成成本，用人单位的利润必然会减少。在这种情况下，用人单位就容易逃避缴纳社会保险和住房公积金费用。我国社会保险和住房公积金的相关管理规定也明确地把用人单位为员工缴纳的社会保险和住房公积金费用作为用人单位的成本税前列支。这一规定也说明了大多数情况下，用人单位缴纳的社会保险和住房公积金费用是用人单位成本的一部分，因为会影响用人单位的利润，所以通过减轻用人单位所得税的办法来激励用人单位缴纳社会保险和住房公积金费用。这种政策规定必然会减轻用人单位的负担，但是并不能否认用人单位缴纳的社会保险和住房公积金费用是用人单位一部分成本的事实。因此，在既有的对用人单位缴费的税收政策优惠下，用人单位依然存在从尽可能减小成本和增加利润的角度出发逃避缴纳社会保险和住房公积金费用的动机。中国关于用人单位缴费的税收优惠措施在相关社会保险和住房公积金制度实施之初就

实施了，但是现实中依然有用人单位逃避缴纳社会保险和住房公积金费用就是明证。

中国用人单位为其员工缴纳的社会保险和住房公积金费用的费率过高。根据现有社会保险和住房公积金的主要文件规定，同时参照 2016 年《人力资源社会保障部财政部关于阶段性降低社会保险费率的通知》对相关社会保险费率的最新调整，用人单位以上年度核定缴费工资的 19%—20%缴纳城镇职工基本养老保险费用，以 6%缴纳城镇职工基本医疗保险费用，以 0.5%—1%缴纳失业保险费用，以 0.75%左右缴纳工伤保险费用，以 0.5%左右缴纳生育保险费用，以 5%—12%缴纳住房公积金费用。把这些费率加总，可以得到用人单位缴纳各种社会保险和住房公积金费用的名义费率在 31.75%—40.25%之间。即使考虑我国核定缴费基数大约为应该缴费基数的 70%左右，那么用人单位的实际费率也大概在 22%—28%之间，依然处于较高的水平。上述名义费率和实际费率还没有考虑企业年金和职业年金以及各种补充医疗保险的缴费。过高的费率导致用人单位成本增加，在其他条件不变的情况下，用人单位逃避缴费的可能性会大大增加。拉弗曲线表明，在税率充分高时，增加税率反而会导致税收收入的减少。拉弗曲线也可以用来说明用人单位社会保险和住房公积金缴费与用人单位逃费的动机之间的关系。当费率提高时，用人单位的缴费总额会提高，但是当费率高过最优费率时，用人单位难以负担过高的成本会导致其逃费增加，从而使用人单位缴纳的费用反而下降。拉弗曲线为我国适当降低用人单位社会保险和住房公积金缴费提供了理论依据。

第五章关于中央政府、地方政府和当地用人单位混合策略博弈的纳什均衡表明在其他条件不变的情况下，当地用人单位缴纳的社会保障费用增大会导致当地用人单位在流动人口社会保障制度方面与地方政府的共谋行为。适当降低当地用人单位缴纳的社会保障费用有利于防止其在流动人口社会保障制度方面与地方政府的共谋行为。因此，中央政府应该有必要出台相关政策，适时适当降低用人单位缴纳的社会保险和住房公积金费用，从而为提高用人单位对社会保障费用的遵缴率奠定基础，这也是中央政府打破用人单位与地方政府在社会保障方面共谋的必要手段之一。中央政府已经意识到了降低社会保险费率的重要性，并在 2019 年 4 月颁布了《降低社会保险费率综合方案》（国办发〔2019〕13 号）。该《方案》认为降低社会保险费率是减轻企业负担、优化营商环境、完善社会保险制度的重要举措，要求降低养老保险单位缴费比例，自 2019 年 5 月 1 日起，各省、自治区、直辖市及新疆生产建设兵团养老保险单位缴费比例高于 16% 的可降至 16%；继续阶段性降低失业保险、工伤保险费率，自 2019 年 5 月 1 日起，实施失业保险总费率 1% 的省，延长阶段性降低失业保险费率的期限至 2020 年 4 月 30 日。自 2019 年 5 月 1 日起，延长阶段性降低工伤保险费率的期限至 2020 年 4 月 30 日，工伤保险基金累计结余可支付月数在 18 至 23 个月的统筹地区可以现行费率为基础下调 20%，累计结余可支付月数在 24 个月以上的统筹地区可以现行费率为基础下调 50%；调整社保缴费基数政策，各省应以本省城镇非私营单位就业人员平均工资和城镇私营单位就业人员平均工资加权计算的全口径城镇单位就业人员平均工资，核定社保个人缴费基数上下限，合理降低部分参保人员和企业的社保缴费基数。目前学术界还没有系统的、可靠的关于社会保险和住房公积金适度费率的测算，更没有系统深入的关于用人单位适度费率或者到底应该负担多少合理费用的测算。今后需要对社会保险和住房公积金的适度费率进行深入的研究和测算，从而为适时适当降低用人单位缴纳社会保险和住房公积金费用提供决策支持。同时，为了保证社会保险基金和住房公积金制度的平稳运行，需要对现行制度中诸如缴费年限、退休年龄等参数进行调整和优化，从而为适时适当降低用人单位缴纳社会保险和住房公积金费用提供配套支持。

五、 完善劳资关系中的经济民主制度

民主是社会主义的核心价值观之一。"经济民主是指经济领域内的民主。

当社会成员有权利选择他们所要追求的经济目标及达到这些目标的经济手段时，就算有了经济民主。"① 在经济领域坚持民主也是社会主义核心价值观的体现。经济民主的思想源远流长，从古至今，多位学者如柏拉图、亚里士多德从民主理论发展的视角，卢梭、洛克、李嘉图、密尔、韦伯夫妇、霍布豪斯等从自由与平等矛盾的视角，帕累托、米歇尔、拉米斯、巴伯、沃尔则、达尔、科恩等从精英与大众矛盾的视角，论述过经济民主。② "'经济民主'包括宏观和微观两个层次。在宏观上，'经济民主'有两个方面的含义：一是指将宪法所规定的'国家的一切权力属于人民'的原则精神，贯彻到经济领域，使各项经济制度安排，依据最大多数人民的根本利益来建立和调整。……二是指市场主体一律平等，法律法规规章给予每一个市场主体平等的地位、公平的保护，贯彻国民待遇与非歧视性原则。在微观上，'经济民主'也有两个方面的含义：一是指企业进行市场导向的决策。……二是指企业内部实行职工参与管理，民主选举，民主决策，民主管理，民主监督，建立利益共同体。"③ 经济民主则意味着对经济权力的均衡与规范，④ 它更加强调经济主体的主体性，要求废除在传统社会中的"臣民"意识和人身依附关系，追求契约自由和主体平等的经济秩序。⑤ 经济民主最主要的特征是削弱了资本的统治，在形式上使劳动者从经济奴仆变成了经济领域的公民，其主要目标是保护民生，促进社会平等与公平。⑥

　　劳资关系中的经济民主主要体现在要努力实现劳动者和用人单位作为微观市场主体关系的平等性，从而达到保护劳动者和用人单位基本经济权益的目的。劳资关系中的经济民主属于微观层面的经济民主。加强经济民主建设对推

---

　　① ［美］科恩：《论民主》，聂崇信、朱秀贤译，商务印书馆 1998 年版，第 118 页。

　　② 曹芳：《经济民主思想研究》，知识产权出版社 2016 年版，第 22—69 页。

　　③ 阳东辉：《经济民主：现代公司控制权扭曲的解决思路》，《现代法学》2004 年第 2 期。

　　④ 李锦峰：《经济民主：文献述评及其理论重构》，《学术月刊》2015 年第 10 期。

　　⑤ 章荣君：《经济民主：从概念厘定到基础论证》，《湖北经济学院学报》2005 年第 4 期。

　　⑥ 余少祥：《经济民主的政治经济学意涵：理论框架与实践展开》，《政治学研究》2013 年第 5 期。

动社会主义和谐劳动关系的构建，提高资源的优化配置效率，充分发挥社会主义制度的优越性有重要作用。① 现实中我国劳资关系中的经济民主制度还不够完善。第一，工会在劳资关系中对劳动者的支持力度不够。《中华人民共和国工会法》明确地规定了工会的权利和义务。这些权利和义务集中表现为工会代表劳动者维护劳动者的基本权益，但是在现实中对工会的这些权利和义务的要求并没有被很好地贯彻和落实。比如，《中华人民共和国工会法》第二十条规定：工会帮助、指导职工与企业以及实行企业化管理的事业单位签订劳动合同。现实情况表明，用人单位工会难以做到这一点。如果一个劳动者在受雇之前处于和用人单位谈判劳动合同的阶段，那么这个劳动者还不是该用人单位工会的会员，工会也不会对该劳动者签订劳动合同提供帮助。再比如，用人单位的工会领导通常由用人单位通过一定程序任命，工会经费部分由用人单位拨付，工会的独立性不足，当然难以在发生劳资纠纷时保护劳动者的权益。企业工会在劳动关系中存在着对企业的依附性，难以实现劳资关系的博弈制衡。② 第二，劳资集体谈判制度并没有形成。集体谈判是劳资双方确定雇员劳动条件的博弈机制，在西方国家实施了已经有近二百年的历史，对于化解西方国家的劳资冲突、规范和调整劳动关系发挥了重要的作用。由于政府、经营者和劳动者对集体谈判制度缺乏正确的认识、集体谈判主体空置或者主体不明确、工会作为劳动者权益的"代表者"法律地位缺失、集体合同雷同且内容空泛、集体合同履约率低、小型和微型企业的集体谈判不能有效开展，③④⑤⑥⑦ 中国目前

---

① 沈文玮、孙凤伟：《经济民主的三层基本关系解析及建设思考》，《河北师范大学学报》（哲学社会科学版）2010 年第 3 期。

② 许晓军、曹荣：《论工会在劳动关系中的独立性与代表性——基于企业工会干部职业化的若干思考》，《中国劳动关系学院学报》2009 年第 6 期。

③ 王辉龙：《集体谈判：调解我国劳资矛盾的一种制度选择》，《唯实》2005 年第 2 期。

④ 潘云华：《构建我国劳资双方集体谈判的平等地位》，《价格月刊》2007 年第 11 期。

⑤ 陈雁：《推进合作型劳资关系的对策研究——集体谈判制度在中国的发展》，《贵州社会科学》2010 年第 12 期。

⑥ 郭亚全：《劳资关系的集体谈判制度研究》，《哈尔滨学院学报》2014 年第 10 期。

⑦ 梁永丽：《推进合作型劳资关系的对策研究——集体谈判制度在广西的实践与发展》，《知识经济》2014 年第 2 期。

还没有形成系统有效的劳资集体谈判制度。第三，职工代表大会制度不够完善。比如，职工代表大会制度的实施范围较窄。《中华人民共和国宪法》第十六条规定"国有企业依照法律规定，通过职工代表大会和其他形式，实行民主管理"，《中华人民共和国宪法》并没有对其他所有制企业是否实施职工代表大会制度做出明确规定。又比如，职工代表大会的职权范围残缺。《中华人民共和国公司法》第十七条规定"公司研究决定改制以及经营方面的重大问题、制定重要的规章制度时，应当听取公司工会的意见，并通过职工代表大会或者其他形式听取职工的意见和建议"，《中华人民共和国公司法》并没有对涉及如何维护劳动者合法权益的相关问题进行规定。再比如，股东会、董事会、监事会事实上形成对职工代表大会职权的挤压。国有有限责任公司的股东会、董事会、监事会职权与职代会的职权发生冲突，职代会的职权几乎都被新三会（股东会、董事会、监事会，引者注）剥夺，仅剩下发表意见的建议权而已。[1]还比如，职工代表大会制度实际运行效率低下。职工代表大会制度运作形式单一，职工代表大会召开频率低，一线职工为主体的原则在实践中没有很好地得到落实。[2]职工代表大会制度的实施缺乏强制力，没有相关的法律法规对违反职工代表大会制度的设置及职权行为如何制裁做出具体和明确的规定。

完善我国劳资关系中的经济民主制度相应地需要从三方面着手。第一，强化工会在劳资关系中对劳动者的支持和保护。为此，增强工会的独立性是根本之道和当务之急。我国应该在工会组织的建制理念、法律依据、管理体制、人员配备和经费来源方面全面加强工会组织的独立性，从而强化工会组织维护劳动者权益的功能和实际效果。第二，推动劳资集体谈判制度发展。政府、用人单位和劳动者应该认识到劳资集体谈判制度是推动解决劳资纠纷而非加剧劳资冲突的手段，主动适应而不是拒绝劳资集体谈判制度。国家应该通过完善相关法律法规进一步明确劳资集体谈判的主体，在工会独立性增

---

[1]　陈向聪：《坚持和完善职工代表大会制度的法学思考》，《海峡法学》2001年第2期。
[2]　王久高：《完善我国职工代表大会制度的思考与建议》，《理论前沿》2009年第6期。

强的情况下，让工会代表劳动者与用人单位进行集体谈判。国家应该完善相关法律以对那些拒绝集体谈判或者不履行集体合同的当事人追究法律责任。通过法律法规规定劳动者罢工权行使的保护、罢工权行使的限制措施、罢工权的合法程序以便把全国人大批准的劳动者享有的抽象罢工权落到实处。[1]在劳资集体谈判制度中，除了要重视工资这一劳资集体谈判的核心内容外，需要把劳资集体谈判推广到所有谈判的标的。第三，完善职工代表大会制度。职工代表大会制度的立法应该走出按所有制性质进行不平等立法的旧框架，而应按责任形式进行立法。[2]应该不分用人单位的所有制性质，只要人数达到一定规模就要求必须实施职工代表大会制度。扩充职工代表大会的职权范围。职工代表大会应该有对企业重大经营决策的知情权和建议权；对涉及职工切身利益的制度、规章的共决权；对职工福利基金、公益金使用方案等有关职工生活福利重大事项的审议决定权；各级经营管理人员民主评议权、选举和罢免职工代表权。[3]确立职工代表大会制度与股东大会、董事会、监事会制度衔接方式和程序，避免职工代表大会制度与股东会、董事会、监事会职权的交叉冲突以及股东会、董事会、监事会对职工代表大会职权的挤压。出台法律法规让职工代表大会制度运行程序化、日常化和规范化，对于违反职工代表大会制度的设置及职权的行为进行追责。

我国完善劳资关系中的经济民主制度后将从两方面更好地促进流动人口社会保障制度协调机制建设。一方面，完善劳资关系中的经济民主制度后，当地用人单位与地方政府共谋以损害流动人口社会保障权益将会被依法追责，这相当于在其他条件不变的情况下，加大了对当地用人单位的惩罚。因此，完善劳资关系中的经济民主制度有助于降低当地用人单位与地方政府共谋的可能性，进而更好地保护流动人口社会保障权益。另一方面，完善劳资

① 谭秋霞、杨士林：《和谐劳资关系的集体谈判制度法律问题解读》，《求索》2013年第8期。
② 王利军：《试论职工（代表）大会制度的必要性及立法完善》，《经济与管理》1998年第1期。
③ 陈向聪：《坚持和完善职工代表大会制度的法学思考》，《海峡法学》2001年第2期。

关系中的经济民主制度会增强受雇流动人口与当地用人单位在讨价还价博弈中的力量，更有利于保障受雇流动人口与当地用人单位公平讨价还价博弈的实现。

六、 优化流动人口社会保障关系转移接续政策

　　流动人口社会保障关系转移接续主要是流动人口跨社会保险统筹层次所对应的行政区域流动时其供款型社会保险关系的转移接续。流动人口在社会保险统筹层次所对应的行政区域内流动时由于同一统筹层次内的社会保险制度相同，也就不存在社会保险关系转移接续的问题。住房公积金由于用人单位缴费全额进入个人账户，住房公积金的个人所有权性质决定了其关系转移接续没有困难。社会救助类社会保障项目由于没有用人单位和个人的供款，因而通常也不存在所谓关系的转移接续问题。诸多学术研究表明，目前我国流动人口社会保险关系转移接续困难。[1][2][3][4][5] 前文研究也表明，流动人口社会保险关系转移接续困难。虽然 2009 年国务院颁布了《城镇企业职工基本养老保险关系转移接续暂行办法》，2010 年人力资源和社会保障部颁布了《关于印发城镇企业职工基本养老保险关系转移接续若干具体问题意见的通知》，2016 年人力资源和社会保障部颁布了《关于城镇企业职工基本养老保险关系转移接续若干问题的通知》，2009 年人力资源和社会保障部联合财政部下发了《流动就业人员基本医疗保障关系转移接续暂行办法》，但是还没有从根本上缓解流动人口社会保险关系转移接续难题。因此，中央政府优化

---

　　① 陈向聪：《坚持和完善职工代表大会制度的法学思考》，《海峡法学》2001 年第 2 期。

　　② 赵坤：《农民工养老保险转移接续态势与政策效果评估》，《改革》2010 年第 5 期。

　　③ 杨风寿：《我国社会保险关系转移和接续问题研究》，《中国人口·资源与环境》2010 年第 1 期。

　　④ 沙治慧、罗静：《农民工基本养老保险关系转移接续机制研究》，《经济体制改革》2012 年第 2 期。

　　⑤ 王国辉、魏红梅、才晶焱：《养老保险转移接续的困境与"新统账结合"模式研究》，《经济纵横》2014 年第 9 期。

流动人口社会保险关系转移接续政策应该成为推动流动人口社会保障制度协调机制构建的必要措施之一。

优化流动人口社会保险关系转移接续可以采取以下几个方面的措施：第一，全盘考虑所有社会保险关系的转移接续。由于基本养老保险和基本医疗保险是社会保险体系中最重要的社会保险项目，所以目前政策对于这两类社会保险关系的转移接续关注得比较多。实际上，所有社会保险关系的转移接续均会影响劳动力的自由流动和流动人口的社会保险权益。比如，有人会在可以自由转移基本养老保险关系的情况下，由于其他社会保险关系难以转移给其既得社会保险权益造成损失而选择不流动。还比如，失业保险待遇通常与缴费年限有关，如果某一流动人口没有转接失业保险关系，那么其在流入地失业后其失业保险待遇会受到影响，比如最长领取失业保险金的时间会缩短。所以，国家在关注流动人口基本养老保险和基本医疗保险关系转移接续的基础上，对于其他所有社会保险项目如失业保险、工伤保险、生育保险关系的转移接续也应该出台明确的参保记录和积累基金转移接续规定，要求流动人口在流动时按照规定转移接续所有社会保险关系。第二，对于基本养老保险关系，应该借鉴欧盟的经验和做法，实施参保地缴费、分段计算待遇、退休地领取待遇的转移接续办法。具体来说，对于基本养老保险中的个人账户基金，应该随着流动人口的流动实现即时转移，最后在退休地计算领取个人账户养老金。这种转移接续办法是实现个人账户养老保险关系参保记录和积累基金的同时即时转移接续。对于基本养老保险中的社会统筹基金，应该不随流动人口流动实现即时转移，但是需要转移流动人口社会统筹基金的参保记录，等流动人口退休后实现基金的最后转移。假如某流动人口曾经在 A 地工作过，最后在 B 地退休。根据分段计算待遇的要求，最后转移社会统筹基金的做法就是在流动人口从 A 地流动到 B 地时只转接他（她）在 A 地的社会统筹基金缴费记录，但是并不转移他（她）在 A 地所积累的社会统筹基金，等他（她）在 B 地退休开始领取待遇时根据其当年在 A 地的工作年限和退休时 A 地计算基础养老金的公式计算流动人口应该从 A 地领取的基础养老金，然后把相关的基础养老金待遇转移给 B 地，退休流动人口从 B 地领取基础养老金。这种转移接续办法是实现社会统筹养老保险基金参保记录的即时转移接续，实现社会统筹基金的最后转移接续。最后转移社会统筹基金的做法与我国目前规定随人口流动即时转移费率为 12% 的社会统筹基金的做法相比有诸多好处。比如，A 地可以把这部分基础养老金进行投资并取得收益，由 A 地用人单位缴纳费用，正好 A 地享有一定的收益，将来也由 A 地负责支付相关待遇，体现了公平原则，避免了 A 地不愿即时转移社会统筹基金的窘境；流动退休人口的基础养老金待遇由 A 地和 B 地的计算公式共同决定，避免了某些人口在距离退休前几年流动到基础养老金待遇高的区域退休；避免了目前根据不同缴费年限选取养老金待遇不同领取地的烦琐，方便了退休流动人口。第三，对于基本医疗保险关系而言，应该主要基于流动人口工作地变动而非就医地的变动来转移接续基本医疗保险关系。基于就医地变动转移接续基本医疗保险关系的成本非常高，而且也没有必要，主要可以通过完善异地就医管理的相关政策来完成。完善异地就医管理应该积极配合跨省异地住院费用直接结算的实施，按照就医地目录、参保地待遇、就医地管理的模式，一方面把跨省异地住院费用直接结算推广到跨省门诊费用直接结算，另一方面实现省内不同统筹区域之间患者门诊和住院费用的直接结算。基于工作地变动转移接续基本医疗保险关系可以对流动人口基本医疗保险的个人账户基金实施即时转移接续。考虑疾病发生的不确定性引致的基本医疗保险社会统筹基金支出的不确定性和社会统筹基金实施现收现付制，因此基于工作地变动转移接续基本医疗保险关系不用实质性转移接续基本医疗保险社会统筹基金，只转移接续流动人口参加基本医疗保险社会统筹基金的参保记录就可以了。转移参保记录主要是为了保证流动人口在流入地享受其他各种与基本医疗保险缴费年限相关的福利待遇时能够把视同缴费年限合并计算。第四，对于失业保险、工伤保险以及生育保险，应该实现失业保险基金个人账户基金的即时转移。与基本医疗保险社会统筹基金转移接续相类似，失业保险社会统筹基金，所有的工伤保险基金以及生育保险基金只需要转移接续流动人口参加失业保险、工伤保险以及生育保险社会统筹基金的参保记录就可以了。转移参保记录主要是为了保证流动人口在流入地享受失业保险、工伤保险以及生育保险乃至其他各种与失业保险、工伤保险以及生育保险缴费年限相关的福利待遇时能够把视同缴费年限合并计算。总之，优化流动人口社会保障关系转移接续政策保全了地方政府的利益，也实现了保障流动人口权益的目的，有利于中央政府与地方政府形成激励相容的委托—代理关系，从而推动流动人口社会保障制度协调机制的实现。

第二节　地方政府的对策

一、推进户籍制度改革

户籍制度对流动人口社会保障权益的影响是显而易见的。2014 年，国家颁布了《国务院关于进一步推进户籍制度改革的意见》（国发〔2014〕25号）对我国当前户籍制度改革进行规范，这是中央政府通过强制性制度变迁推动户籍制度改革的最新举措。各级地方政府需要做的是落实好《国务院关于进一步推进户籍制度改革的意见》的相关规定，进一步推进户籍制度改革。户籍制度改革是一个复杂的系统工程。各级地方政府在事关流动人口社会保障制度协调方面推进户籍制度改革需要重点在以下几个方面有所作为：第一，回归户籍制度的本来功能。户籍制度的本来功能是人口登记和人口管理。户籍制度改革不是要消灭户籍制度本身，而是要正本清源，让其在记录人口出生、死亡、结构、流动、数量等方面发挥基础性作用，从而为社会经济发展提供基础性人口数据支撑。户籍制度的本来功能应该是中立的。把户籍制度与公民享有的各种基本权益挂钩或者在户籍制度改革过程中放松或者放弃户籍登记的做法都是不可取的。各级地方政府从户籍制度的本来功能出发来认识户籍制度改革有利于更好地落实《国务院关于进一步推进户籍制度改革的意见》中的相关规定。第二，逐步推进户籍与是否享有社会保障权益脱钩。如果户籍制度回归其本来功能，那么作为基本人权的社会保障权益应该要与户籍制度脱钩。也就是说，包括流动人口在内的公民是否享有基本社会保障权益不应该与是否拥有户籍制度相关联。一旦户籍与是否享有社会保障权益脱钩，包括流动人口在内的公民的社会保障权益主要与其工作种类、劳动贡献、居住地、生活地、自身生活状态等条件相关，那么保障包括流动人口在内的公民的社会保障权益的阻力就会大大降低。目前完全彻底脱离户籍与享有社会保障权益之间的关系有困难，可以先行考虑脱离社会保险类和住房公积金这些供款型社会保障制度与户籍制度之间的关系，然后再逐步脱离社会救助这类非供款型社会保障制度与户籍制度之间的关系。第三，扩大流动人口纳入流入地户口的制度通道。在没有完全彻底脱离户籍与享有社会保障权益之间关系的情况下，努力推动流动人口获得流入地户口依然是保障流动人口权益的重要举措。目前我国不同地区在推进户籍制度改革过程中主要采取两种做法。一种做法是让那些符合本地区发展需求的高新技术人才更容易纳入流入地户口，比如多地实施的积分落户政策让高新技术人才落户相对更容易。另一种做法主要是对本省户籍人口跨区落户提供方便。① 这两种做法的必然结果就是大部分流动人口尤其是跨省区流动的农民工很难在流入地落户，大大阻滞了以人为核心的城镇化进程。各地地方政府在推进流动人口落户方面应该适当放宽流动人口纳入流入地户口的条件，主要考虑流动人口在流入地的工作年限、纳税记录等因素，对跨省区流动的流动人口实施与省内流动人口同等的入户政策。政府对户籍制度进行调整让农民工的福利与权利得到改进有利于提高城乡居民消费与收入、缩小城乡居民消费与收入的差距，使中国经济实现更好的发展。② 第四，配套推进基本公共服务均等化以支持户籍制度改革。流动人口跨区域落户变得容易以后会对那些流动人口较多的流入地公共服务供给能力提出挑战。为了应对这种挑战，地方财政预

---

① 蔡昉：《户籍制度改革与城乡社会福利制度统筹》，《经济学动态》2010 年第 12 期。

② 张伟进、胡春田、方振瑞：《农民工迁移、户籍制度改革与城乡居民生活差距》，《南开经济研究》2014 年第 2 期。

算以及中央财政转移制度应该做相应的调整，增加公共财政社会建设性支出占财政支出的比重，努力推进各地基本公共服务的均等化，从而避免由于过多人口流入导致当地公共服务水平下降而反向掣肘户籍制度改革。第五，联动推进农村土地制度改革以方便户籍制度改革。户籍制度改革与土地制度改革密不可分。①②③④⑤ 2016 年 10 月 30 日，中共中央办公厅、国务院办公厅印发了《关于完善农村土地所有权承包权经营权分置办法的意见》，提出了我国新时期完善农村土地所有权、承包权、经营权三权分置的改革思路。各级地方政府应该按照国家的这一改革思路积极探索适合本地的农村土地制度改革制度，从而为农村人口流动以及申请流入地户籍变动提供方便。具体来说：首先，农民对宅基地的个人投资较多，农村流动人口申请流入地户籍时可以继续保留其在流出地的宅基地，形成类似于城镇居民保有房产但并不影响其落户申请这种情形，并在此基础上实现农村宅基地的自由交易。其次，农村流动人口申请流入地户籍成功后流出地农村集体收回该流出人口的承包土地。虽然《国务院关于进一步推进户籍制度改革的意见》以及《关于完善农村土地所有权承包权经营权分置办法的意见》均规定不得以退出土地承包权作为农民进城落户的条件，但是这一规定在理论上和实践上面临着一定的挑战。从理论方面来讲，土地承包权会带来土地收益权，如果农村流动人口申请在流入地落户还依然拥有对流出地土地的承包权，那么必然要获得该土地的收益权。这会导致在农村土地所有权归农村集体所有的情况下，出现

---

① 陆铭、陈钊：《为什么土地和户籍制度需要联动改革——基于中国城市和区域发展的理论和实证研究》，《学术月刊》2009 年第 9 期。

② 陈学法：《二元结构变迁中的户籍制度与土地制度变革》，《宏观经济研究》2009 年第 12 期。

③ 陶然、史晨、汪晖等：《"刘易斯转折点悖论"与中国户籍—土地—财税制度联动改革》，《国际经济评论》2011 年第 3 期。

④ 陈霄：《户籍制度改革与土地资本化——基于重庆案例的分析》，《财经科学》2013 年第 5 期。

⑤ 周文、赵方、杨飞等：《土地流转、户籍制度改革与中国城市化：理论与模拟》，《经济研究》2017 年第 6 期。

不属于农村集体的人享有了该农村土地的收入，这是一个悖论。从实践方面来看，如果农村流动人口申请在流入地落户成功后还依然拥有对流出地土地的承包权，那么土地资源的调剂余缺以及优化配置效率就会降低，这与我国土地制度改革的初衷也是相悖的。鉴于短期内国家很难调整《国务院关于进一步推进户籍制度改革的意见》以及《关于完善农村土地所有权承包权经营权分置办法的意见》中的相关内容，因此，在不违背以退出土地承包权作为农民进城落户的条件这一国家规定的情况下，农村流动人口申请流入地户籍成功后流出地农村集体应该收回该流出人口的承包土地是对国民公平化土地权的理性选择。在中央政府把保障流动人口社会保障权益纳入地方政府绩效考评体系的情况下，地方政府推进户籍制度改革有利于更好地保障流动人口的社会保障权益以获得中央政府对地方政府的支付，同时也减少地方政府与当地用人单位在流动人口社会保障制度事宜方面的共谋，从而减少中央政府对其共谋的惩罚，促进流动人口社会保障制度宏观和微观协调机制的实现。

二、提高社会保障基金的统筹层次

不同社会保障项目实施属地化管理。因此，地方政府是决定是否提高社会保障基金统筹层次的直接责任主体。社会保障基金统筹层次是指社会保障基金征集、管理和发放的范围。目前我国不同社会保障项目基金有着不同的统筹层次。总体来看，社会保障基金的统筹层次不高。如城镇职工基本养老保险基金部分地区实现了省级统筹，但还有部分地区实施的是地级市统筹和县级市统筹。目前我国已有 31 个省级行政区和新疆生产建设兵团宣称实现的省级统筹是实施省级调剂金制度意义上的省级统筹，资金流收支核算层级实现了真正意义上省级统筹的地区只有北京、上海、天津、陕西和福建 5 省市，绝大部分省市的养老保险统筹层次仍然停留在地市、县级统筹层面上。[①]

① 王晓东：《城乡统筹视域下社会养老保险制度统筹层次问题再探讨》，《东岳论丛》2014 年第 2 期。

城乡居民基本养老保险基金少数地区实现了省（直辖市）级统筹、地级市统筹，绝大部分地区是县级市统筹；城镇职工基本医疗保险基金是省（直辖市）级统筹、地级市统筹、县级市统筹并存；城乡居民基本医疗保险基金少数地区实现了省（直辖市）级、地级市统筹，大部分实施县级市统筹；其他社会保障基金如工伤保险基金、失业保险基金、社会救助基金等的统筹层次通常是地级市或者县级市。

适时适当提高社会保障基金的统筹层次是非常必要的。这是因为：首先，提高社会保障基金统筹层次有助于维护社会保障基金平衡。社会保障基金是社会保障制度得以运行的物质基础。提高社会保障基金统筹层次扩大了社会保障基金分散风险的能力，在其他条件不变的情况下，有助于维持社会保障基金平衡，体现社会保障的收入再分配功能。其次，提高统筹层次有助于节约社会保障基金的管理成本。提高社会保障统筹层次减少了社会保障基金的管理层次，尤其是避免了社会保障基金投资运营的分散化倾向，既提高了基金投资运营的效率，又减少了投资机构和人员的重复配置，降低了制度运行的交易成本。最后，提高社会保障基金统筹层次简化或者方便了社会保障关系的转移接续。提高社会保障基金的统筹层次当然会减少社会保障基金的统筹层次。这样一来就会把原来在社会保障基金统筹层次外的人口直接变成社会保障基金统筹层次内的人口，直接免除了在社会保障基金统筹层次没有提高的情况下社会保障关系的转移接续，以往部分跨统筹层次区域流动人口的社会保障权益平权问题就会得到解决。同时，虽然提高统筹层次不能完全杜绝跨统筹层次区域流动人口的存在，但是社会保障基金统筹层次的减少方便了流动人口跨区域转移接续的手续，也减少了基金管理部门办理转移接续的次数和工作量，有利于提高社会保障基金跨区域转移接续的质量和效率。

地区发展不平衡、地方财政部门提高社会保障基金统筹层次的动力不足、社会保障数据库兼容性差等多种原因造成了社会保障基金统筹层次较低。因此，提高社会保障基金统筹层次不能一蹴而就，社会保障基金统筹层次的提升应该在充分重视不同地区和群体利益差距的基础上走渐进式改革的道路，应该配合社会保障调剂金制度的实施循序渐进地提高社会保障基金的统筹层次，以避免激进式地提高社会保障基金统筹层次对效率和社会稳定产生负面影响。首先，提升社会保障基金统筹层次应该分制度、分区域量力而行，不要盲目地刻意把提高社会保障基金统筹层次作为地方政府的短期目标。所谓分制度提高社会保障基金统筹层次是指不同的社会保障项目基金可以有不同统筹层次，不能也没有必要把所有的社会保障项目基金的统筹层次都统一提高到同一层级。所谓分区域提高社会保障基金的统筹层次是指各个地方政府应该根据本地区社会经济发展的实际状况决定是否提高社会保障基金的统筹层次，而不去盲目地照搬照抄其他地区在提高社会保障基金统筹层次方面的做法。虽然前文表明了适时适当提高社会保障基金的统筹层次的必要性，但是违背当地发展实际以及某个社会保障项目特征来提高社会保障基金统筹层次可能会适得其反。其次，提高社会保障基金统筹层次需要妥善处理现行统筹层次下社会保障基金的债权债务。提高社会保障基金统筹层次前社会保障基金的债权在提高社会保障基金统筹层次后由各个社会保障项目基金原来统筹地的管理部门统一划拨给提高社会保障基金统筹层次后的管理部门，各个社会保障项目基金的债务应该由原来统筹地区负责偿还，对于一次性偿还现行各个社会保障项目基金债务有困难的地区可以设定一个相对较长的偿还期限以分散其还债压力。再次，在更大区域内实施统一的社会保障信息管理系统来方便社会保障基金统筹层次的提升。统一的社会保障信息管理系统是社会保障基金运行和提高统筹层次的重要载体。可以在不增加现在各社会保障基金统筹层次信息管理系统硬件的基础上开发统一的软件系统，该系统的开发和运行可以借鉴统筹层次较高的社会保障项目软件系统运行的基本经验，让更大区域内统一的社会保障信息管理系统为提高社会保障基金统筹层次提供平台支持。在中央政府把保障流动人口社会保障权益纳入地方政府绩效考评体系的情况下，地方政府适时适当地提高社会保障基金统筹层次是更好地保障流动人口的社会保障权益进而获得中央政府对地方政府支付的措施之一。同时，地方政府与当地用人单位在流动人口社会保障制度事宜方面的共谋也会减少，中央政府对其共谋的惩罚也会减少，从而促进流动人口社会保障制度宏观和微观协调机制的实现。

三、完善现行各项属地化社会保障制度自身设计

中国目前的社会保障制度需要在多个方面进行完善，这里没有必要去全面论述。在中央政府政策已经明确的情况下，完善归属于地方政府职权的且有利于更好地保障流动人口社会保障权益社会保障制度自身建设可以主要考虑以下两个方面：第一，积极推进城乡社会保障体系整合。中国社会发展的最终目标是消除城乡二元结构，实现城乡统筹发展。社会保障体系建设应该要服从和服务于这一目标。因此，中国城乡社会保障体系发展需要及时实现整合，并最终实现相对统一的社会保障制度。中国已经在城乡居民基本养老保险和基本医疗保险制度的整合方面迈出了实质性步伐。2014 年国家已经颁布了《国务院关于建立统一的城乡居民基本养老保险制度的意见》（国发〔2014〕8 号），要求在总结新型农村社会养老保险和城镇居民社会养老保险试点经验的基础上，将新农保和城居保两项制度合并实施，在全国范围内建立统一的城乡居民基本养老保险。这两个制度的整合目前正在进行的过程中。因此，还没有将新农保和城居保两项制度整合的地方未来需要努力实现这两个制度的整合。在已经实现这两个制度整合的地方，未来需要积极探索城乡居民基本养老保险与城镇职工基本养老保险的整合议题。2016 年国家已经颁布了《国务院关于整合城乡居民基本医疗保险制度的意见》（国发〔2016〕3 号），要求整合城镇居民基本医疗保险制度和新型农村合作医疗制度，建立统一的城乡居民基本医疗保险制度。这两个制度的整合目前已经基本实现。在已经实现这两个制度整合的地方，未来需要积极探索城乡居民基本医疗保险与城镇职工基本医疗保险的整合议题。在城乡居民基本养老保险和基本医疗保险制度的整合迈出实质性步伐的基础上，其他城乡社会保障项目的

整合可以借鉴城乡居民基本养老保险和基本医疗保险制度整合的经验有序推进。总体来看，城乡社会保障体系整合主要包括筹资水平整合、基金管理整合、待遇支付整合、配套措施整合这四个主要方面。具体来说：筹资水平整合要求同一类别（如基本养老保险类、基本医疗保险类）的城乡社会保障项目的筹资水平从多档次缴费逐步转向统一筹资水平；基金管理整合要求同一类别（如基本养老保险类、基本医疗保险类）的城乡社会保障项目的基金管理体系由不兼容、分散化逐步转向可接续和相对统一；待遇支付整合要求同一类别（如基本养老保险类、基本医疗保险类）的城乡社会保障项目的待遇支付从不同身份人群待遇差距较大逐步转向待遇相对公平；配套措施整合要求同一类别（如基本养老保险类、基本医疗保险类）的城乡社会保障项目的配套措施从单项突破逐步转向综合改革。第二，实现社会救助类项目精准施救。流动人口社会保障权益不仅包括各类供款性的社会保险权益，还应该包括各类非供款性的社会救助权益，如享有医疗救助、教育救助、住房救助等权益。社会救助类项目的实施与人口流入地的财政能力密切相关。如果一个地方流入人口多且需要充分保障流动人口的各类社会保障权益，那么会导致流入地财政支出压力增加。从这种意义上讲，在户籍制度没有实现与各类社会保障制度完全脱钩的情况下，流动人口获得流入地社会救助类项目的难度比获得社会保险类项目的难度更大。目前我国在社会救助制度的实施中面临诸多的导致资金使用低效率现象。因此，地方政府实现社会救助类项目精准施救就至关重要。这既有利于保障国民的社会救助权益，同时有利于节约和提高社会救助资金的使用效率，从而为把更多的流动人口纳入社会救助体系提供财力保证。精准施救一方面意味着需要找准施救的目标群体，另一方面意味着需要建立被施救主体的有效退出机制。这两个方面可以概括性地称作社会救助对象的瞄定机制。我国目前社会救助制度实施中被救助对象科学的瞄定机制还没有完全建立。社会救助对象的确定中普遍存在各种应保未保、保不应保、应退未退等瞄偏现象。①②③ 社会救助对象的瞄定方法一般包括家计审查、替代物家计审查、地理瞄定、人口特征瞄定、社区瞄定、自我选择瞄定。④ 未来我国社会救助制度对象的确定应该综合运用上述多种方法并通过完善社会救助的管理制度增强施救对象的精准化。在社会救助制度瞄定方法方面，考虑地理瞄定容易造成对该地区的某些人过度救助和救助不足，社区瞄定容易产生寻租和腐败，自我选择瞄定容易增加受助对象的私人成本，因此未来应该重点考虑综合运用家计审查、替代物家计审查和人口特征瞄定这三类方法，限制社区瞄定方法的使用。在社会救助管理制度方面，要增强社会救助对象瞄定过程和结果的监督机制，尤其要增强对于确定社会救助对象的领导、直接责任人和其亲戚朋友的审查和监督，发挥第三方或者社会力量在瞄定社会救助对象方面的积极作用，同时提升对于瞄偏社会救助对象相关责任人的惩罚。通过积极推进城乡社会保障体系整合和实现社会救助类项目精准施救来完善现行各项属地化社会保障制度自身设计为更好地保证流动人口提供了现实可能性。更好地保障流动人口社会保障权益可以让地方政府获得更多的来自中央政府的支付，地方政府与当地用人单位共谋的动力也会下降，地方政府受到中央政府惩罚的可能性也会下降，从而促使流动人口社会保障制度宏观和微观协调机制的实现。

四、监督当地用人单位保障流动人口社会保障权益

如果中央政府和地方政府在事关流动人口社会保障制度协调方面形成了激励相容的委托—代理关系，中央政府依据不同地方政府保障流动人口社会

---

① 赖志杰：《"瞄偏"与"纠偏"：社会救助对象的确定——以最低生活保障制度为例》，《理论探索》2013 年第 2 期。

② 姚建平：《城市社会救助对象瞄准方法、偏离原因和对策》，《中国民政》2016 年第 5 期。

③ 陈耀辉：《社会救助对象失信惩戒机制建设探索与研究》，《中国民政》2016 年第 18 期。

④ 周凤华：《社会救助对象瞄定：方法与实践》，《社会主义研究》2009 年第 4 期。

保障权益的状况对地方政府进行考核和支付待遇，地方政府与当地用人单位共谋的得益小于不共谋的得益，那么在我国社会保障制度实施属地化管理的现实情境下，监督或者督促当地用人单位保障流动人口社会保障权益就变成了地方政府的当然选择。地方政府监督当地用人单位保障流动人口社会保障权益主要是指监督当地用人单位保障流动人口供款型的社会保障权益，在目前情况下，具体是指监督保障流动人口的社会保险权益和住房公积金权益，因为用人单位是各个社会保险项目和住房公积金基金构成的主要缴费者之一，同时由于中国供款型社会保障单位制的现实致使用人单位缴费是个人缴费的前提。地方政府可以从以下几个方面考虑强化对当地用人单位监督以保障流动人口供款型社会保障制度权益：第一，强化对当地用人单位与受雇流动人口签订的劳动合同的监督。劳动合同是劳动者维护社会保障权益的主要凭证。我国多个法律制度规定了用人单位在签订劳动合同时应该对用人单位提供社会保障项目。因此，地方政府可以依据《中华人民共和国劳动合同法》《中华人民共和国社会保险法》《住房公积金管理条例》等法律法规检查和监督当地用人单位与受雇流动人口签订的劳动合同。一方面要监督和督促当地用人单位与受雇流动人口在形成劳动关系时签订劳动合同，另一方面要监督和督促当地用人单位在签订劳动合同时把法律法规要求的社会保障项目纳入劳动合同。第二，强化对用人单位缴纳社会保障费用的监督。目前用人单位逃避缴纳社会保障费用的做法主要采取拒绝或者故意延迟缴费、职工名册不规范、工资总额虚报漏报、改变工资收入结构、改变用工结构、申报缴费工资的低标准、恶意利用地区间缴纳工资水平的差异、以商业保险代替社会保险、采用劳务外包的形式这九种手段。① 这九种逃费手段可以概括为两种做法：一种做法是虚报用人单位缴费基数，另一种做法是减少缴纳社会保障员工的数量，只对部分员工缴纳社会保障费用。中小企业和民营企业逃

---

① 褚杭：《非公有制经济组织的社会保险逃费行为分析》，《河南商业高等专科学校学报》2010 年第 5 期。

避缴费倾向更强，在流动人口占总人口比例较高的城市企业的逃避费用行为更严重。① 因此，地方政府应该重点从缴费基数和缴费人数这两方面强化对用人单位尤其是流动人口占比较高城市的中小企业和民营企业缴纳社会保障费用的监督。伴随着 2018 年国税和地税的合并，社会保障费用征缴逐步转为由税务部门执行。地方政府应该以税务部门机构改革和职能调整为契机，夯实用人单位缴纳社会保障的缴费基数。第三，全面监督检查用人单位是否对所有应该享有供款型社会保障待遇的员工都缴纳了社会保障费用。地方政府可以依据前述的用人单位通常采用的那些减少社会保障缴费人数的方法有针对性地进行监督。

第三节　用人单位的对策

一、按时足额缴纳流动人口社会保障费用

一旦中央政府与地方政府在流动人口社会保障制度协调事宜中实现了激励相容，同时中央政府把流动人口社会保障制度协调事宜纳入对地方政府的考评体系，那么地方政府与当地用人单位共谋的积极性就下降了。因此，地方政府督促当地用人单位自觉履行缴费责任的动力就会增加。在这种情况下，受雇流动人口和当地用人单位之间就会引发公平讨价还价博弈的微观机制。在二者公平讨价还价博弈中，当地用人单位应该按时足额缴纳流动人口社会保障费用。

当地用人单位按时足额缴纳流动人口社会保障费用是指缴纳与受雇流动人口工作相关联的供款型社会保险费用和住房公积金费用。具体来说，当地用人单位应该依法为受雇流动人口按时足额缴纳基本养老保险费用、基本医疗保险费用、失业保险费用、工伤保险费用、生育保险费用、住房公积金费用。

---

① 赵静、毛捷、张磊：《社会保险缴费率、参保概率与缴费水平——对职工和企业逃避费行为的经验研究》，《经济学》（季刊）2015 年第 1 期。

当地用人单位按时足额缴纳流动人口社会保障费用的理由如下：首先，符合用人单位的直接经济利益。在流动人口社会保障制度按照前文构建的宏观和微观机制实施协调后，当地用人单位与受雇流动人口在公平博弈中依法按时足额缴纳流动人口社会保障费用可以保证当地用人单位收益的最大化，逃避缴纳相关社会保障费用反而会导致其收益损失。因此，依法按时足额缴纳流动人口的社会保障费用符合其直接的经济利益。其次，体现用人单位的社会责任。中国目前的用人单位包括行政机关、事业单位以及企业。相比于行政机关和事业单位而言，企业是最主要的市场经济主体，流动人口也主要在企业就业。因此，这里以企业社会责任为例来讨论用人单位的社会责任。企业社会责任还是一个非常含糊而有歧义的概念，[1] 有的学者反对企业履行社会责任，[2] 有的学者支持企业履行社会责任。[3][4] 两派争论一直到今天也没有结束，不过自 20 世纪 30 年代至今，从"赢利至上"到"关注环境""社会责任普及"，社会主流观点已发生了根本性变革，[5] 企业应该承担社会责任成为较为普遍接受的观点。[6] 大多数研究如世界银行、国际劳工组织、Jamali 都认同企业应该依法经营，企业履行法律责任是其社会责任的一部分。[7][8] 我国已经制定了如《中华人民共和国社会保险法》《中华人民共和

---

[1]　刘长喜：《企业社会责任与可持续发展研究——基于利益相关者和社会契约的视角》，上海财经大学出版社 2009 年版，第 39 页。

[2]　Aupperle, K. E., Carroll, A. B., & Hatfield, J. D., An empirical examination of the relationship between corporate social responsibility and profitability. *Academy of Management Journal*, 28 (2), 1985, pp. 446-463.

[3]　Goodpaster, K. E., Business ethics and stakeholder analysis. *Business Ethics Quarterly*, 3 (1), 1991, pp. 62-75.

[4]　Donaldson, T., & Dunfee, T. W., Toward a unified conception of business ethics: Integrative social contracts theory. *Academy of Management Review*, 19 (2), 1994, pp. 252-284.

[5]　高展、金润圭：《企业社会责任理论研究与拓展》，《企业经济》2012 年第 9 期。

[6]　李国平、韦晓茜：《企业社会责任内涵、度量与经济后果——基于国外企业社会责任理论的研究综述》，《会计研究》2014 年第 8 期。

[7]　李彦龙：《企业社会责任的基本内涵、理论基础和责任边界》，《学术交流》2011 年第 2 期。

[8]　Jamali, D., The case for strategic corporate social responsibility in developing countries. *Business & Society Review*, 112 (1), 2007, pp. 1-27.

国劳动合同法》《住房公积金管理条例》等若干个关于社会保障费用缴纳的法律法规，其中对用人单位缴纳社会保障费用做出了明确的规定。因此，以企业为代表的当地用人单位按时足额缴纳受雇流动人口的社会保障费用应该是用人单位履行法律责任的必然要求。再次，提升用人单位的工作效率。虽然用人单位按时足额缴纳受雇流动人口的社会保障费用增加了其成本，但是按时足额缴纳受雇流动人口的社会保障费用对受雇流动人口形成了激励，这有助于提升用人单位的工作效率。苏冬蔚、贺星星以 2009 年度发布社会责任报告的 350 家非金融类上市公司为样本发现企业社会责任有助于企业提高生产效率。① 对于用人单位而言，受雇流动人口工作效率的提升增加的收益会部分抵消其为受雇流动人口缴纳社会保障费用所形成的成本。用人单位按时足额缴纳受雇流动人口社会保障费用可能会通过改善受雇流动人口的生活质量和健康状况、减少受雇流动人口离职率从而减少雇佣和培训新员工的时间和费用、保留部分高素质的受雇流动人口、减少受雇流动人口的道德风险以提高其努力程度和效率这四个方面来提高生产效率。所以，按时足额缴纳受雇流动人口社会保障费用并不必然会造成用人单位的净损失。

二、自觉接受对于流动人口社会保障实施情况的监督

如果当地用人单位按时足额缴纳流动人口社会保障费用是用人单位的合理选择，那么当地用人单位自觉接受对于流动人口社会保障实施情况的监督也应该成为其合理选择。因为接受对于流动人口社会保障实施情况的监督可以被看作是当地用人单位按时足额缴纳流动人口社会保障费用的基本保证之一，同时也是当地用人单位按时足额缴纳流动人口社会保障费用的适当延伸。既然当地用人单位按时足额缴纳了流动人口社会保障费用，那么接受对于流动人口社会保障实施情况的监督也不会对当地用人单位造成什么实质性

---

① 苏冬蔚、贺星星：《社会责任与企业效率：基于新制度经济学的理论与经验分析》，《世界经济》2011 年第 9 期。

的经济损失，当地用人单位也会自觉配合有关方进行监督。

当地用人单位自觉接受对于流动人口社会保障实施情况的监督应该主要包括以下几个监督主体：第一，各级人民代表大会常务委员会。当地用人单位应该自觉接受各级人民代表大会常务委员会对流动人口社会保障实施情况的执法检查。第二，社会保障行政部门。当地用人单位应该自觉接受社会保障行政部门如社会保险行政部门、住房和城乡建设部门对用人单位遵守社会保障法律法规情况、社会保障基金的收支、管理和投资运营情况进行的监督检查。第三，与社会保障运行相关的其他行政部门。当地用人单位应该自觉接受财政部门、审计机关、卫生行政部门等行政部门对于社会保障基金的收支、管理和投资运营情况实施的监督。第四，社会监督。社会保障各统筹地区依法成立了由用人单位代表、参保人员代表，以及工会代表、专家等组成的社会保险监督委员会。当地用人单位应该自觉接受社会保险监督委员会关于社会保障各项事业的监督。新闻媒体是重要的信息传播者和舆论监督者。当地用人单位应该积极配合新闻媒体关于流动人口的社会保障费实施状况的报道，自觉接受媒体监督。

当地用人单位自觉接受对于流动人口社会保障实施情况的监督应该主要包括以下几个方面的内容：第一，自觉接受对于当地用人单位与受雇流动人口劳动合同关系的监督。劳动合同是保障流动人口社会保障权益的最主要、最直接的法律依据。因此，当地用人单位自觉接受与受雇流动人口的劳动合同关系监督对于保护受雇流动人口的社会保障权益是非常必要的。用人单位应该自觉接受与受雇流动人口劳动合同的签订、终止、续订、变更和解除这几个方面的监督。第二，自觉接受对于用人单位申报参保人数的监督。流动人口参保率低是导致其社会保障权益受损的原因之一。用人单位应该规范职工名册，主动自觉地接受应该参保人数和实际参保人数是否一致的监督，做到应保全保。第三，自觉接受对于用人单位申报的社会保障缴费基数的监督。社会保障缴费基数不仅会影响社会统筹基金的筹集，而且会影响个人账户资金的积累。用人单位应该自觉接受对是否存在变相降低包括受雇流动人口在内的所有员工社会保障缴费基数行为的监督。第四，自觉接受对于用人单位是否按时足额缴纳社会保障费用的监督。在缴费基数、缴费人数和缴费率一定的情况下，用人单位应该自觉接受对于是否存在拒绝或者延迟缴费情况的监督。第五，自觉接受对于用人单位关于流动人口社会保障关系变动协助管理的监督。流动人口的流动性大，随着流动人口其社会保障关系也随之变动。用人单位是受雇流动人口社会保障关系存续的最基本载体，在协助管理受雇流动人口社会保障关系方面发挥着不可或缺的作用。用人单位应该自觉接受关于流动人口社会保障关系变动的登记、申报、相关证明材料的转接是否及时、合法等方面的监督。

当地用人单位自觉接受对于流动人口社会保障实施情况的监督应该主要包括以下两个监督形式：定期监督和不定期监督。作为监督主体，应该在定期监督的基础上发挥不定期监督的作用。不定期监督应该增加监督检查项目的随机性，减少用人单位临时应对性的策略。当地用人单位应该自觉接受这两种形式的监督。

第四节　流动人口的对策

一、增强社会保障权利意识

流动人口自身对于社会保障权利的争取是促使政府和用人单位保障其社会保障权益的必要手段之一。流动人口争取社会保障权益首先需要增强自身的社会保障权利意识。意识是大脑对客观世界的反应，是指人们对外界和自身的觉察与关注程度。意识是行动的先导。流动人口社会保障权利意识是按照法律的理念和规定，对于流动人口在社会保障方面应该得到别人和社会什么样的对待以及流动人口在社会保障方面实际上得到了什么样对待的意识。流动人口社会保障权利意识是一种主观的心理活动，是流动人口对社会保障权利的认知和态度。

　　长期以来，我国流动人口在社会保障权益方面的意识较弱，尤其是农民工的社会保障权利意识较弱。这种弱势的社会保障权利意识是由多种因素导致的。比如，传统文化的影响让整个中国公民的权利意识相对淡薄，这弱化了流动人口争取社会保障权利的意识；就业市场的激烈竞争让流动人口更多地关注薪酬中的当期支付，而对于更多是延期支付形式的社会保障权利关注不够；流动人口社会保障制度不健全，相关法律法规执行不力，这极大地增加了流动人口维护其社会保障权利的成本，挫伤了流动人口争取社会保障权利的积极性，一定程度上泯灭了流动人口争取社会保障权利的意识；部分流动人口尤其是农民工受教育程度相对较低，缺乏对于社会保障权利相关知识的认知；国家和社会以往通常对在正规部门就业的、工作稳定性强的正式职工的社会保障权利关注较多，对于主要在非正规部门就业的、以农民工为主的流动性强的流动人口的社会保障权利关注较少。因此，流动人口自身需要从多个方面采取措施来提升社会保障权利意识。第一，流动人口应该树立缴纳社会保障费用有利于保护自身基本经济生活安全的意识。前文主要是从地方政府道德风险、当地用人单位逃避缴费等方面分析了流动人口社会保障权益的损失。现实中少部分流动人口认为缴纳社会保障费用会降低其当期工资收入，流动性偏好导致这部分流动人口更看重工资性收入而轻视社会保障权益，从而不愿缴纳社会保障费用。其实社会保障权益是工资的延期支付形式，会起到平滑消费的作用，有助于帮助参保者应对生、老、病、死等社会风险。流动人口应该积极认识社会保障的重要性，自觉缴纳社会保障费用。第二，流动人口尤其是大部分农民工应该加强自身受教育程度。这是增强流动人口社会保障权利意识的最主要途径。因为流动人口的社会保障权利意识只能通过权利主体的认知、主张和态度来加以还原。流动人口尤其是大部分农民工受教育程度相对较低，这导致其没有机会接受更多的现代公民权利意识，这反过来又不利于他们进一步冲破传统文化对于公民权利意识的一些负面影响。出于节约时间和成本的考虑，流动人口可以力所能及地参加一些非全日制教育、网络教育、各类讲座以及自学，逐步提高自身的文化水平，及时查看和学习社会保障的相关法律文件，增加对于流动人口社会保障法律、法规和相关政策的了解、理解，从而激发其对自身社会保障权利的认知水平和认知能力。第三，流动人口可以主动接受非营利组织提供的关于社会保障方面的志愿性服务。非营利组织通常是在市场失灵和政府失灵的条件下出现并发挥作用的。市场失灵和政府失灵的领域，通常是个人利益实现得不够充分，国家利益也表现得不够突出，但公益性、互益性或中介性相对较强的社会和经济领域，如环境保护、扶贫发展、权益保护、社区服务、经济中介、慈善救济。① 流动人口积极参加一些非营利组织提供的社会保障方面的志愿性服务有助于帮助他们开阔视野，掌握有关流动人口社会保障方面的法律法规，培养其维护社会保障权利的意识。第四，流动人口应该积极关注新闻媒体对于社会保障政策的相关宣传和解读。流动人口可以积极关注传统媒体如报纸、杂志、电视等关于社会保障政策的宣传和解读。同时，流动人口也可以积极关注自媒体对于社会保障政策的相关宣传和解读。通过各种媒体了解和理解国家的社会保障政策对于培养流动人口社会保障权利意识会起到潜移默化的作用。总之，流动人口社会保障权利意识的培养是一个多方位和渐进的过程。社会保障权利意识的提升和形成为流动人口通过各种手段实质性维护社会保障权益提供了基本前提。

二、诉诸多种手段维护社会保障权益

流动人口社会保障权益受到侵害时通常会发生社会保障争议。因此，一切解决社会保障争议的手段均可以让流动人口用来维护其社会保障权益。社会保障争议有两类，包括社会保障行政争议和劳动争议。社会保障行政争议是指劳动保障行政部门、社会保障经办机构等行政机关在依照法律、法规及有关规定经办社会保障事务过程中与公民、法人或者其他组织发生的争议。流动人口在争取社会保障权益的过程中与劳动保障行政部门、社会保障经办

---

① 王名：《非营利组织管理概论》，中国人民大学出版社 2002 年版，第 6—7 页。

机构等行政机关发生争议，可以通过社会保障行政复议和社会保障行政诉讼来维护自身合法的社会保障权益。我国有相关法律和政策支持包括流动人口在内的所有公民通过行政复议或者行政诉讼来维护其合法社会保障权益。比如，1999 年 4 月 29 日第九届全国人民代表大会常务委员会第九次会议通过的《中华人民共和国行政复议法》明确规定，"申请行政机关依法发放抚恤金、社会保险金或者最低生活保障费，行政机关没有依法发放的"，公民、法人或其他组织可以提起行政复议。2001 年 5 月 8 日原劳动和社会保障部颁发的《社会保险行政争议处理办法》对可以提起行政复议的行为进行了详细的界定。1999 年 1 月国务院颁布的《社会保险费征缴暂行条例》，规定缴费单位和缴费个人对劳动保障行政部门或者税务机关的处罚决定不服的，也可以依法申请复议。2010 年 12 月 20 日《国务院关于修改〈工伤保险条例〉的决定》，将《工伤保险条例》第 53 条改为第 55 条，新修改的《工伤保险条例》第 55 条取消了原有的工伤认定中的行政复议前置程序，代之以"有关单位或者个人可以依法申请行政复议，也可以依法向人民法院提起行政诉讼"。1989 年 4 月 4 日第七届全国人民代表大会第二次会议通过的、2014 年及 2017 年修正的《中华人民共和国行政诉讼法》规定了行政诉讼的有关制度和程序。社会保障行政诉讼属于行政诉讼的一种，与其他行政案件一样，也由法院行政审判庭进行审理。社会保障劳动争议是指劳动关系双方当事人因社会保障权利和义务而发生的纠纷，或两者之间关于社会保障权利和义务产生分歧而引起的争议。流动人口在争取社会保障权益的过程中与用人单位发生争议，可以通过协商、调节、仲裁、诉讼四种手段来维护自身合法的社会保障权益。2008 年国家颁布的《中华人民共和国劳动争议调解仲裁法》为流动人口社会保障权益提供了法律保障。流动人口与当地用人单位发生社会保障劳动争议时，可以向企业劳动争议调解委员会、依法设立的基层人民调解组织，在乡镇、街道设立的具有劳动争议调解职能的组织申请调解；不愿调解、调解不成或者达成调解协议后不履行的，可以向劳动争议仲裁委员会申请仲裁；对仲裁裁决不服的，可以向人民法院提起诉讼。除了使用解决社会保障争议的手段来维护社会保障权益外，流动人口还可以采取其他手段来尽可能维护自身的社会保障权益。比如，流动人口可以参加一些合法的、正式的维权组织来维护自身的社会保障权益。①②③④

三、行使对权力部门的监督

流动人口社会保障制度协调机制的宏观架构和微观设计假设中央政府会争取保护流动人口的利益并以实现社会福利最大化为目标。正是在这一假设下，如果中央政府与地方政府在流动人口社会保障制度协调机制方面实现了激励相容，地方政府之间通过无限次重复博弈就可以走出囚犯困境，地方政府和当地用人单位间共谋的动力会下降，才能实现用人单位和流动人口的公平博弈，那么就可以走出流动人口社会保障制度不协调低效率制度均衡路径依赖的陷阱。公共选择学派认为，政府是由人组成的，政府的行为规则是由人制定的，政府的行为也需要人去决策，而这些都不可避免地带有经济人的特征。因此没有理由把政府看作是超凡至圣的超级机器，没有理由认为政府总是集体利益的代表和反映。政府同样也会犯错误，也会不顾公益追求由政府成员所组成的集团的自身利益。⑤ 芝加哥学派认为，管制者的直接目的是收入最大化。从短期看，他们的收入水平可能并不高，但是从长期看情况就不同。管制者的间接目标包括追求那些非金钱的利益，例如追求高级住宅、高级轿车等。正因为政府管制者有种种私利，才使企业进行各种寻租活动成

---

① 江立华、胡杰成：《"地缘维权"组织与农民工的权益保障——基于对福建泉州农民工维权组织的考察》，《文史哲》2007 年第 1 期。

② 余章宝、杨淑娣：《我国农民工维权 NGO 现状及困境——以珠三角地区为例》，《东南学术》2011 年第 1 期。

③ 和经纬、黄培茹、黄慧：《在资源与制度之间：农民工草根 NGO 的生存策略——以珠三角农民工维权 NGO 为例》，《社会》2009 年第 6 期。

④ 邵华：《组织增权：农民工维权途径探索》，《云南大学学报》（法学版）2009 年第 4 期。

⑤ 蒋自强、史晋川等：《当代西方经济学流派》，复旦大学出版社 2014 年版，第 206 页。

为现实。① 由此可见，即使中央政府它也难免有经济人的行为特征，要追求自身利益的最大化，有可能被受管制的机构所俘获并损害流动人口的社会保障权益。"激励的悖论"理论表明在长期中对监督主体的监督是降低被监督主体"低努力"的有效方法。因此，为了避免中央政府可能被受管制的机构所俘获并损害流动人口的社会保障权益，也需要加强对中央政府行为的监督。对中央政府的监督管理可以分为内部监督和外部监督。流动人口是对中央政府进行外部监督的重要主体之一。主权在民的原则也决定了流动人口是监督中央政府的重要主体之一。主权在民强调国家的一切权力来源于民，归属于民，政府只是行使主权的主体，它始终是人民之受托者、服务者和公仆。② "主权在民"的法治原则被我国宪法所确认。③ 《中华人民共和国宪法》第二条规定："中华人民共和国的一切权力属于人民。人民行使国家权力的机关是全国人民代表大会和地方各级人民代表大会。人民依照法律规定，通过各种途径和形式，管理国家事务，管理经济和文化事业，管理社会事务。"第四十一条规定："中华人民共和国公民对于任何国家机关和国家工作人员，有提出批评和建议的权利；对于任何国家机关和国家工作人员的违法失职行为，有向有关国家机关提出申诉、控告或者检举的权利，但是不得捏造或者歪曲事实进行诬告陷害。"主权在民的实现机制具体表现为"权为民所赋""权为民所用""权为民所控"三个方面。④ 流动人口在事关自身社会保障权益方面对中央政府进行外部监督是"权为民所控"的体现。流动人口应该利用宪法赋予的权利积极行使好对中央政府的监督权，从而在流动人口社会保障制度协调机制建设方面形成权力闭环监督。

---

① 王俊豪：《政府管制经济学导论》，商务印书馆 2017 年版，第 60—61 页。
② 王建新：《西方"主权在民与保障公民权利"思想回溯》，《河南师范大学学报》（哲学社会科学版）2007 年第 4 期。
③ 吴传毅：《由主权在民的宪法原则看现代政府的角色定位》，《行政与法》2004 年第 1 期。
④ 虞崇胜、张光辉：《参与式民主与主权在民的实现机制》，《江苏行政学院学报》2012 年第 1 期。

参考文献

一、中文文献

［奥］路德维希·冯·米瑟斯：《自由与繁荣的国度》，韩光明译，中国社会科学出版社 1995 年版。

［德］哈贝马斯：《在事实与规范之间》，童世骏译，生活·读书·新知三联书店 2014 年版。

［德］尤尔根·哈贝马斯：《交往行为理论》第 1 卷，曹卫东译，上海人民出版社 2004 年版。

［法］埃米尔·迪尔凯姆：《论社会分工与团结》，石磊译，中国商业出版社 2016 年版。

［法］迪尔凯姆：《自杀论》，孙立元、滕文芳译，北京集团出版公司、北京出版社 2012 年版。

［法］卢梭：《论人与人之间不平等的起因和基础》，李平沤译，商务印书馆 2015 年版。

［法］让-雅克·拉丰、大卫·马赫蒂摩：《激励理论：委托—代理模型》，中国人民大学出版社 2002 年版。

［法］涂尔干：《职业伦理与公民道德》，渠敬东译，商务印书馆 2015 年版。

［古希腊］柏拉图：《理想国》，郭斌和、张竹明译，商务印书馆 2002 年版。

［古希腊］亚里士多德：《尼各马可伦理学》，廖申白译，商务印书馆 2003 年版。

〔古希腊〕亚里士多德：《尼各马可伦理学》，苗力田译，中国人民大学出版社2003年版。

〔古希腊〕亚里士多德：《政治学》，颜一、秦典华译，中国人民大学出版社2003年版。

〔荷兰〕阿金·伯恩、保罗·特哈特、〔瑞典〕埃瑞克·斯特恩、邦特·桑德留斯：《危机管理政治学——压力之下的公共领导能力》，赵凤萍、胡杨、樊红敏译，河南人民出版社2010年版。

〔美〕阿瑟·刘易斯：《二元经济论》，施炜译，北京经济学院出版社1989年版。

〔美〕安东尼·奥勒姆：《政治社会学导论》，葛云虎译，浙江人民出版社1989年版。

〔美〕E. 博登海默：《法理学——法律哲学与法律方法》，邓正来译，中国政法大学出版社2017年版。

〔美〕道格拉斯·C. 诺思：《制度、制度变迁与经济绩效》，杭行译，格致出版社、上海三联书店、上海人民出版社2014年版。

〔美〕哈尔·R. 范里安：《微观经济学现代观点》，费方域、朱保华译，格致出版社、上海三联书店、上海人民出版社2015年版。

〔美〕科恩：《论民主》，聂崇信、朱秀贤译，商务印书馆1998年版。

〔美〕利奥尼德·赫维茨、〔美〕斯坦利·瑞特：《经济机制设计》，田国强等译，格致出版社、上海三联书店、上海人民出版社2014年版。

〔美〕罗伯特·K. 默顿：《社会理论和社会结构》，唐少杰、齐心译，译林出版社2002年版。

〔美〕罗伯特·诺齐克：《无政府、国家与乌托邦》，何怀宏译，中国社会科学出版社1991年版。

〔美〕罗伯特·诺齐克：《无政府、国家与乌托邦》，姚大志译，中国社会科学出版社2008年版。

〔美〕罗伯特·希斯：《危机管理》，王成、宋炳辉、金瑛译，中信出版社2010年版。

〔美〕米尔顿·M. 戈登：《美国生活中的同化》，马戎译，译出版社2015

年版。

[美] 约翰·弗农·亨德森、[比] 雅克-弗朗索瓦·蒂斯：《区域和城市经济学手册》第 4 卷，郝寿义、孙兵、殷存毅、白玫译，经济科学出版社 2012 版。

[美] 约翰·罗尔斯：《正义论》，何怀宏、何包钢、廖申白译，中国社会科学出版社 2003 年版。

[西] 因内思·马可-思达德勒、J. 大卫·佩雷斯-卡斯特里罗：《信息经济学引论：激励与合约》，中国人民大学出版社 2004 年版。

[英] T. H. 马歇尔、安东尼·吉登斯：《公民身份与社会阶级》，郭忠华、刘训练译，凤凰出版传媒集团、江苏人民出版社 2008 年版。

[英] 安东尼·吉登斯：《超越左右——激进政治的未来》，李惠斌、杨雪冬译，社会科学文献出版社 2003 年版。

[英] 安东尼·吉登斯：《社会的构成——结构化理论纲要》，李康、李猛译，中国人民大学出版社 2016 年版。

[英] 安东尼·吉登斯：《社会学方法的新规则——一种对解释社会学的建设性批判》，田佑中、刘江涛译，社会科学文献出版社 2003 年版。

[英] 安东尼·吉登斯：《失控的世界：全球化如何塑造我们的生活》，周红云译，江西人民出版社 2001 年版。

[英] 安东尼·吉登斯：《现代性的后果》，田禾译，译林出版社 2011 年版。

[英] 贝弗里奇：《贝弗里奇报告——社会保险和相关服务》，劳动和社会保障部社会保障研究所译，中国劳动社会保障出版社 2008 年版。

[英] 冯·哈耶克：《民主向何处去——哈耶克政治学、法学论文集》，邓正来译，首都经济贸易大学出版社 2014 年版。

[英] 冯·哈耶克：《作为一种发现过程的竞争——哈耶克经济学、历史学论文集》，邓正来译，首都经济贸易大学出版社 2014 年版。

[英] 弗里德里希·奥古斯特·哈耶克：《自由宪章》，杨玉生、冯兴元、陈茅译，中国社会科学出版社 2012 年版。

[英] 弗里德里希·冯·哈耶克：《自由秩序原理》上卷，邓正来译，生活·读书·新知三联书店 1997 年版。

〔英〕弗里德利希·冯·哈耶克：《法律、立法与自由》第二、三卷，邓正来、张守东、李静冰译，中国大百科全书出版社 2000 年版。

〔英〕理查德·蒂特马斯：《社会政策十讲》，江绍康译，吉林出版集团有限责任公司 2011 年版。

〔英〕伦纳德·霍布豪斯：《社会正义要素》，孙兆政译，吉林人民出版社 2006 年版。

〔英〕尼古拉斯·巴尔：《福利国家经济学》，郑秉文、穆怀中等译，中国劳动社会保障出版社 2003 年版。

〔英〕亚当·斯密：《国民财富的性质和原因的研究》上卷，郭大力、王亚南译，商务印书馆 2002 年版。

〔英〕约翰·梅纳德·凯恩斯：《就业、利息和货币通论》，陆梦龙译，中国社会科学出版社 2009 年版。

〔英〕约翰·斯图亚特·穆勒：《功利主义》，叶建新译，九州出版社 2007 年版。

〔英〕詹姆斯·格里芬：《论人权》，徐向东、刘明译，译林出版社 2015 年版。

《马克思恩格斯全集》第 1 卷，人民出版社 2012 年版。

《马克思恩格斯全集》第 23 卷，人民出版社 1972 年版。

《马克思恩格斯全集》第 46 卷（上册），人民出版社 1979 年版。

《马克思恩格斯全集》第 49 卷（上册），人民出版社 1982 年版。

《马克思恩格斯选集》第 1 卷，人民出版社 1972 年版。

《马克思恩格斯选集》第 1 卷，人民出版社 1995 年版。

《马克思恩格斯选集》第 1 卷，人民出版社 2012 年版。

包路芳：《城市适应与流动人口犯罪——北京犯罪问题的 80 年对比研究》，《中国农业大学学报》（社会科学版）2007 年第 4 期。

毕素华：《论基督教的慈善观》，《南京社会科学》2006 年第 12 期。

蔡昉、都阳、王美艳：《劳动力流动的政治经济学》，上海三联书店、上海人民出版社 2003 年版。

蔡昉：《户籍制度改革与城乡社会福利制度统筹》，《经济学动态》2010 年第 12 期。

蔡昉：《中国流动人口问题》，社会科学文献出版社 2007 年版。

曹芳：《经济民主思想研究》，知识产权出版社 2016 年版。

曹绪红：《发展权视角下的农民工社会保障》，《农村经济》2009 年第 12 期。

曹正民、苏云：《流动人口社会保障问题的公共政策思考》，《西北人口》2007 年第 4 期。

曾凡军：《政治锦标赛体制下基层政府政策选择性执行及整体性治理救治》，《湖北行政学院学报》2013 年第 3 期。

曾红颖：《我国基本公共服务均等化标准体系及转移支付效果评价》，《经济研究》2012 年第 6 期。

柴玲、尉建文：《政治认同、政府信任与群体性事件——以北京市新生代农民工为例》，《云南民族大学学报》（哲学社会科学版）2018 年第 1 期。

常健：《当代中国人权保障》，中国人民大学出版社 2013 年版。

常明：《宪法的地位和作用》，《河北法学》1986 年第 6 期。

陈德洋：《辽朝社会保障措施述论》，《阴山学刊》2011 年第 5 期。

陈敦贤：《流动人口社会保障体系论略》，《中南财经政法大学学报》2005 年第 3 期。

陈海威：《中国基本公共服务体系研究》，《科学社会主义》2007 年第 3 期。

陈技伟、江金启、张广胜：《农民工就业稳定性的收入效应及其性别差异》，《人口与发展》2016 年第 3 期。

陈朋：《公共危机中的政府信任：从流失到重构——兼论公共危机的一种新解释视角》，《行政论坛》2015 年第 1 期。

陈炜、王伟奇：《完善社会保障制度预防流动人口财产犯罪》，《湖南医科大学学报》（社会科学版）2009 年第 3 期。

陈炜、徐绫泽：《"相对剥夺理论"在农村流动人口犯罪防控中的应用》，《法学杂志》2010 年第 3 期。

陈文龙、史向军：《城市融入中新生代农民工生活方式现代化刍议》，《河北工业大学学报》（社会科学版）2015 年第 1 期。

陈向聪：《坚持和完善职工代表大会制度的法学思考》，《海峡法学》2001 年第

2 期。

陈霄：《户籍制度改革与土地资本化——基于重庆案例的分析》，《财经科学》2013 年第 5 期。

陈秀萍：《流动的人权：和谐社会语境下的流动人口的人权保障》，《西北人口》2009 年第 5 期。

陈学法：《二元结构变迁中的户籍制度与土地制度变革》，《宏观经济研究》2009 年第 12 期。

陈雪薇：《中国特色社会主义道路的 30 年探索》，《中共中央党校学报》2008 年第 3 期。

陈炎兵：《加快提高我国户籍人口城镇化率》，《红旗文稿》2015 年第 23 期。

陈雁：《推进合作型劳资关系的对策研究——集体谈判制度在中国的发展》，《贵州社会科学》2010 年第 12 期。

陈耀辉：《社会救助对象失信惩戒机制建设探索与研究》，《中国民政》2016 年第 18 期。

陈永昌：《社会稳定的关键在于社会公平——关于力戒中国经济拉美化的战略思考》，《理论探讨》2005 年第 3 期。

陈振明：《中国应急管理的兴起》，《东南学术》2010 年第 1 期。

程福财：《最年幼的流动人口：对上海 0—3 岁流动儿童生存状况的调查》，《当代青年研究》2011 年第 9 期。

程贯平、马斌：《改革开放以来我国劳动力市场制度性分割的变迁及其成因》，《理论导刊》2003 年第 7 期。

褚杭：《非公有制经济组织的社会保险逃费行为分析》，《河南商业高等专科学校学报》2010 年第 5 期。

崔仕臣、杨华：《社会养老保险便携性机制探析》，《当代经济管理》2011 年第 6 期。

丁煌：《公平的政策是维护社会政治稳定的重要条件》，《中国软科学》1995 年第 2 期。

丁建定：《试论英国济贫法制度的功能》，《学海》2013 年第 1 期。

丁建定：《西方国家社会保障制度史》，高等教育出版社 2010 年版。

董克用、王丹：《欧盟社会保障制度国家间协调机制及其启示》，《经济社会体制比较》2008 年第 4 期。

董熙：《基于地域、部门与行业差异的农民工工资歧视研究》，《西北人口》2014 年第 6 期。

段成荣、杨舸、马学阳：《中国流动人口研究》，中国人口出版社 2012 年版。

段丁强：《医疗保健公平：价值理念选择与实现路径》，《中国卫生经济》2010 年第 2 期。

樊纲：《平等、公平与经济发展》，《开放导报》2004 年第 6 期。

樊坚：《城市化进程中的农民工贫困研究》，《云南民族大学学报》（哲学社会科学版）2007 年第 1 期。

樊小钢：《城乡社会保障制度衔接模式探讨》，《浙江社会科学》2004 年第 4 期。

方燕、张昕竹：《机制设计理论综述》，《当代财经》2012 年第 7 期。

冯仿娅：《可持续发展理论研究综述》，《现代哲学》1996 年第 3 期。

傅畅梅：《论社会保障与市场经济的辩证关系》，《辽宁大学学报》（哲学社会科学版）2003 年第 5 期。

傅永军：《哈贝马斯交往行为合理化理论述评》，《山东大学学报》（哲学社会科学版）2003 年第 3 期。

高德步：《英国工业革命时期的"城市病"及其初步治理》，《学术研究》2001 年第 1 期。

高灵芝：《社会保障概论》，山东人民出版社 2011 年版。

高珮义：《世界城市化的一般规律与中国的城市化》，《中国社会科学》1990 年第 5 期。

高瑞华：《从道德式微到法律中心——论哈贝马斯的社会整合理论》，《社会科学家》2014 年第 7 期。

高兴民：《人口流动与社会保障制度困境》，中国经济出版社 2012 年版。

高展、金润圭：《企业社会责任理论研究与拓展》，《企业经济》2012 年第 9 期。

官华平：《流动人口就业稳定性与劳动权益保护制度激励研究》，《西北人口》

2016 年第 1 期。

郭凤鸣、张世伟：《教育和户籍歧视对城镇工和农民工工资差异的影响》，《农业经济问题》2011 年第 6 期。

郭其友、李宝良：《机制设计理论：资源最优配置机制性质的解释与应用——2007 年度诺贝尔经济学奖得主的主要经济学理论贡献述评》，《外国经济与管理》2007 年第 11 期。

郭苏文、黄汉民：《制度质量、制度稳定性与经济增长：一项实证研究》，《当代经济科学》2010 年第 6 期。

郭亚全：《劳资关系的集体谈判制度研究》，《哈尔滨学院学报》2014 年第 10 期。

郭震：《城镇居民和流动人口工资差距：户籍歧视还是性别歧视》，《南方经济》2013 年第 8 期。

国家人口计生委流动人口服务管理司：《中国流动人口生存发展状况报告——基于重点地区流动人口监测试点调查》，《人口研究》2010 年第 1 期。

国家卫生和计划生育委员会流动人口司：《中国流动人口发展报告 2013》，中国人口出版社 2013 年版。

国家卫生和计划生育委员会流动人口司：《中国流动人口发展报告 2015》，中国人口出版社 2015 年版。

国家卫生和计划生育委员会流动人口司：《中国流动人口发展报告 2016》，中国人口出版社 2016 年版。

国家卫生计生委流动人口服务中心：《中国流动人口空间分布数据集（2015年）》，中国人口出版社 2017 年版。

国务院发展研究中心课题组：《农民工市民化：制度创新与顶层政策设计》，中国发展出版社 2011 年版。

韩大元：《论宪法在法律体系建构中的地位与作用》，《学习与探索》2009 年第 5 期。

韩枫：《城镇流动人口社会保障参保率的影响因素研究——基于京津冀流动人口动态监测数据的分析》，《人口学刊》2016 年第 1 期。

韩宁华：《流动人口与常住人口低出生体重儿原因分析》，《中国妇幼保健》2006

年第 3 期。

韩秀华、陈雪松:《论我国劳动力市场分割》,《当代经济科学》2008 年第 4 期。

何怀宏:《伦理学是什么》,北京大学出版社 2002 年版。

何强:《北京的"城市病"根源何在》,《中国统计》2008 年第 11 期。

何炤华、杨菊华:《安居还是寄居?不同户籍身份流动人口居住状况研究》,《人口研究》2013 年第 6 期。

和经纬、黄培茹、黄慧:《在资源与制度之间:农民工草根 NGO 的生存策略——以珠三角农民工维权 NGO 为例》,《社会》2009 年第 6 期。

侯钧生:《西方社会学理论教程》,南开大学出版社 2006 年版。

胡继妹:《对地方政府绩效考核取消 GDP 指标的思考》,《行政论坛》2004 年第 6 期。

胡晓义:《建立更加公平可持续的社会保障制度》,《中国发展观察》2014 年专号。

黄匡时、嘎日达:《流动人口的社会保障陷阱和社会保障的流动陷阱》,《西部论坛》2011 年第 6 期。

黄乾:《城市农民工的就业稳定性及其工资效应》,《人口研究》2009 年第 3 期。

黄淑瑶:《从社会支持网角度看流动人口犯罪》,《北京社会科学》2007 年第 2 期。

纪韶、李舒丹:《城市化进程中农民工生活方式的转变——以北京市为例》,《广东社会科学》2010 年第 2 期。

季曦、刘民权:《以人类发展的视角看城市化的必然性》,《南京大学学报》(哲学・人文科学・社会科学)2010 年第 4 期。

贾洪波、S. Vasoo:《资产构建视域的新加坡公共住房制度考察》,《东南亚研究》2012 年第 5 期。

贾洪波:《欧盟跨国医疗保障政策协作机制分析》,《价格月刊》2009 年第 5 期。

贾洪波:《人口流动、权益保障和基本医疗保险基金省级统筹》,《管理现代化》2012 年第 2 期。

贾洪波:《社会保障概论》,南开大学出版社 2014 年版。

贾洪波：《中国补充医疗保险制度发展论纲》，吉林大学出版社 2016 年版。

江立华、胡杰成：《"地缘维权"组织与农民工的权益保障——基于对福建泉州农民工维权组织的考察》，《文史哲》2007 年第 1 期。

江孝感、王伟：《中央与地方政府事权关系的委托—代理模型分析》，《数量经济技术经济研究》2004 年第 4 期。

姜向群、郝帅：《北京市流动人口社会保障状况及其影响因素分析》，《北京社会科学》2008 年第 3 期。

蒋晓光、刘守乾、陈龙丹：《江西省农民工就业稳定性及其影响因素研究》，《当代经济》2017 年第 11 期。

蒋自强、史晋川等：《当代西方经济学流派》，复旦大学出版社 2014 年版。

焦巍巍、李猛：《机制设计理论及其在中国的应用——2007 年诺贝尔经济学奖得主的主要学术贡献评述》，《世界经济情况》2008 年第 7 期。

金太军、沈承诚：《政府生态治理、地方政府核心行动者与政治锦标赛》，《南京社会科学》2012 年第 6 期。

景天魁、高和荣、毕天云：《普遍整合的福利体系》，中国社会科学出版社 2014 年版。

景天魁：《社会保障：公平社会的基础》，《中国社会科学院研究生院学报》2006 年第 6 期。

景天魁：《社会公正理论与政策》，社会科学文献出版社 2004 年版。

康金莉：《早期中国农村信用合作事业的诱致性制度变迁》，《财经研究》2013 年第 9 期。

康雯琴、丁金宏：《大城市开发区流动人口居住特征研究——以上海浦东新区为例》，《城市发展研究》2005 年第 6 期。

寇恩惠、刘伯惠：《城镇化进程中农民工就业稳定性及工资差距——基于分位数回归的分析》，《数量经济技术经济研究》2013 年第 7 期。

赖志杰：《"瞄偏"与"纠偏"：社会救助对象的确定——以最低生活保障制度为例》，《理论探索》2013 年第 2 期。

雷华北：《城市流动人口社会保障体系的研究》，《北京城市学院学报》2006 年第

2 期。

冷智花、付畅俭、许先普：《收入差距与人口迁移——人口学视角的城市化动因研究》，《重庆大学学报》（社会科学版）2015 年第 6 期。

李放、王洋洋、周蕾：《农民工的就业稳定性及其影响因素研究——基于南京市的调查》，《农业现代化研究》2015 年第 5 期。

李国平、韦晓茜：《企业社会责任内涵、度量与经济后果——基于国外企业社会责任理论的研究综述》，《会计研究》2014 年第 8 期。

李洪涛：《新疆流动人口社会权利保障困境与原因分析》，《实事求是》2016 年第 1 期。

李华瑞：《宋代的社会保障与社会稳定》，《党政视野》2016 年第 5 期。

李华胤：《社会公平感、愤怒情绪与群体性事件的关系探讨》，《广西师范大学学报》（哲学社会科学版）2016 年第 4 期。

李健：《论社会公正与社会发展》，《伦理学研究》2005 年第 4 期。

李锦峰：《经济民主：文献述评及其理论重构》，《学术月刊》2015 年第 10 期。

李立清、吴倩文：《欠发达省域农民工持续就业稳定性及影响因素——基于广西壮族自治区 639 份问卷调查数据》，《湖南农业大学学报》（社会科学版）2014 年第 4 期。

李幕、刘海燕：《心理安全感作用问卷的编制》，《求实》2012 年增刊第 1 期。

李世友：《雷蒙·阿隆国际关系学说述评》，《安徽大学学报》（哲学社会科学版）2001 年第 2 期。

李素华：《社会公正：社会发展的核心价值和根本动力》，《探索与争鸣》2005 年第 5 期。

李铁、范毅：《我国城市流动人口和北京市人口问题研究》，中国发展出版社2013 年版。

李雪萍：《论劳动力自由流动的条件和劳动力市场》，《四川师范大学学报》（哲学社会科学版）1996 年第 4 期。

李彦龙：《企业社会责任的基本内涵、理论基础和责任边界》，《学术交流》2011 年第 2 期。

李业昆：《绩效管理系统研究》，华夏出版社 2007 年版。

李玉江、吴玉麟：《农业剩余劳动力转移动力及区域类型研究》，《人口研究》
1999 年第 4 期。

李煜玘、郭春华：《我国农民工群体性事件成因的研究现状与前瞻》，《劳动保障
世界》（理论版）2010 年第 9 期。

李芝倩：《劳动力市场分割下的中国农村劳动力流动模型》，《南开经济研究》
2007 年第 1 期。

李志明：《公平：社会保障法的首要理念》，《中国社会保障》2006 年第 7 期。

梁济民：《论中国人口素质》，《人口研究》2004 年第 1 期。

梁明、李培、孙久文：《中国城乡人口迁移数量决定因素的实证研究：1992—
2004》，《人口学刊》2007 年第 5 期。

梁永丽：《推进合作型劳资关系的对策研究——集体谈判制度在广西的实践与发
展》，《知识经济》2014 年第 2 期。

廖艳、周俭、刘会等：《北京市流动人口中孕妇营养知识、态度和行为的研究》，
《现代预防医学》2010 年第 1 期。

林家彬：《我国"城市病"的体制性成因与对策研究》，《城市规划学刊》2012
年第 3 期。

林李月、朱宇：《两栖状态下流动人口的居住状态及其制约因素——以福建省为
例》，《人口研究》2008 年第 3 期。

林晓洁：《建立外来农民工最低生活保障制度的可行性分析》，《人口与经济》
2006 年第 1 期。

刘成奎、王朝才：《城乡基本公共服务均等化指标体系研究》，《财政研究》2011
年第 8 期。

刘传江：《迁徙条件、生存状态与农民工市民化的现实进路》，《改革》2013 年第
4 期。

刘传祥、承继成、李琦：《可持续发展的基本理论分析》，《中国人口·资源与环
境》1996 年第 2 期。

刘春荣：《乡城流动中的劳动力市场分割问题探究》，《现代经济探讨》2014 年第

12 期。

　　刘纯彬：《二元社会结构与城市化（续）》，《社会》1990 年第 4 期。

　　刘和旺：《诺思制度变迁的路径依赖理论新发展》，《经济评论》2006 年第 2 期。

　　刘剑雄：《中国的政治锦标赛竞争研究》，《公共管理学报》2008 年第 3 期。

　　刘娟凤：《流动人口社会保障：中央政府与地方政府激励机制的错位》，《中共四川省委省级机关党校学报》2012 年第 6 期。

　　刘庆乐：《推拉理论、户籍制度与中国城乡人口流动》，《江苏行政学院学报》2015 年第 6 期。

　　刘瑞明、金田林：《政绩考核、交流效应与经济发展——兼论地方政府行为短期化》，《当代经济科学》2015 年第 3 期。

　　刘书鹤、耿进玉：《流动人口社会保障存在的主要问题与对策》，《山东经济》2008 年第 1 期。

　　刘同芗：《当代中国社会保障理念的嬗变与启示》，《山东社会科学》2007 年第 10 期。

　　刘长喜：《企业社会责任与可持续发展研究——基于利益相关者和社会契约的视角》，上海财经大学出版社 2009 年版。

　　卢成仁：《社会工作的源起与基督教公益慈善——以方法和视角的形成为中心》，《华东理工大学学报》（社会科学版）2013 年第 1 期。

　　鲁全、武文莉：《公平、平等与共享：城乡统筹社会保障制度建设的基本理念》，《长白学刊》2008 年第 4 期。

　　陆冰：《底线公平：社会稳定的基本保障》，《湖北社会科学》2007 年第 5 期。

　　陆德生：《简论生存权和发展权是首要的基本人权》，《安徽行政学院学报》2013 年第 2 期。

　　陆铭、陈钊：《为什么土地和户籍制度需要联动改革——基于中国城市和区域发展的理论和实证研究》，《学术月刊》2009 年第 9 期。

　　罗成翼、黄秋生：《国内雷蒙·阿隆思想研究述评》，《新视野》2013 年第 1 期。

　　吕红、吕梅英、蔡友英等：《湛江市流动人口婴幼儿营养性缺铁性贫血的相关影响因素分析》，《广东医学院学报》2015 年第 1 期。

吕萍：《霍曼斯与布劳的社会交换理论比较》，《沈阳师范学院学报》（社会科学版）1996 年第 3 期。

马子量：《新形势下发挥社会保障"稳定器"作用的重要意义——以美国 20 世纪 30 年代社会保障改革为启示》，《生产力研究》2011 年第 2 期。

孟凡强、王宋涛、丁海燕：《中国劳动力市场分割的形态验证与特征研究》，《经济问题探索》2017 年第 1 期。

闵凡祥、周慧：《国家政策差异与民间互助组织命运——以中国青帮和英国友谊会为例》，《经济社会史评论》2011 年第 1 期。

闵凡祥：《18—19 世纪英国"友谊会"运动述论》，《史学月刊》2006 年第 8 期。

闵凡祥：《互助的政治意义：英国现代社会福利制度建构过程中的友谊会》，《求是学刊》2016 年第 1 期。

穆怀中、沈毅：《中国农村养老保险体系框架与适度水平》，社会科学文献出版社 2015 年版。

穆怀中：《中国社会保障适度水平研究》，辽宁大学出版社 1998 年版。

牛文元：《可持续发展理论的内涵认知——纪念联合国里约环发大会 20 周年》，《中国人口·资源与环境》2012 年第 5 期。

欧阳日辉、吴春红：《基于利益关系的中央政府与地方政府关系》，《经济经纬》2008 年第 5 期。

潘云华：《构建我国劳资双方集体谈判的平等地位》，《价格月刊》2007 年第 11 期。

彭春燕：《浅谈我国流动人口社会保障问题》，《中共乌鲁木齐市委党校学报》2012 年第 4 期。

彭希哲、王建华：《人口流动下的城乡社会保障制度》，《探索与争鸣》2003 年第 8 期。

彭新万：《基于农地与农村人口自由流动视角的户籍、社会保障、农地管理联动改革的政策框架——一个关于重庆、江西部分农村实地调研后的思考》，《求实》2013 年第 7 期。

蒲新微、鞠明欣：《公平：社会保障的核心价值理念》，《社科纵横》2014 年第

1 期。

秦立建、王震、葛玉好:《城乡分割、区域分割与流动人口社会保障缺失》,《经济理论与经济管理》2015 年第 3 期。

仇雨临:《基本医疗保险关系转移接续路径研究——基于典型地区试点运行的实证调查》,中国经济出版社 2016 年版。

全增嘏:《西方哲学史》,上海人民出版社 1998 年版。

阮新邦:《批判诠释与知识重建》,社会科学文献出版社 1999 年版。

沙治慧、罗静:《农民工基本养老保险关系转移接续机制研究》,《经济体制改革》2012 年第 2 期。

邵华:《组织增权:农民工维权途径探索》,《云南大学学报》(法学版)2009 年第 4 期。

申曙光、孙健:《论社会保障发展中的七大关系——基于社会公平的视角》,《学习与探索》2009 年第 4 期。

沈千帆:《北京市流动人口的社会融入研究》,北京大学出版社 2011 年版。

沈文玮、孙凤伟:《经济民主的三层基本关系解析及建设思考》,《河北师范大学学报》(哲学社会科学版)2010 年第 3 期。

施建辉:《论行政契约的生效要件》,《东南大学学报》(哲学社会科学版)2010 年第 4 期。

史献芝:《城市新移民相对剥夺感的生成机理与克化之道》,《理论探讨》2016 年第 6 期。

史耀波、温军、李国平:《从起点和过程公平的视角论公平与效率》,《西安交通大学学报》(社会科学版)2007 年第 3 期。

史政坤:《古代山西佛教慈善状况及其基本特征》,《山西社会主义学院学报》2013 第 4 期。

宋丽范:《符号互动理论及其对教育的启示》,《扬州大学学报》(高教研究版)2007 年第 1 期。

宋林飞:《西方社会学理论》,南京大学出版社 1997 年版。

宋言奇:《城市"时间边疆"开发:基于缓解城市病的思考》,《社会科学家》

2004 年第 5 期。

苏冬蔚、贺星星：《社会责任与企业效率：基于新制度经济学的理论与经验分析》，《世界经济》2011 年第 9 期。

苏日娜、王俊敏：《流动人口素质与城市化和民族现代化——以蒙古族流动人口为例》，《中央民族大学学报》（哲学社会科学版）2004 年第 4 期。

孙多勇、鲁洋：《危机管理的理论发展与现实问题》，《江西社会科学》2004 年第 4 期。

孙健：《社会公正与社会发展》，《社会科学》1991 年第 3 期。

谭秋霞、杨士林：《和谐劳资关系的集体谈判制度法律问题解读》，《求索》2013 年第 8 期。

汤吉军：《制度变迁的锁定效应研究：一种沉淀成本方法》，《学习与探索》2009 年第 6 期。

唐鑛：《劳动力自由流动原则的经济学基础》，《经济问题》2002 年第 12 期。

陶然、史晨、汪晖等：《"刘易斯转折点悖论"与中国户籍—土地—财税制度联动改革》，《国际经济评论》2011 年第 3 期。

田国强：《高级微观经济学》下册，中国人民大学出版社 2016 年版。

田永坡、和川、于月芳：《人力资本投资软环境研究：基于社会保障制度和劳动力市场分割的视角》，《中国人口·资源与环境》2006 年第 5 期。

童星、张海波：《农民工社会政策及其建构》，《社会保障研究（北京）》2006 年第 1 期。

万明国、陈萌：《非常规灾害应急社会保障》，知识产权出版社 2014 年版。

汪国华：《第三方群体的出现：新生代农民工生活方式的变异性研究》，《中国青年研究》2011 年第 1 期。

汪信砚：《社会发展与社会稳定》，《天津社会科学》1999 年第 4 期。

王冰、马勇：《社会保障与市场经济的关系》，《经济评论》2001 年第 2 期。

王春林：《农民工相对剥夺感产生原因分析》，《安徽农业科学》2011 年第 10 期。

王桂新：《改革开放以来中国人口迁移发展的几个特征》，《人口与经济》2004 年第 4 期。

王国辉、魏红梅、才晶焱：《养老保险转移接续的困境与"新统账结合"模式研究》，《经济纵横》2014 年第 9 期。

王海明：《新伦理学》，商务印书馆 2002 年版。

王辉龙：《集体谈判：调解我国劳资矛盾的一种制度选择》，《唯实》2005 年第 2 期。

王建新：《西方"主权在民与保障公民权利"思想回溯》，《河南师范大学学报》（哲学社会科学版）2007 年第 4 期。

王久高：《完善我国职工代表大会制度的思考与建议》，《理论前沿》2009 年第 6 期。

王俊豪：《政府管制经济学导论》，商务印书馆 2017 年版。

王俊秀：《面对风险：公众安全感研究》，《社会》2008 年第 4 期。

王利军：《试论职工（代表）大会制度的必要性及立法完善》，《经济与管理》1998 年第 1 期。

王名：《非营利组织管理概论》，中国人民大学出版社 2002 年版。

王培安：《完善流动人口社会保障制度的思考》，《行政管理改革》2010 年第 7 期。

王维锋：《国外城市化理论简介》，《城市问题》1989 年第 1 期。

王先庆、杨国兴：《略论劳动力自由流动与劳动力市场的形成》，《求索》1989 年第 5 期。

王晓东：《城乡统筹视域下社会养老保险制度统筹层次问题再探讨》，《东岳论丛》2014 年第 2 期。

王晓刚、王则柯：《信息经济学》，湖北人民出版社 2002 年版。

王筱欣、江华：《城乡之间社会保障社会公平感的调查评估——基于山东、河南、安徽、重庆 4 省市的问卷调查》，《人口与经济》2010 年第 6 期。

王新民、南锐：《基本公共服务均等化水平评价体系构建及应用——基于我国 31 个省域的实证研究》，《软科学》2011 年第 7 期。

王一：《从秩序稳定到预期稳定——经济结构调整中社会保障对社会稳定的影响研究》，《长春市委党校学报》2009 年第 1 期。

王正平、苏建军：《中国城市流动人口道德状况及其引导对策——以上海为例》，《上海师范大学学报》（哲学社会科学版）2009 年第 6 期。

王正平、周治华：《城市未成年流动人口的道德现状及其改善对策——以上海为例》，《华东师范大学学报》（哲学社会科学版）2009 年第 6 期。

文军：《西方社会学理论：经典传统与当代转向》，上海人民出版社 2006 年版。

文鹏、廖建桥：《不同类型绩效考核对员工考核反应的差异性影响——考核目的视角下的研究》，《南开管理评论》2010 年第 2 期。

吴传毅：《由主权在民的宪法原则看现代政府的角色定位》，《行政与法》2004 年第 1 期。

吴立志：《农民工刑事被害的生活方式因素分析》，《山东科技大学学报》（社会科学版）2011 年第 3 期。

吴森富：《广东省流动人口素质结构和年龄结构研究》，《南方经济》2003 年第 3 期。

吴晓林：《社会整合理论的起源与发展：国外研究的考察》，《国外理论动态》2013 年第 2 期。

吴增基：《坚持"规则公平优先、兼顾结果公平"的公平观——兼论"效率优先、兼顾公平"的实质与合理性》，《学术界》2006 年第 1 期。

吴忠民：《社会发展呼唤着公正研究》，《山东大学学报》（哲学社会科学版）1999 年第 3 期。

夏丽萍：《加速人口流动条件下的社会保障制度建设研究——以甘肃省为例》，《中国集体经济》2015 年第 30 期。

夏志强、罗旭、张相：《构建城乡基本公共服务均等化的标准体系》，《新视野》2013 年第 3 期。

鲜开林：《中国特色社会主义人权理论体系研究》，人民出版社 2014 年版。

肖红梅：《宏观视角下的农民工就业稳定性测量》，《北京劳动保障职业学院学报》2014 年第 2 期。

肖小芳、曾特清：《马克思社会整合理论的新诠释——从帕森斯、洛克伍德到哈贝马斯》，《伦理学研究》2015 年第 2 期。

肖严华：《劳动力市场、社会保障制度的多重分割与中国的人口流动》，《学术月刊》2016 年第 11 期。

肖严华：《中国社会保障制度的多重分割及对人口流动的影响》，《江淮论坛》2007 年第 5 期。

晓真：《社会稳定与社会发展——中国社会学学会 1991 年年会综述》，《社会科学战线》1991 年第 4 期。

谢识予：《经济博弈论》，复旦大学出版社 2002 年版。

谢嗣胜、姚先国：《农民工工资歧视的计量分析》，《中国农村经济》2006 年第 4 期。

谢勇：《就业稳定性与新生代农民工的城市融合研究——以江苏省为例》，《农业经济问题》2015 年第 9 期。

新玉言：《公共危机管控力》，国家行政学院出版社 2013 年版。

熊猛、叶一舵：《相对剥夺感：概念、测量、影响因素及作用》，《心理科学进展》2016 年第 3 期。

熊万鹏：《人权的哲学基础》，商务印书馆 2013 年版。

熊卫平：《危机管理：理论·实务·案例》，浙江大学出版社 2012 年版。

徐愫：《社会福利视野下流动人口的权益保障问题》，《南京大学学报》（哲学·人文科学·社会科学）2010 年第 4 期。

徐晓黎：《论制度变迁的成本约束》，《经济问题》2003 年第 5 期。

许晓军、曹荣：《论工会在劳动关系中的独立性与代表性——基于企业工会干部职业化的若干思考》，《中国劳动关系学院学报》2009 年第 6 期。

薛澜、张强、钟开斌：《危机管理》，清华大学出版社 2003 年版。

薛小建：《论社会保障权》，中国法制出版社 2007 年版。

《亚里士多德全集》第八卷，苗力田译，中国人民大学出版社 1992 年版。

阳东辉：《经济民主：现代公司控制权扭曲的解决思路》，《现代法学》2004 年第 2 期。

杨宝剑：《基于政治锦标赛制的地方官员竞争行为分析》，《经济与管理研究》2011 年第 9 期。

杨传开、李陈：《新型城镇化背景下的城市病治理》，《经济体制改革》2014 年第 3 期。

杨风寿：《我国社会保险关系转移和接续问题研究》，《中国人口·资源与环境》2010 年第 1 期。

杨菊华：《城乡差分与内外之别：流动人口社会保障研究》，《人口研究》2011 年第 5 期。

杨菊华：《从隔离、选择融入到融合：流动人口社会融入问题的理论思考》，《人口研究》2009 年第 1 期。

杨菊华：《中国流动人口经济融入》，社会科学文献出版社 2013 年版。

杨善华、谢立中：《西方社会学理论》上卷，北京大学出版社 2005 年版。

杨善华、谢立中：《西方社会学理论》下卷，北京大学出版社 2006 年版。

杨思斌：《我国社会保障制度的公平原则及其实现途径》，《当代世界与社会主义》2007 年第 5 期。

杨文杰、罗金莉、韦玮：《财政支持流动人口社会保障机制的政策研究》，《中国财政》2012 年第 12 期。

杨玉林：《异地与本地就医费用比较及合作进程》，《中国医疗保险》2011 年第 4 期。

姚成胜、李政通：《发展经济学模型与案例分析》，科学出版社 2017 年版。

姚建平：《城市社会救助对象瞄准方法、偏离原因和对策》，《中国民政》2016 年第 5 期。

尹海洁、黄文岩：《城市流动人口的生存状况及贫困特征》，《哈尔滨工业大学学报》（社会科学版）2010 年第 1 期。

尹木子：《新生代流动人口群体性事件参与风险分析》，《中国青年研究》2015 年第 9 期。

尹贻梅、刘志高、刘卫东：《路径依赖理论研究进展评析》，《外国经济与管理》2011 年第 8 期。

尹志峰、郭琳、车士义：《流动人口的社会保障状况及影响因素分析——基于 2006 年北京市的微观数据》，《北京科技大学学报》（社会科学版）2010 年第 2 期。

于海：《西方社会思想史》，复旦大学出版社 2010 年版。

于水、李煜玭：《农民工群体性事件的影响因素——对苏南地区农民工的调查》，《华南农业大学学报》（社会科学版）2010 年第 4 期。

于阳：《社会支持视域下城市流动人口犯罪预防研究》，《河北法学》2014 年第 5 期。

余少祥：《经济民主的政治经济学意涵：理论框架与实践展开》，《政治学研究》2013 年第 5 期。

余章宝、杨淑娣：《我国农民工维权 NGO 现状及困境——以珠三角地区为例》，《东南学术》2011 年第 1 期。

俞宪忠：《劳动力自由流动的主体权利诉求》，《天津社会科学》2010 年第 5 期。

俞扬：《基于社会性别的流动人口社会保障问题研究——以宁波市北仑区女性流动人口为例》，《浙江师范大学学报》（社会科学版）2014 年第 6 期。

虞崇胜、张光辉：《参与式民主与主权在民的实现机制》，《江苏行政学院学报》2012 年第 1 期。

袁方、史清华、卓建伟：《农民工福利贫困按功能性活动的变动分解：以上海为例》，《中国软科学》2014 年第 7 期。

张成福、谢一帆：《危机管理新思路》，国家行政学院出版社 2015 年版。

张鸿雁：《中国新型城镇化理论与实践创新》，《社会学研究》2013 年第 3 期。

张家唐：《拉美的城市化与"城市病"》，《河北大学学报》（哲学社会科学版）2003 年第 3 期。

张丽琼、朱宇、林李月：《家庭化流动对流动人口就业率和就业稳定性的影响及其性别差异——基于 2013 年全国流动人口动态监测数据的分析》，《南方人口》2017 年第 2 期。

张良悦、刘东：《农村劳动力转移与土地保障权转让及土地的有效利用》，《中国人口科学》2008 年第 2 期。

张玲、张洁：《新生代农民工就业稳定性影响因素分析》，《科学·经济·社会》2013 年第 4 期。

张谦元：《"城市病"与城市犯罪》，《开发研究》1999 年第 6 期。

张姝:《从应然权利到现实权利:社会保障权实现机制》,《人文杂志》2013 年第 6 期。

张伟进、胡春田、方振瑞:《农民工迁移、户籍制度改革与城乡居民生活差距》,《南开经济研究》2014 年第 2 期。

张晓杰:《流动人口的社会保障与制度构建》,《重庆社会科学》2014 年第 2 期。

张许颖、黄匡时:《以人为核心的新型城镇化的基本内涵、主要指标和政策框架》,《中国人口·资源与环境》2014 年增刊第 3 期。

张旭昆:《制度变迁的成本—收益分析》,《经济理论与经济管理》2002 年第 5 期。

张亚辉、杨圣敏、汤文霞:《在京维吾尔族流动人口生存状况的调查与思考》,《中央民族大学学报》(哲学社会科学版)2016 年第 4 期。

张艳华、沈琴琴:《农民工就业稳定性及其影响因素——基于 4 个城市调查基础上的实证研究》,《管理世界》2013 年第 3 期。

张翼、尉建文:《特大城市农民工群体性事件参与风险分析》,《中国特色社会主义研究》2014 年第 4 期。

张展新、高文书、侯慧丽:《城乡分割、区域分割与城市外来人口社会保障缺失——来自上海等五城市的证据》,《中国人口科学》2007 年第 6 期。

章荣君:《经济民主:从概念厘定到基础论证》,《湖北经济学院学报》2005 年第 4 期。

赵海涛:《流动人口与城镇居民的工资差异——基于职业隔离的角度分析》,《世界经济文汇》2015 年第 2 期。

赵静、毛捷、张磊:《社会保险缴费率、参保概率与缴费水平——对职工和企业逃避费行为的经验研究》,《经济学》(季刊)2015 年第 1 期。

赵军:《诱致性制度变迁中的政府行为——陕西民办高等教育现象分析》,《高等工程教育研究》2007 年第 6 期。

赵坤:《农民工养老保险转移接续态势与政策效果评估》,《改革》2010 年第 5 期。

赵排风:《新生代农民工就业稳定性及影响因素研究》,《河南工业大学学报》

（社会科学版）2014 年第 3 期。

赵维姗、曹广忠：《农民工就业稳定性特征及职业类型的影响——基于全国 13 省 25 县 100 村调查数据的分析》，《人口与发展》2017 年第 4 期。

赵祥：《新制度主义路径依赖理论的发展》，《人文杂志》2004 年第 6 期。

赵苑达：《西方主要公平与正义理论研究》，经济管理出版社 2010 年版。

郑秉文：《改革开放 30 年中国流动人口社会保障的发展与挑战》，《中国人口科学》2008 年第 5 期。

郑功成：《当代社会保障发展的历史观与全球视野》，《经济学动态》2011 年第 12 期。

郑功成：《中国流动人口的社会保障问题》，《理论视野》2007 年第 6 期。

郑功成：《中国社会保障 30 年》，人民出版社 2008 年版。

郑新立：《关注民生直面矛盾破解难题——〈中共中央关于构建社会主义和谐社会若干重大问题的决定〉解读》，《农村农业农民》（A 版）2007 年第 2 期。

周凤华：《社会救助对象瞄定：方法与实践》，《社会主义研究》2009 年第 4 期。

周慧之：《现代性：走出个人行动与社会结构的二元困境——吉登斯现代性思想评论及中国现代性问题探讨》，《社会科学论坛》2002 年第 2 期。

周加来：《"城市病"的界定、规律与防治》，《中国城市经济》2004 年第 2 期。

周庆林、饶亚会：《工资歧视、代际差异与农民工市民化进程——基于安徽省的案例调查》，《郑州航空工业管理学院学报》2016 年第 1 期。

周秋光、曾桂林：《中国慈善简史》，人民出版社 2006 年版。

周文、赵方、杨飞等：《土地流转、户籍制度改革与中国城市化：理论与模拟》，《经济研究》2017 年第 6 期。

周义定、余佳子：《宁波市鄞州区流动人口养老保险转移接续问题分析》，《中国管理信息化》2015 年第 13 期。

周毅：《城市化理论的发展与演变》，《城市问题》2009 年第 11 期。

朱慧：《机制设计理论——2007 年诺贝尔经济学奖得主理论评介》，《浙江社会科学》2007 年第 6 期。

朱志华、周长康、孙永刚：《从源头上预防流动人口犯罪——长三角地区流动人口犯罪问题的调查与思考》，《浙江社会科学》2009 年第 9 期。

二、英文文献

Alba, R. D., & Nee, V., *Remaking the American mainstream：Assimilation and contemporary immigration.* Cambridge：Harvard University Press, 2003.

Arthur, W. B., Competing technologies, increasing returns, and lock-in by historical events. *Economic Journal*, 99（3）, 1989.

Aumann, R. J., Subjectivity and correlation in randomized strategies. *Journal of Mathematical Economics*, 1（1）, 1974.

Aupperle, K. E., Carroll, A. B., & Hatfield, J. D., An empirical examination of the relationship between corporate social responsibility and profitability. *Academy of Management Journal*, 28（2）, 1985.

Avato, J., Koettl, J., & Sabates-Wheeler, R., Social security regimes, global estimates, and good practices：The status of social protection for international migrants. *World Development*, 38（4）, 2010.

Beauvais, C., Sc, M., & Jenson, J., Social cohesion：Updating the state of the research. *CPRN Discussion Paper*, No. F/22, 2002.

Biffl, G., Diversity of welfare systems in the EU：A challenge to policy coordination. *European Journal of Social Security*, 6（1）, 2003.

Bollen, K. A., & Hoyle, R. H., Perceived cohesion：A conceptual and empirical examination. *Social Forces*, 69（2）, 1990.

Camilleri-Cassar, F., Living on the edge：Migrant women in Malta. *International Journal of Comparative & Applied Criminal Justice*, 35（3）, 2011.

Casarico, A., & Devillanova, C., Social security and migration with endogenous skill upgrading. *Journal of Public Economics*, 87, 2003.

Chen, H. J., & Fang, I. H., Migration, social security, and economic growth. *Economic Modelling*, 32（2）, 2011.

Chen, X. B., & Chan, C. L. W., Rural migrants into the cities of China：From starvation to underclass. *New Global Development*, 13 (1), 1997.

Chen, Y. & Hoy, C. , Explaining migrants' economic vulnerability in urban China. *Asian Population Studies*, 7 (2), 2011.

Chen, Y. , Migrants in Shanghai's manufacturing companies: Employment conditions and policy implications. *Journal of Asian Public Policy*, 2 (3), 2009.

Cheng, Z. , Nielsen, I. , & Smyth, R. , Access to social insurance in urban China: A comparative study of rural – urban and urban – urban migrants in Beijing. *Habitat International*, 41, 2014.

Christians, A. , Taxing the global worker: Three spheres of international social security coordination. *Virginia Tax Review*, 26, 2006.

Cornelissen, R. , 50 years of European social security coordination. *European Journal of Social Security*, 11, 2009.

D'Apice, C. , & Fadda, S. , The Italian welfare system in the European context. *Review of Social Economy*, 61 (3), 2003.

David, P. A. , Clio and the economics of QWERTY. *American Economic Review*, 75 (2), 1985.

Donaldson, T. , & Dunfee, T. W. , Toward a unified conception of business ethics: Integrative social contracts theory. *Academy of Management Review*, 19 (2), 1994.

Drover, G. , Social security and mobility: The Canadian case. *New Global Development*, 13 (1), 1997.

Dupper, O. , Migrant workers and the right to social security: An international perspective. *Stellenbosch Law Review*, (2), 2007.

Dwyer, P. , & Papadimitriou, D. , The social security rights of older international migrants in the European Union. *Journal of Ethnic and Migration Studies*, 32 (8), 2006.

Featherstone, K. , ' Soft' co-ordination meets ' hard' politics: The European Union and pension reform in Greece. *Journal of European Public Policy*, 12 (4), 2005.

Fedotenkov, I. , Coordination of pension systems when technologies are different. *CESifo Economic Studies*, 60 (1), 2014.

Fenge, R., & Weizsäcker, J. V., Public pension systems and distortions of intra-EU mobility: The lodge test. *Journal of Pension Economics & Finance*, 9 (2), 2010.

Ferrera, M., The boundaries of welfare: European integration and the new spatial politics of social protection. *Journal of Contemporary European Research*, 37 (2), 2006.

Friedkin, N. E., Social cohesion. *Annual Review of Sociology*, 30 (1), 2004.

Fyfe, J., Social security systems and benefits and migrants in the EEC. *International Journal of Social Economics*, 2 (1), 1975.

Gao, Q., Yang, S., & Li, S., Labor contracts and social insurance participation among migrant workers in China. *China Economic Review*, 23 (4), 2012.

Geide-Steven, D., Social security policy and international labor and capital mobility. *Review of International Economics*, 6 (3), 1998.

Geide-Stevenson, D., & Ho, M. S., International labor migration and social security: Analysis of the transition path. *Journal of Population Economics*, 17 (3), 2004.

Gibbard, A., Manipulation of voting schemes: A general result. *Econometrica*, 41 (4), 1973.

Goodpaster, K. E., Business ethics and stakeholder analysis. *Business Ethics Quarterly*, 3 (1), 1991.

Góra, M., & Rohozynsky, O., Restructuring and social safety nets in Russia and Ukraine-social security influence on labor mobility: Possible opportunities and challenges. Working paper, No. 397, 2009.

Gordon, M. M., *Assimilation in American life: The role of race, religion and national origin*. New York: Oxford University Press, 1964.

Guan, X., Equal rights and social inclusion: Actions for improving welfare access by rural migrant workers in Chinese cities1. *China Journal of Social Work*, 1 (2), 2008.

Haller, W., Portes, A., & Lynch, S. M., Dreams fulfilled and shattered: Determinants of segmented assimilation in the second generation. *Social Forces*, 89 (3), 2011.

Haverstick, K., Munnell, A. H., Sanzenbacher, G., & Soto, M., Pension type, tenure, and job mobility. *Journal of Pension Economics & Finance*, 9 (4), 2010.

Hernæs, E. , Piggott, J. , Vestad, O. L. , & Zhang, T. , Labour mobility, pension portability and the lack of lock-in effects. Working paper, March, 2011.

Hing, B. O. , Beyond the rhetoric of assimilation and cultural pluralism: Addressing the tension of separatism and conflict in an immigration-driven multiracial society. *California Law Review*, 81 (4), 1993.

Hirschman, C. , Immigration to the United States: Recent trends and future prospects. *Malaysian Journal of Economic Studies*, 51 (1), 2013.

Hirschman, C. , The educational enrollment of immigrant youth: A test of the segmented-assimilation hypothesis. *Demography*, 38 (3), 2001.

Hurwicz, L. , The design of mechanisms for resource allocation. *American Economic Review*, 63 (2), 1973.

Jamali, D. , The case for strategic corporate social responsibility in developing countries. *Business & Society Review*, 112 (1), 2007.

Jensen, C. A. , Malchow-Møller, N. , & Skaksen, J. R. , Does coordination of immigration policies among destination countries increase immigration? *The Journal of International Trade & Economic Development*, 19 (3), 2010.

Jordan, B. , Immigration, asylum and welfare: The European context. *Critical Social Policy: A Journal of Theory and Practice in Social Welfare*, 22 (3), 2002.

Jorgenson, D. W. , Surplus agricultural labour and the development of a dual economy. *Oxford Economic Papers*, 19 (3), 1967.

Kallen, H. M. , *Culture and democracy in the United States.* New York: Boni and Liveright, 1924.

Kallen, H. M. ,Democracy versus the melting-pot:A study of American nationality. The Nation 100,no. 2590 (18-25 February) ,1915.

Kalwij, A. , Kapteyn, A. , & Vos, K. D. , Retirement of older workers and employment of the young. *De Economist*, 158 (4), 2010.

Kirdar, M. G. , Estimating the impact of immigrants on the host country social security system when return migration is an endogenous choice. *International Economic Review*, 53

（2），2012.

Kochhar, G. , Market and migrants: Redefining China´s urban social welfare system. *China: An International Journal*, 8（2），2011.

Kovacheva, V. , Vogel, D. , Zhang, X. , & Jordan, B. , Comparing the development of free movement and social citizenship for internal migrants in the European U-nion and China-converging trends? *Citizenship Studies*, 16（3-4），2012.

Lewis, W. A. , Economic development with unlimited supplies of labour. *The Manchester School*, 22（2），1954.

Li,J. ,Feng,Y. ,& Gizelis,I. ,China´s new social security system in the making: Problems and prospects. *International Journal of Public Administration*, 31（1），2007.

Littlewood, D. T. J. , Rohde, K. , Bray, R. A. , & Herniou, E. A. , Phylogeny of the platyhelminthes and the evolution of parasitism. *Biological Journal of the Linnean Society*, 68（12），1999.

Maskin, E. , Nash equilibrium and welfare optimality. *Review of Economic Studies*, 66（1），1999.

Massey, D. S. , International migration at the dawn of the twenty-first century: The role of the state. *Population and Development Review*, 25（2），1999.

Mattheis, C. , The system theory of Niklas Lhmann and the constitutionalization of the world society. *Goettingen Journal of International Law*, 4（2），2012.

Mealli, F. , & Pudney, S. , Occupational pensions and job mobility in Britain: Esti-mation of a random-effects competing risks model. *Journal of Applied Econometrics*, 11（3），1996.

Michael, M. S. , Welfare effects of immigration policies in the presence of skilled, un-skilled labor and capital mobility. *Review of Development Economics*, 15（4），2011.

Moles, R. R. , Social security for migrant workers in Latin America. *International Labour Review*, 121（2），1982.

Moody, J. , & White, D. R. , Structural cohesion and embeddedness: A hierarchical concept of social groups. *American Sociological Review*, 68（1），2003.

Mouzelis, N. , Social and system integration: Lockwood, Habermas, Giddens. *Sociology*, 31 (1), 1997.

Myerson, R. B. , Incentive compatibility and the bargaining problem. *Econometrica*, 47 (1), 1979.

Myerson, R. B. , Multistage games with communication. *Discussion Papers*, 54 (2), 1986.

Myerson, R. B. , Optimal coordination mechanisms in generalized principal – agent problems. *Journal of Mathematical Economics*, 10 (1), 1982.

Natali, D. , The open method of coordination on pensions: Does it de-politicise pensions policy? *West European Politics*, 32 (4), 2009.

Ngok, K. , & Cheng, J. Y. S. , The role of migrant labour in China´s labour policy. *Journal of Comparative Asian Development*, 9 (2), 2010.

Nielsen, I. , Nyland, C. , Smyth, R. , & Zhang, M. , Migration and the right to social security: Perceptions of off - farm migrants´ rights to social insurance in China´s Jiangsu province. *China & World Economy*, 15 (2), 2007.

O´Connell, P. J. , & Gash, V. , The effects of working time, segmentation and labour market mobility on wages and pensions in Ireland. *British Journal of Industrial Relations*, 41 (1), 2003.

Pan, S. , Jensen, H. H. , Fuller, W. A. , & Mohanty, S. , The effects of local labour market conditions on welfare programme participation. *Applied Economics*, 38 (6), 2006.

Paraschivescu, C. , Social protection and economic security of north African migrant workers in France. *Revista Română De Sociologie*, 24 (1-2), 2013.

Park, R. E. , & Burgess, E. W. , *Introduction to the science of sociology*. Chicago: University of Chicago Press, 1921.

Park, R. E. , Human migration and the marginal man. *American Journal of Sociology*, 33 (6), 1928.

Perlman, J. & Waldinger, R. , Second generation decline? Children of immigrants, past and present-a reconsideration. *International Migration Review*, 31 (4), 1997.

Portes, A. , & Zhou, M. , Should immigrants assimilate? *Public Interest*, 116, 1994.

Portes, A. , Children of immigrants: Segmented assimilation and its determinants. In: Portes A. (eds.) . *The economic sociology of immigration: Essays on networks, ethnicity, and entrepreneurship.* New York: Russell Sage Foundation, 1995.

Portes, A. , Fernándezkelly, P. , & Haller, W. , The adaptation of the immigrant second generation in America: Theoretical overview and recent evidence. *Journal of Ethnic & Migration Studies*, 35 (7), 2009.

Rabe, B. , Occupational pensions, wages, and job mobility in Germany. *Scottish Journal of Political Economy*, 54 (4), 2007.

Ranis, G. , & Fei, J. C. H. , A theory of economic development. *American Economic Review*, 51 (4), 1961.

Ravenstein, E. G. , The laws of migration. *Journal of the Statistical Society*, 48 (2), 1885.

Roemer, J. E. , The global welfare economics of immigration. *Social Choice and Welfare*, 27 (2), 2006.

Schneider, O. , The harmonization of public pension schemes: Perfect and imperfect labour mobility cases. Working paper, November, 1996.

Sjaastad, L. A. , The costs and returns of human migration. *Journal of Political Economy*, 70 (5), 1962.

Smith, M. G. , Pluralism, race and ethnicity in selected African countries. In Rex, J. & Mason, D. (eds) . *Theories of race and ethnic relations.* Cambridge: Cambridge University Press, 1986.

Straume, O. R. , & Minho, U. O. , Patient mobility, health care quality and welfare. *Journal of Economic Behavior & Organization*, 105, 2014.

Tao, R. & Xu, Z. , Urbanization, rural land system and social security for migrants in China. *The Journal of Development Studies*, 43 (7), 2007.

Timonen, V. , & Doyle, M. , In search of security: Migrant workers´ understandings, experiences and expectations regarding ' social protection ' in Ireland. *Journal of Social Policy*, 38 (1), 2009.

Todaro, M. P., A model of labor migration and urban unemployment in less developed countries. *American Economic Review*, 59 (1), 1969.

Viliars, C., Social security for migrant workers in the framework of the Council of Europe. *International Labour Review*, 120 (3), 1981.

Vorin, M., Social security for migrant workers in Latin Africa. *International Labour Review*, 122 (3), 1983.

Wallerstein, I., *The modern world-system: Capitalist agriculture and the origins of the European world-economy in the sixteenth century*, New York and London: Academic Press, 1974.

Wang, Z., Social security for China´s migrant workers. *International Labour Review*, 150 (1-2), 2011.

Wang, W. W., & Fan, C. C., Migrant workers´ integration in urban China: Experiences in employment, social adaptation, and self-identity. *Eurasian Geography and Economics*, 53 (6), 2012.

Wu, W., Drifting and getting stuck: Migrants in Chinese cities. *City*, 14 (1-2), 2010.

Xu, Q., Guan, X., & Yao, F., Welfare program participation among rural-to-urban migrant workers in China. *International Journal of Social Welfare*, 20 (1), 2011.

Xu, Z., Urbanization, rural land system and social security for migrants in China. *The Journal of Development Studies*, 43 (7), 2007.

Zelinsky, W., The hypothesis of the mobility transition. *Geographical Review*, 61 (2), 1971.

Zhang, L., & Wang, G., Urban citizenship of rural migrants in reform-era China. *Citizenship Studies*, 14 (2), 2010.

Zheng, S., Long, F., Fan, C. C., & Gu, Y., Urban villages in China: A 2008 survey of migrant settlements in Beijing. *Eurasian Geography and Economics*, 50 (4), 2009.

Zhou M. , & Xiong, Y. S. , The multifaceted American experiences of the children of Asian immigrants: Lessons for segmented assimilation. *Ethnic and Racial Studies*, 28 (6), 2005.

附　　录

"中国流动人口社会保障制度协调机制研究" 调查方案

一、调查目的

目前中国正经历着快速的城市化和大规模的人口流动，而社会保障制度的公平性、适应人口流动性、可持续性能力不足。当前我国流动人口社会保障制度不协调在一定程度上损伤了流动人口的社会保障权益，产生了系列负面社会经济影响。本次调查的目的是为有效地获取当前中国流动人口社会保障制度不协调的表现和原因的第一手资料，从而为切实、有力地保障流动人口的社会保障权益，促进以人为核心的城镇化战略的实现提供参考依据。

二、调查对象和调查单位

调查对象为全国的流动人口总体，调查单位为每一个流动人口。

三、调查方法及抽样

1. 调查方法

本次调查采用问卷法。采用问卷法主要是考虑问卷法的下列优点：费用低，样本的地理分布可以比较广，住户或者个人记录使用非常好，对敏感性问题的回答好，不容易出现对被调查者的胁迫性问题。[1]

2. 调查抽样设计

（1）抽样原则：样本抽取的指导原则是科学性高、代表性强、低成本。

（2）抽样方法：问卷调查采取多阶段抽样方法。

（3）样本量：根据经验值，调查的总体规模在 10 万人以上时，样本占总体的比重在 1% 以下。[2] 2016 年《中国统计年鉴》数据表明，2015 年中国有流动人口的数量为 2.47 亿，可见调查的总体规模远远超过了 10 万人。因此，在保证把误差控制在 3% 以及考虑人力和财力可控的情况下，我们假设样本占总体的比重为 0.0002%，则本次调查计划抽取的流动人口的样本数量可以用公式计算如下：247000000×2/1000000＝494。考虑问卷回收的有效性通常不足 100%，这会导致实际可用于分析的样本量下降不能达到理论计算上的最低要求，在理论计算的样本量的基础上再增加 10% 的样本量，即 494（1+10%）＝543。因此，本次调研共计划抽取样本数量为 543 个。[3]

（4）多阶段抽样过程

第一，假设全国有东、中、西三个区，可以作为三个层，实施分层抽样。为此首先计算每个经济区抽取人数比例，具体计算方法是：

X（每个经济区抽取人数比例）＝经济区内人数/全国总人数

Y（每个经济区抽取人数）＝样本数量×X

2016 年《中国统计年鉴》数据表明，2015 年中国年末总人口数为 137462 万人。将我国划分为东部、中部、西部三个地区的时间始于 1986 年，

---

[1]　［美］罗纳德·扎加、［美］约翰尼·布莱尔：《抽样调查设计导论》，沈崇麟译，重庆大学出版社 2007 年版，第 29 页。

[2]　袁方：《社会调查原理与方法》，高等教育出版社 1990 年版，第 186 页。

[3]　在多阶段抽样过程中由于计算时四舍五入会使各地区问卷数量之和略微低于 543 份，为 540 份。因此，在按照多阶段抽样的方法把 540 份问卷分配到 18 个地级市（自治区）的基础上，又分别对 18 个地级市（自治区）各增加了 1 份调查问卷，从而使应该发放和回收的有效调查问卷为 558 份。在具体调查的过程中，由于某些问卷为无效问卷，因此各地实际发放的问卷比附表 1 中列举的应该发放的有效问卷数量多。附表 1 中只给出了地级市（区）应该发放的问卷数量和为了保证调查数据有效性而实际收回的有效问卷的数量。

由全国人大六届四次会议通过的"七五"计划正式公布。东部地区包括北京、天津、河北、辽宁、上海、江苏、浙江、福建、山东、广东和海南等11个省（直辖市）；中部地区包括山西、内蒙古、吉林、黑龙江、安徽、江西、河南、湖北、湖南、广西等10个省（自治区）；西部地区包括四川、贵州、云南、西藏、陕西、甘肃、青海、宁夏、新疆等9个省（自治区）。1997年全国人大八届五次会议决定设立重庆市为直辖市，并划入西部地区后，西部地区所包括的省级行政区就由9个增加为10个省（自治区、直辖市）。由于内蒙古和广西两个自治区人均国内生产总值的水平正好相当于上述西部10省（自治区、直辖市）的平均状况，2000年国家制定的在西部大开发中享受优惠政策的范围又增加了内蒙古和广西。目前，西部地区包括的省级行政区共12个，分别是四川、重庆、贵州、云南、西藏、陕西、甘肃、青海、宁夏、新疆、广西、内蒙古；中部地区有8个省级行政区，分别是山西、吉林、黑龙江、安徽、江西、河南、湖北、湖南；东部地区包括的11个省级行政区没变。根据上述关于东、中、西部的划分，可以根据2016年《中国统计年鉴》数据计算得到2015年末东部人口总数为56901万人，中部人口总数为43054万人，西部人口总数为37133万人，则东、中、西部的 X 依次为0.41、0.31、0.27，东、中、西部的 Y 依次为223、168、147。

第二，再用整群抽样，从三个经济区中抽取6个省份，其做法是：

Z（每个经济区入选省份数）＝本经济区内省份总数/全国总省份数目×6

因为全国有31个省、自治区和直辖市，东、中、西三个经济区分别包括的省份数目为11、8、12，则东、中、西分别抽取的省份数目即 Z 依次为2、2、2。

第三，于是得到了6个省份，再从整群抽样中每个省份抽取3个地级市，则：

V（每个经济区抽取的地级市数）＝3×Z，则东、中、西分别抽取的地级数目即 V 依次为6、6、6。

第四，计算每个地级市应该抽取的样本数，即：

W（每个地级市应该抽取的样本数）＝ Y/V，则东、中、西每个地级市分别应抽取的样本数依次为 37、28、25。

四、调查组织实施计划

1. 问卷调查实施过程

（1）调查准备阶段

调查实施准备阶段的工作包括：实施方案的讨论、撰写；相关资料收集，包括被调查单位的一些特征；抽样设计；调查问卷的设计；问卷试调查及问卷设计修改。

（2）调查执行阶段

2017 年 12 月至 2018 年 1 月开展问卷调查。在调查执行阶段，由经过培训的专业人员完成调查访问过程，确保每个样本都为合格样本，严控调查作弊，保证样本的有效性。具体的调查地点及该地所应该发放的问卷数量如下附表 1 所示：

附表 1　调查地点及发放问卷数量

省份（直辖市）	地级市（区）	发放问卷数量（份）
北京	朝阳区	38
	海淀区	38
	昌平区	38
上海	松江区	38
	青浦区	38
	嘉定区	38
河南	郑州市	29
	新乡市	29
	洛阳市	29

省份（直辖市）	地级市（区）	发放问卷数量（份）
湖南	长沙市	29
	衡阳市	29
	株洲市	29
陕西	西安市	26
	榆林市	26
	宝鸡市	26
四川	成都市	26
	绵阳市	26
	泸州市	26

2. 问卷调查数据整理、录入

本次调查的数据由专门经过培训的数据录入人员完成，排除非技术误差。数据录入完毕后，进行数据备份，且录入整理的原始数据尽快移交给统计分析人员。调查的数据统计分析工作由统计人员采用 SPSS21.0 统计软件完成。

五、调查质量控制

1. 调查人员甄选

调研团队成员均具有本科以上学历水平，不仅具有丰富的调查统计专业知识和技能，同时还具有操作经验和高度的责任心。所有的调查人员在调查前均接受过专业化调查研究的培训。

2. 调研质量控制

（1）调查问卷的设计参考了研究团队的意见设计完成，保证了调查问卷的科学性、有效性、严谨性。

（2）调查过程，由执行团队成员亲自参与完成，保证采集数据的完整性、正确性、有效性。

（3）数据的整理和录入误差控制在 0.3% 以下。

（4）制定严格的调查结果审核标准，对调研结果进行审核、整理及分析。

"中国流动人口社会保障制度协调机制研究" 调查问卷

非常感谢您花费宝贵的时间帮助我们完成这份调查问卷。这份问卷的内容是关于中国流动人口社会保障制度协调机制方面的，问卷数据对我们的研究具有重要的参考作用，您的回答无所谓对错，请根据您的想法和感受来回答。问卷使用将严格遵守《中华人民共和国统计法》的规定，您的回答仅作为我们此次调查研究项目使用，最终结果只以统计数据的形式表现，不涉及其他用途，我们将对您的答案严格保密。

本调查问卷多数为单选题，能够多选的问题请按照提示选择。请在符合您想法和实际情况的选项前标记"√"即可。填空处请简要文字说明。

_____省（直辖市）_____市（地级市）_____县（区）

（受访者填写问卷时所在的地址）

填写时间_____年_____月_____日

一、个人基本信息

1. 年龄：

□A. 0—14 岁　　□B. 15—29 岁　　□C. 30—44 岁　　□D. 45—59 岁

□E. 60 岁及以上

2. 性别：

□A. 男　　　　□B. 女

3. 受教育程度：

☐A. 未上过学　　☐B. 小学　　　　☐C. 初中

☐D. 高中或中专

☐E. 大学专科　　☐F. 大学本科　　☐G. 硕士研究生

☐F. 博士研究生

4. 目前婚姻状况：

☐A. 未婚　　　　☐B. 已婚　　　　☐C. 离异　　　　☐D. 丧偶

5. 您的户口所在地是：

☐A. 农村　　　　☐B. 城镇（市）

二、流动情况

6. 您是否在户口所在地居住：

☐A. 是（问卷调研到此结束）　　　☐B. 否

7. 您目前具体居住在户口所在地之外的空间范围是：

☐A. 外乡（镇）本县（区）

☐B. 外县（区）本地级市

☐C. 外地级市本省（自治区、直辖市）

☐D. 外省（自治区、直辖市）

8. 您在目前居住地居住的时间有多久？

☐A. 半年以下（不包括半年）

☐B. 半年至一年（不包括一年）

☐C. 一年至两年（不包括两年）

☐D. 两年至三年（不包括三年）

☐E. 三年至四年（不包括四年）

☐F. 四年至五年（不包括五年）

☐G. 五年至六年（不包括六年）

☐H. 六年或六年以上

9. 您是通过哪种途径到目前居住地居住的？

□A. 亲戚介绍　　　　　　□B. 老乡介绍

□C. 同学、朋友介绍　　　□D. 当地集体组织

□E. 用人单位上门招工　　□F. 正常工作调动

□G. 毕业后找工作　　　　□H. 其他

10. 您目前在户口所在地之外居住的原因是什么？

□A. 工作调动　□B. 毕业后新入职□C. 务工经商　　□D. 学习培训

□E. 投靠亲友　□F. 退休退职　□G. 随迁家属　　□H. 婚姻迁入

□I. 拆迁搬家　□I. 其他

11. 除了短期探亲和旅游之外，您在过去三年中在户口所在地之外几个地方居住过？

□A. 1 个　　　□B. 2 个　　　□C. 3 个　　　□D. 4 个

□E. 5 个　　　□D. 6 个及以上

12. 您在过去三年中在户口所在地之外居住时间最长的地区是哪个？

□A. 北京　　　□B. 上海　　　□C. 广州　　　□D. 深圳

□E. 除了北、上、广、深之外的东部地区（天津、河北、辽宁、江苏、浙江、福建、海南、山东）

□F. 中部地区（吉林、黑龙江、山西、河南、安徽、湖北、湖南、江西）

□G. 西部地区（内蒙古、广西、重庆、四川、贵州、云南、西藏、陕西、甘肃、青海、宁夏、新疆）

□H. 海外

13. 您是否举家离开户口所在地到外地居住？

□A. 是　　　　　□B. 否

三、劳动就业情况

14. 您目前是否就业？

□A. 是　　　　　　　□B. 否（请直接跳到第 23 题回答）

15. 您接受的技能培训情况是（可多选）？

□A. 没有参加过任何培训　　　　□B. 当过学徒工

□C. 自费参加过技能培训　　　　□D. 参加过政府组织的培训

□E. 参加过用人单位组织的培训

16. 您目前就业的行业是：

□A. 农、林、牧、副、渔业　　　□B. 采矿业

□C. 制造业　　　□D. 电力、热力、燃气及水生产和供应业

□E. 建筑业　　　□F. 批发和零售业

□G. 交通运输、仓储和邮政业　　□H. 住宿和餐饮业

□I. 金融业　　　□J. 信息传输、软件和信息技术服务业

□K. 房地产业　　□L. 租赁和商务服务业

□M. 科学研究和技术服务业

□N. 水利、环境和公共设施管理业

□O. 居民服务、修理和其他服务业　□P. 教育

□Q. 卫生和社会工作　　　　　□R. 文化、体育和娱乐业

□S. 公共管理、社会保障和社会组织

□T. 国际组织

17. 您目前工作（单位）的性质是：

□A. 党政机关　□B. 事业单位　　□C. 国有企业　　□D. 外企

□E. 私营企业　□F. 自由职业者

□G. 其他：_____（请注明）

18. 您目前与用人单位签订劳动合同的种类是？

□A. 固定期限劳动合同　　　　　□B. 无固定期限劳动合同

□C. 以完成一定的工作为期限的劳动合同

□D. 没有签订劳动合同

19. 您每周的工作时间是?

□A. 30 小时以下　□B. 30—40 小时　□C. 40—50 小时

□D. 50—60 小时　□E. 60—70 小时　□F. 70—80 小时

□G. 80 小时及以上

四、收入情况

20. 您现在每月工资是:

□A. 1500 元及以下　　　　　　□B. 1501—3000 元

□C. 3001—5000 元　　　　　　□D. 5001—8000 元

□E. 8001—15000 元　　　　　　□F. 15001 元及以上

21. 您的工资发放情况是:

□A. 每月正常发放　　　　　　□B. 每个月发上个月的工资

□C. 每个季度或半年发一次　　□D. 经常拖延，不固定

22. 家庭收入的最主要来源（收入最高的来源）是:

□A. 工资（含退休金）　　　　□B. 买卖经商

□C. 农业收入　　　　　　　　□D. 政府救济

□E. 亲戚朋友资助　　　　　　□F. 财产性收入

□G. 打工　　　　　　　　　　□I. 其他：_____（请注明）

五、社会保障情况

23. 目前您参加的社会救助项目有哪些?（可多选）

□A. 城市居民最低生活保障　　□B. 农村居民最低生活保障

□C. 灾害救助

□D. 城市生活无着的流浪乞讨人员救助

□E. 农村五保供养　　　　　　　□F. 廉租住房

□G. 教育救助　　　　　　　　　□H. 城镇医疗救助

□I. 农村医疗救助

□J. 没有参加任何社会救助项目（请直接跳到第26题回答）

24. 您目前享受的社会救助待遇与您工作和生活所在地人员的社会救助待遇相比：

□A. 低　　　　　□B. 差不多　　　　□C. 高　　　　□D. 不知道

25. 您目前享受的社会救助待遇与您户籍所在地人员的社会救助待遇相比：

□A. 低　　　　　□B. 差不多　　　　□C. 高　　　　□D. 不知道

26. 目前您是否参加了住房公积金？

□A. 是　　　　　□B. 否（请直接跳到第30题回答）

27. 您是否转移过住房公积金关系？

□A. 是　　　　　□B. 否

28. 您目前享受的住房公积金待遇与您工作和生活所在地人员的住房公积金待遇相比：

□A. 低　　　　　□B. 差不多　　　　□C. 高　　　　□D. 不知道

29. 您目前享受的住房公积金待遇与您户籍所在地人员的住房公积金待遇相比：

□A. 低　　　　　□B. 差不多　　　　□C. 高　　　　□D. 不知道

30. 目前您对社会保险的参保情况是：（可多选）

□A. 参加了城镇职工基本养老保险

□B. 参加了城镇居民社会养老保险

□C. 参加了城镇职工基本医疗保险

□D. 参加了城镇居民基本医疗保险

□E. 参加了新型农村社会养老保险

□F. 参加了新型农村合作医疗

□G. 参加了公费医疗　　　　　□H. 参加了工伤保险

□I. 参加了失业保险　　　　　□J. 参加了生育保险

□K. 没有参加任何社会保险项目（请直接跳到第 63 题回答）

31. 您对社会保险关系转移接续政策的知晓情况是：

□A. 完全不了解　　　　　　　□B. 了解一些

□C. 了解大部分　　　　　　　□D. 完全了解

32. 您是否转移过失业保险关系？

□A. 是　　　　□B. 否

33. 您是否转移过工伤保险关系？

□A. 是　　　　□B. 否

34. 您是否转移过生育保险关系？

□A. 是　　　　□B. 否

35. 您的养老保险关系从一个地方向另外一个地方转移接续过几次？

□A. 0 次（请直接跳到第 43 题回答）

□B. 1 次　　　　□C. 2 次　　　　□D. 3 次及以上

36. 您的养老保险关系转移接续的类型是：（可多选）

□A. 城镇职工基本养老保险之间关系转移接续

□B. 城镇职工基本养老保险与新型农村社会养老保险之间关系转移接续

□C. 新型农村社会养老保险之间关系转移接续

□D. 城镇职工基本养老保险与城镇居民社会养老保险之间关系转移接续

□E. 城镇居民社会养老保险与新型农村社会养老保险之间关系转移接续

□F. 城镇居民社会养老保险之间关系转移接续

□G. 其他：＿＿＿＿＿＿（请注明）

37. 您的养老保险关系转移时跨度的区域是：

□A. 跨乡（镇）　　　　　　　□B. 跨区（县）

□C. 跨地级市　　　　　　　□D. 跨省（自治区、直辖市）

38. 您在转接养老保险关系时过去缴费年限的处理方式是：

□A. 清零（不认可）　　　　□B. 折算

□C. 累计　　　　　　　　　□D. 不知道

39. 您在转接养老保险关系时对于个人账户资金的处理办法是：

□A. 清退　　□B. 转移　　□C. 封存　　□D. 不知道

40. 您在转接养老保险关系时对于社会统筹账户资金的处理办法是：

□A. 不转移　　□B. 部分转移　　□C. 全额转移　　□D. 不知道

41. 您在办理转接养老保险关系时花费的时间大约是：

□A. 1 个月以下　□B. 1 个月　　□C. 2 个月　　　□D. 3 个月

□E. 4 个月　　　□F. 5 个月　　□G. 6 个月及以上

42. 您在养老保险关系转移接续过程中待遇空档期（待遇中断）的时间有多长？

□A. 没有中断　□B. 1 个月以下　□C. 1 个月　　　□D. 2 个月

□E. 3 个月　　□F. 4 个月　　　□G. 5 个月

□H. 6 个月及以上

43. 您目前享受的养老保险待遇（或者未来将领取的养老金待遇）与您工作和生活所在地人员的养老保险待遇相比：

□A. 低　　　　□B. 差不多　　□C. 高　　　□D. 不知道

44. 您目前享受的养老保险待遇（或者未来将领取的养老金待遇）与您户籍所在地人员的养老保险待遇相比：

□A. 低　　　　□B. 差不多　　□C. 高　　　□D. 不知道

45. 您的医疗保险关系从一个地方向另外一个地方转移接续过几次？

□A. 0 次（请直接跳到第 52 题回答）□B. 1 次

□C. 2 次　　　　　　　　　□D. 3 次及以上

46. 您的医疗保险关系转移接续的类型是：（可多选）

□A. 城镇职工基本医疗保险之间关系转移接续

□B. 城镇居民基本医疗保险之间关系转移接续

□C. 新型农村合作医疗之间关系转移接续

□D. 公费医疗之间关系转移接续

□E. 城镇职工基本医疗保险与城镇居民基本医疗保险之间关系转移接续

□F. 城镇职工基本医疗保险与新型农村合作医疗之间关系转移接续

□G. 城镇职工基本医疗保险与公费医疗之间关系转移接续

□H. 城镇居民基本医疗保险与新型农村合作医疗之间关系转移接续

□I. 城镇居民基本医疗保险与公费医疗之间关系转移接续

□J. 新型农村合作医疗与公费医疗之间关系转移接续

□K. 其他：_____（请注明）

47. 您的医疗保险关系转移时跨度的区域是：

□A. 跨乡（镇）　　　　　　　□B. 跨区（县）

□C. 跨地级市　　　　　　　　□D. 跨省（自治区、直辖市）

48. 您在转接医疗保险关系时对于过去的缴费年限的处理方式：

□A. 清零（不认可）　　　　　□B. 折算

□C. 累计　　　　　　　　　　□D. 不知道

49. 您在转接医疗保险关系时对于个人账户资金的处理办法是：

□A. 清退　　　□B. 转移　　　□C. 封存　　　□D. 不知道

50. 您在转接医疗保险关系时对于社会统筹账户资金的处理办法是：

□A. 不转移　　　□B. 部分转移　　　□C. 全额转移　　　□D. 不知道

51. 您在办理转接医疗保险关系时花费的时间大约是：

□A. 1 个月以下　　□B. 1 个月　　　□C. 2 个月　　　　□D. 3 个月

□E. 4 个月　　　　□F. 5 个月　　　□G. 6 个月及以上

52. 您在养老保险关系转移接续过程中待遇空档期（待遇中断）的时间

有多长？

  □A. 没有中断 □B. 1 个月以下 □C. 1 个月 □D. 2 个月

  □E. 3 个月 □F. 4 个月 □G. 5 个月

  □H. 6 个月及以上

53. 您目前享受的医疗保险待遇与您工作和生活所在地人员的医疗保险待遇相比：

  □A. 低 □B. 差不多 □C. 高 □D. 不知道

54. 您目前享受的医疗保险待遇与您户籍所在地人员的医疗保险待遇相比：

  □A. 低 □B. 差不多 □C. 高 □D. 不知道

55. 您就医后是否实现了异地就医费用直接结算（在参保地之外就医后不需要自己垫付医药费用，而是由医保直接结算，患者只需要支付个人应负担的医药费用)？

  □A. 是 □B. 否 □C. 不知道

56. 您的社会保险关系转入地是否要求必须一起办理养老保险、医疗保险、失业保险、生育保险、工伤保险和住房公积金关系转移接续？

  □A. 是 □B. 否 □C. 不知道

57. 您目前享受的失业保险待遇与您工作和生活所在地人员的失业保险待遇相比：

  □A. 低 □B. 差不多 □C. 高 □D. 不知道

58. 您目前享受的失业保险待遇与您户籍所在地人员的失业保险待遇相比：

  □A. 低 □B. 差不多 □C. 高 □D. 不知道

59. 您目前享受的生育保险待遇与您工作和生活所在地人员的生育保险待遇相比：

  □A. 低 □B. 差不多 □C. 高 □D. 不知道

60. 您目前享受的生育保险待遇与您户籍所在地人员的生育保险待遇

相比：

☐A. 低　　　　☐B. 差不多　　　☐C. 高　　　　☐D. 不知道

61. 您目前享受的工伤保险待遇与您工作和生活所在地人员的工伤保险待遇相比：

☐A. 低　　　　☐B. 差不多　　　☐C. 高　　　　☐D. 不知道

62. 您目前享受的工伤保险待遇与您户籍所在地人员的工伤保险待遇相比：

☐A. 低　　　　☐B. 差不多　　　☐C. 高　　　　☐D. 不知道

63. 您对流动人口社会保险关系转移接续的满意度是：

☐A. 很不满意　☐B. 不满意　　　☐C. 一般　　　☐D. 满意

☐E. 很满意　　☐D. 不知道

64. 您觉得流动人口社会保障没有做得足够好的原因有：（可多选）

☐A. 地方政府没有很好贯彻中央政府的政策

☐B. 不同地方政府之间互相推诿责任

☐C. 某些用人单位和地方政府关系好，地方政府对某些没有给员工依法提供社保的用人单位督促、监督不够

☐D. 流动人口力量势单力薄，没有足够的对抗性力量让用人单位依法提供社保

☐E. 社会保障制度整体效率不高，自身漏洞较多

☐F. 流动人口社保意识淡薄

☐G. 地区经济发展不均衡

☐H. 其他：＿＿＿＿＿＿（请注明）

再次诚挚感谢您参与此次问卷调查！

后　　记

　　本书是在我主持的 2014 年国家社科基金一般项目的基础上进一步修改完成的。整个基金从申请到结项花费了四年多的时间。课题结项后我又花了近一年的时间修改和完善书稿，尽自己所能把书稿写得更好些。在本书稿付梓之际，首先我要衷心感谢全国社科基金规划办及其专家们当初批准我就流动人口社会保障制度协调机制问题选题进行研究，同时我也要衷心感谢各位专家在课题结项过程中提出的建设性意见，这都为本书能够面世及尽可能完善提供了现实可能性。

　　流动人口社会保障制度协调机制研究既是一个实际问题，又是一个理论问题。说它是实际问题的原因在于流动人口社会保障制度需要实际的协调措施，至少在目前社会保障基金没有实现全国统筹以及在人口快速、大规模流动的情况下应该如此。说它是理论问题的原因在于流动人口社会保障制度协调机制和实际协调措施要符合信息效率和激励相容等机制设计的理论逻辑。因此，本书在构建流动人口社会保障制度协调机制的基础上，提出了有助于实现这种协调机制的相应对策。从整体来看，本书是一个规范研究，书中调研等实证部分是为构建机制和相应对策这种规范研究提供铺垫的。尽管现有部分数据库有关于流动人口方面的数据，但是能够全面反映流动人口社会保障协调方面的现成数据比较少见，所以本书还是采取了自我调研来获取一手数据的方法。同时需要说明的是，相对于课题结项和本书完稿而言，国家已经在几年前就提出了整合城乡居民基本养老保险、整合城乡居民基本医疗保险的政策要求，但是考虑政策实施过程不会一蹴而就，为了真实掌握第一手资料，在问卷调研中有些问题的设计还是使用了城镇居民社会养老保险、新型农村社会养老保险、城镇居民基本医疗保险、新型农村合作医疗这些社会保障项目的名称。

据实讲，对我个人而言，认真完成国家社科基金是一件令人痛苦的事情。在这个过程中，需要应对调研、阅读数千篇文献，往往因为一个公式或措施难以很好地关联现实而苦闷。这使我想起了以前在德国请教一位教授的场景，他给我最多的回答是"不知道"。这也使我想起了李连江教授的一段话："学术的艰辛和愉悦都是在极限工作，以求不断突破自我。只要是实做研究，不是单纯做文章，永远不会驾轻就熟。有研究经验，能知道黑暗中大体摸到何处，离洞口尚有多远，少些彷徨茫然，多点耐心坚韧。已有的成绩，只是自信的凭据，不是成功的保证。除非甘心自我克隆，否则选题就是自讨苦吃，材料永远繁杂难解，文献总是半生不熟，分析必须挖空心思，写作始终惨淡经营，发表永如万里长征。天才自当别论，'忽悠'更须别论，中人之才而有志于学，听听实话，或许有助于增强耐心韧性，少受以顺为逆之苦。"聊以自慰。

感谢各位学术前辈和同仁提供的支持使得本书得以面世。同时本书出版也得益于人民出版社的支持，一并感谢。书中难免有纰漏之处，恳请读者批评指正。

贾洪波

2020 年 3 月 20 日

丛书策划:蒋茂凝

责任编辑:陈寒节

封面设计:石笑梦

封面制作:姚 菲

版式设计:胡欣欣 王欢欢

图书在版编目(CIP)数据

中国流动人口社会保障制度协调机制研究/贾洪波 著.—北京:
人民出版社,2021.1

ISBN 978-7-01-022580-7

Ⅰ.①中… Ⅱ.①贾… Ⅲ.①流动人口-社会保障制度-研究-
中国 Ⅳ.①D631.42

中国版本图书馆 CIP 数据核字(2020)第 210042 号

中国流动人口社会保障制度协调机制研究

ZHONGGUO LIUDONG RENKOU SHEHUI BAOZHANG ZHIDU XIETIAO JIZHI YANJIU

贾洪波 著

人民出版社 出版发行

(100706 北京市东城区隆福寺街 99 号)

北京汇林印务有限公司印刷 新华书店经销

2021 年 1 月第 1 版 2021 年 1 月北京第 1 次印刷

开本:710 毫米×1000 毫米 1/16 印张:19.75

字数:288 千字

ISBN 978-7-01-022580-7 定价:60.00 元

邮购地址:100706 北京市东城区隆福寺街 99 号

人民东方图书销售中心 电话:(010)65250042 65289539